上海政法学院法学高原学科
中国-上海合作组织国际司法交流合作培训基地出版基金项目

新地缘经济观视域下上海合作组织功能的创新发展

The Innovation and Development of the Role of the Shanghai Cooperation Organization from the Perspective of New Geo-economic Views

丁云宝／著

法律出版社 | LAW PRESS

图书在版编目(CIP)数据

新地缘经济观视域下上海合作组织功能的创新发展 / 丁云宝著. -- 北京:法律出版社,2021

ISBN 978 - 7 - 5197 - 5467 - 9

Ⅰ. ①新… Ⅱ. ①丁… Ⅲ. ①上海合作组织 - 研究 Ⅳ. ①D814.1

中国版本图书馆 CIP 数据核字(2021)第 054427 号

新地缘经济观视域下上海合作组织功能的创新发展 **XINDIYUAN JINGJIGUAN SHIYU XIA SHANGHAI HEZUO ZUZHI GONGNENG DE CHUANGXIN FAZHAN**	丁云宝　著	**策划编辑** 冯雨春 **责任编辑** 冯雨春　张　颖 **装帧设计** 汪奇峰　臧晓飞

出版发行 法律出版社
编辑统筹 法律应用出版分社
责任校对 晁明慧
责任印制 刘晓伟　吕亚莉
经　　销 新华书店

开本 710 毫米×1000 毫米　1/16
印张 13.5　　**字数** 220 千
版本 2021 年 9 月第 1 版
印次 2021 年 9 月第 1 次印刷
印刷 北京建宏印刷有限公司

地址:北京市丰台区莲花池西里 7 号(100073)
网址:www.lawpress.com.cn
投稿邮箱:info@lawpress.com.cn
举报盗版邮箱:jbwq@lawpress.com.cn

销售电话:010 - 83938349
客服电话:010 - 83938350
咨询电话:010 - 63939796

书号:ISBN 978 - 7 - 5197 - 5467 - 9　　**定价**:62.00 元

凡购买本社图书,如有印装错误,我社负责退换。电话:010 - 83938349

摘 要

在冷战格局崩溃以后，通过军事手段来获得国际主导权的方式正逐渐被通过经济手段来获得国际话语权的方式所取代。在这种背景下，地缘经济理论应运而生。

竞争与合作是地缘经济理论的两个重要特征。地缘经济是在地缘政治的基础上发展起来的，受地缘政治影响较深。因此，地缘经济理论传统观点更加强调竞争、控制、对立、遏制，相对弱化合作、联合等特征；强调国家为地缘经济主要行为体，轻视或忽视国际组织和跨国公司在地缘经济中的作用。同时，倾向于将竞争、遏制、冲突等理念作为解决经济等复杂问题的指导理念，加剧了冲突性。

“一带一路”以开放包容、和平合作、互利共赢、互学互鉴为理念，以共商、共建、共享为原则，强调合作、平等。“一带一路”的提出促进了地缘经济理论的发展，丰富和修正了地缘经济理论观点，创新性地形成了以新地缘经济空间、新国际关系理念、新国际经济格局、新合作共赢框架、新要素流动动向为内容的新地缘经济观。

上海合作组织经过20年的发展，在经济、安全、人文等领域取得了令人瞩目的成就。随着“一带一路”的不断建设，处于“一带一路”核心区域的上海合作组织，与“一带一路”区域高度重叠，功能互动频繁，其不可避免地受到新地缘经济观的影响，尤其在安全合作、经济合作、人文合作等领域。

关键词： 上海合作组织　地缘经济　新地缘经济观　“一带一路”

Abstract

After the collapse of the pattern of the cold war, the way to gain international dominance through military means is gradually being replaced by the way to obtain international discourse rights through economic means, at which moment the Geo-economic Theory also emerges.

Competition and cooperation are two key characteristics of the Geo-economic Theory. Geo-economics develops on base of Geo-politics and is greatly influenced by Geo-politics. Thus the traditional views of Geo-economic Theory emphasize more on competition, control, opposition, containment, relatively weakened cooperation and joint, etc., emphasize that states are major Geo-economic actors, and look down upon or ignore the role of international organizations and multinational corporations in Geo-economics. At the same time, ideas of competition, containment and conflict, etc. are tend to be taken as the guiding philosophy for solving complex issues such as economy, religion, etc., which aggravates the conflicts.

"The Belt and Road" emphasizes cooperation and equality with its ideas of openness and inclusiveness, peace and cooperation, mutual benefit and win-win, mutual learning, and adheres to the principles of achieving shared growth through discussion and collaboration. The proposal of "the Belt and Road" has enriched the Geo-economic Theory, amended some of its views, and creatively formed new Geo-economic views including the content of new Geo-economic space, new concepts of international relations, new international economic patterns, new frameworks of win-win cooperation and new trends of factor flows.

After 20 years of development, the Shanghai Cooperation Organization has made remarkable achievements in the fields of economy, security, humanities, etc.. As "The Belt and Road" initiative is put forward, the Shanghai Cooperation Organization (SCO), with its membership highly overlaps with that of the Belt and Road area, frequently interacts with it in function. Therefore, the new Geo-economic views formed in context of the Belt and Road is inevitable to have an impact on the development of the SCO, and especially in the fields of security cooperation, economic cooperation and humanities cooperation, etc..

Key Words: Shanghai Cooperation Organization; Geo-economics; New Geo-economic Views; "the Belt and Road"

目录

第一章　绪　论

第一节　研究背景与价值

一、研究背景

冷战后，国际形势和国际格局向两个方向发展，一是经济全球化，二是国际格局从两强争霸逐步向多极化发展。在国际格局与形势深刻变革的背景下，世界各国的政治、安全、经济等方面都发生了变化。

在政治方面，阿富汗战争、伊拉克等战争破坏了原有的中东格局，使之陷入一片混乱。美国对中国进行遏制的“亚太再平衡”战略给中国的周边外交、安全带来了众多问题，如东海争端、南海问题、萨德问题等。欧洲一体化进程中，欧债危机暴露了欧盟在经济一体化方面的缺陷，加上英国脱欧，让原本危机重重的欧盟雪上加霜。

在安全方面，传统安全问题与非传统安全问题交织显现，国际安全形势日益严峻。恐怖主义在中东崛起的新一波浪潮席卷全球，给全世界带来不安定的因素，尤其是“伊斯兰国”在全球制造的一系列暴恐活动。另外，“伊斯兰国”等恐怖组织也在等待机会，虽然在俄罗斯的强势介入下，“伊斯兰国”恐怖分子四处溃散，但“伊斯兰国”恐怖分子外溢至全球，严重威胁了国际安全。

在经济方面，多哈回合贸易谈判陷入僵局，美国、巴西、印度、英国等国家都已逐步放弃这一谈判，很多国家纷纷掉头投入双边或多边区域贸易协定的怀抱。有学者认为以世界贸易组织为核心的多边贸易体制陷入了危机。[1]随着中国经济的崛起，世界经济的中心逐渐向亚太地区倾斜，中国成为世界经济的增长点，国际体系也随着中国的和平崛起逐渐出现了一些新的变化趋势。[2]2008年金融危机后，在各方努力下，世界经济活力逐步恢复，但是复苏缓慢。2015年，美国GDP增长率为2.9%，欧盟GDP增长率为2.3%，日本为1.2%，哈萨克斯坦为1.2%，乌兹别克斯坦为7.4%。[3] 俄罗斯由于乌克兰危机受到西方国家的经济制裁，加上油价的断崖式下跌，其经济呈负增长。然而，中国经济依然保持较高的增长速度，达到了6.9%。但是由于产能过剩、对外依存度高、增长方式呈现粗放型、投资驱动的边际效益逐年递减、人口红利逐渐消退等因素，中国经济增速也逐步放缓，并进入新常态。

2013年9月，习近平主席在哈萨克斯坦纳扎尔巴耶夫大学演讲时提出共建“丝绸之路经济带”。2013年10月习近平主席出访东南亚，在印度尼西亚国会发表演讲时提出共建“21世纪海上丝绸之路”。“一带一路”开始进入世人眼帘，成为国际社会关注的焦点。习近平主席在强调推进“一带一路”的同时，高瞻远瞩地提出“政策沟通”、“设施联通”、“贸易畅通”、“资金融通”和“民心相通”的“五通”，从而实现“一带一路”的互联互通，这也成为“一带一路”推动沿线国家经济政策协调、要素自由流动、资源高效配置、市场深度融合的地缘经济合作体系的出发点和落脚点。

作为连接亚洲和欧洲重要平台的上海合作组织，其对“一带一路”的发展、推进起着至关重要的作用。上海合作组织妥善解决了中国与相

---

〔1〕 参见孔庆江：《美欧对世界贸易组织改革的设想与中国方案比较》，载《欧洲研究》2019年第3期。

〔2〕 参见郑必坚：《中国和平崛起新道路和亚洲的未来——在2003年博鳌亚洲论坛的讲演》，载《理论参考》2004年第5期。

〔3〕 参见世界银行数据，https://data.worldbank.org/indicator/NY.GDP.MKTP.KD.ZG?end=2015&locations=US&start=2005&view=chart。

关国家关于领土方面的历史遗留问题，为地区安全稳定提供了保障。同时积极推进区域内各领域的经济合作，促进了地区经济的发展。[1]2015年上海合作组织乌法峰会通过关于启动接收印度、巴基斯坦加入上海合作组织程序等决议，[2]南亚开始进入上海合作组织的视野。2017年上海合作组织正式同意印度和巴基斯坦加入，实现了上海合作组织的首次扩员，为"一带一路"建设打下了有利基础。

二、研究问题

冷战结束后，纯粹为争夺生存空间而进行领土扩张的国家利益观念逐渐远离人们的视野，意识形态的争论与差异也大大淡化，对全球的最大威胁已经从核战争危险转向经济危机和生态破坏，国际关系中"高级政治"的受重视程度首次让位于"低级政治"的紧迫性和重要性。[3]从某种程度上说，谁掌握了国际经济和生态优势，谁就在国际事务中拥有最大的发言权。[4]经济利益在国家整体利益格局中的地位上升到了前所未有的高度，国家实力的大小不再是仅仅通过国家军事实力的强弱、地理疆域的大小来衡定，更多是由该国在世界市场上所占的市场份额、国际分工中的地位及全球价值链的端口等经济要素决定。

华盛顿战略与国际关系研究中心高级顾问爱德华·卢特沃克（Edward N. Luttwak）认为，冷战后，国家间的竞争手段已经变为国家通过调控、参与等手段来占领世界经济版图，提高目标市场的占有率，这种国家间的竞争新模式就是"地缘经济学"。[5]萨本望认为在地缘经济学中，资本就是炮弹，过去在国外的基地和驻军等高级政治的要素被市场所取代，过去靠武器获取的东西，现在必须靠发挥经济威力来保

---

〔1〕 参见潘光主编：《稳步前进的上海合作组织》，时事出版社2014年版，第1~6页。

〔2〕 参见《上海合作组织概况》，载外交部网2017年1月9日，http：//www.fmprc.gov.cn/web/gjhdq_ 676201/gjhdqzz_681964/lhg_683094/jbqk_683096/。

〔3〕 参见张燕：《试论中印经济关系的政治化》，载《南亚研究季刊》2006年第2期。

〔4〕 参见倪世雄等：《当代西方国际关系理论》，复旦大学出版社2001年版，第399~401页。

〔5〕 Edward N. Luttwak, *The Endangered American Dream: How to Stop the Suited State from Becoming a Third World Country and How to Win the Geo - economic Struggle for Industrial Supermacy*, New York, Simon and Schuster, 1993, p. 34 - 39.

持。[1]而所谓地缘经济，则是国家间、地区间或民族间基于地理区位、资源禀赋、经济结构等因素形成的合作、联合（经济集团化）或竞争、对立乃至遏制等经济关系。[2]随着经济在争夺全球领导地位中的作用越来越重要，地缘经济战略进入了各国的视野，成为各国维护在国际社会格局中的地位的重要手段。

以美国为首的西方发达国家为确保自己的“世界领导者”地位，利用世界市场、国际分工体系、全球价值链的强势地位，制定对自身有利的游戏规则。在金融、海外投资、贸易、规则制定等方面进行渗透，极力保护其“世界领导者”的地位。但这给中国等发展中国家造成了极大的困扰，使其在经济全球化中处于不利地位。中国目前是世界第二大经济体、世界第一贸易顺差国，虽然中国已然成为一个世界大国，但是要真正崛起为一个公认的大国，还需要有一个恰当、有效的地缘战略。[3]

2013 年，“一带一路”一经提出，立刻得到国际社会的响应。2014 年 3 月，李克强总理在《政府工作报告》提出，抓紧规划建设丝绸之路经济带、21 世纪海上丝绸之路，推进孟中印缅、中巴经济走廊建设，推出一批重大支撑项目，加快基础设施互联互通，拓展国际经济技术合作新空间。[4]2014 年 12 月，中央经济工作会议强调，要以“一带一路”、长江经济带、京津冀协同发展作为重点实施战略，优化经济发展空间格局。[5]2015 年 3 月 28 日，《推动共建丝绸之路经济带和 21 世纪海上丝绸之路的愿景与行动》发布，其从时代背景、共建原则、框架思路、合作重点、合作机制、中国各地方开放态势、中国积极行动等 8 个方面阐

---

〔1〕 参见萨本望：《新兴的“地缘经济学”》，载《世界知识》1995 年第 5 期。

〔2〕 参见陆大道、杜德斌：《关于加强地缘政治地缘经济研究的思考》，载《地理学报》2013 年第 6 期。

〔3〕 参见潘忠岐：《地缘学的发展与中国的地缘战略——一种分析框架》，载《国际政治研究》2008 年第 2 期。

〔4〕 参见《2014 年政府工作报告》，载中国农业新闻网，http：//www. farmer. com. cn/ywzt/wlh/zf/201503/t20150311_1018122. htm。

〔5〕 参见《2014 年中央经济工作会议》，载新华网，http：//news. xinhuanet. com/fortune/2014 – 12/11/c_1113611795. htm。

述了“一带一路”未来发展前景。[1]由此，“一带一路”成为中国发展与开展内政外交的重要平台。

“一带一路”沿线国家资源禀赋各异、互补性强，需要在经济战略对接、区域合作规划、经贸合作、人文交流合作等方面开展以“五通”为主要内容的合作。这些合作将对地缘经济中地缘空间、产业结构、地理环境与经济要素间的关系、教育、高新技术、人口、国际经济地理分布、区域性合作等产生怎样的影响？对地缘经济理论产生怎样的突破与修正？中国提出的“一带一路”与其长期以来一直强调的中国不称霸、不搞霸权主义、支持多极化等对外政策目标是否一致？“一带一路”对地缘经济理论的丰富与修正将产生怎样的新地缘经济观？新地缘经济观又是如何影响在“一带一路”建设过程中起着至关重要作用的上海合作组织？上海合作组织与“一带一路”在这种新的地缘经济观的指导下如何互动？这种新地缘经济观又是如何影响上海合作组织的功能创新、升级以及结构的改革？这些问题都需要我们充分分析、认真研究。

三、研究价值

（一）理论价值

邓小平指出：“在国际问题上无所作为不可能，还是要有所作为。作什么？我看要积极推动建立国际政治经济新秩序。”[2]国际政治经济新秩序的建立，历来不会是风平浪静的自然更替过程。大国间的争霸与兴衰更替，无不受到地缘政治和地缘经济法则的支配。[3]中华民族必须从自身所处的地缘政治经济实际出发，在地缘经济理论的指导下逐步实现中国梦。习近平主席提出的“一带一路”，突破地缘相邻或相近的边界限制，涵盖了功能性、制度性、战略性的多元化合作意愿和需求动

---

〔1〕 参见国家发展和改革委员会、外交部、商务部：《推动共建丝绸之路经济带和 21 世纪海上丝绸之路的愿景与行动》，载新华网，http：//news. xinhuanet. com/gangao/2015 - 06/08/c_127890670. htm。

〔2〕 中共中央文献研究室编：《邓小平年谱（一九七五——一九九七）》（下），中央文献出版社 2004 年版，第 1346 页。

〔3〕 参见陆大道、杜德斌：《关于加强地缘政治地缘经济研究的思考》，载《地理学报》2013 年第 6 期。

机，囊括了不同种族、民族、文化、宗教、政治制度、经济体制和价值观念。[1]

从国际关系理论、经济地理学、国际经济学、区域一体化理论等基础理论出发，运用现代的系统观、数据统计方法，对地缘经济理论进行深入梳理与研究，探索“一带一路”下地缘经济理论超越狭隘的“零和”和冲突，研究“正和”与合作，探索新兴的“地缘经济观”，对未来中国发展、和平崛起中需要的地缘经济理论指导等具有十分重要的意义与价值。

（二）现实价值

当今世界众多国家和地区都加入了地缘经济合作的大潮，跨国家、跨地区的地缘经济合作屡见不鲜，如欧盟、北美自由贸易区、亚太经济合作组织、经济合作与发展组织等。其中，不乏成功的案例，也有很多失败的合作。

“一带一路”将东亚、东南亚、南亚、中亚、欧洲南部、非洲东部的广大地区联系在一起，覆盖65个国家，总人口超过40亿，经济总量超过20万亿美元，是一个宏大的跨地区、跨国家、跨文化的地缘经济合作大手笔。“一带一路”提供新的合作促发展模式，塑造了同船共渡、合作共赢的新地缘经济理念。这为连接中国与欧洲大通道的上海合作组织的发展、改革与创新提供了新的机遇。

上海合作组织作为连接“一带一路”欧亚两端的重要平台，是“一带一路”成功建设、推进的关键所在。一方面，上海合作组织建立时主要是在安全和经济两个方面展开合作，“两条腿走路”。但在实际发展过程中，安全方面的合作要远远超越经济方面的合作。“一带一路”更强调经济的合作，在新地缘经济观的指导下，其将有助于促进上海合作组织对自身结构的改革、功能的升级和创新。另一方面，上海合作组织功能的发展与创新反过来有助于推动“一带一路”的顺利实施。

通过对新地缘经济观指导下的上海合作组织进行研究，对上海合作

〔1〕 参见李晓、李俊久：《“一带一路”与中国地缘政治经济战略的重构》，载《世界经济与政治》2015年第10期。

组织发展的内生动力、外驱动力等动力机制和影响因子的探讨，具有重要现实价值。在高度概括、抽象及实践的基础上，对“一带一路”的建设与上海合作组织发展进行研究，有助于引导上海合作组织结构改革、功能提升与创新，有助于促进地区的稳定与发展，有助于促进“一带一路”六大经济走廊（中蒙俄经济走廊、中巴经济走廊、新亚欧大陆桥、孟中印缅经济走廊、中国—中亚—西亚经济走廊、中国—中南半岛经济走廊）的建设,[1]有助于“一带一路”与“欧亚经济联盟”、哈萨克斯坦“光明之路”新经济政策、蒙古国“草原之路”计划等战略的对接。因此，对“一带一路”下的新地缘经济观及其对上海合作组织未来发展的影响进行研究，具有非常重要的现实价值。

第二节 文献综述

一、国外地缘经济研究现状

冷战结束后，世界格局发生巨变。世界各国由以往靠军事实力、扩大领土等传统方式维护自身国际地位，逐渐转向依靠经济手段来扩大自身利益、保障国际地位的新兴方式。地缘经济理论就是在这一时期萌芽的，但是地缘经济在该理论诞生前就已被广大国家运用到实践中。

（一）理论积淀期：地缘经济大发展

欧美国家的地缘经济合作早就在相关国家的实践中开始了，尤其是在20世纪60年代到70年代，达到了一个小高潮。这一时期地缘经济合作的实践为地缘经济理论的创立提供了大量的实践基础。

1948年，为执行重建欧洲的马歇尔计划，美国和加拿大发起并成立了欧洲经济合作组织。随着成员国的不断增加，1961年，欧洲经济合作组织改名为经济合作与发展组织，其目的是帮助各成员国的政府实现可持续性经济增长和就业，以及生活水平的提升。同时，保持金融稳定，

---

〔1〕 参见国家发展和改革委员会、外交部、商务部：《推动共建丝绸之路经济带和21世纪海上丝绸之路的愿景与行动》，载新华网，http：//news. xinhuanet. com/gangao/2015 -06/08/c_127890670. htm。

从而为世界经济发展作出贡献。

1949年，苏联、保加利亚、匈牙利、波兰、罗马尼亚、捷克斯洛伐克六国代表在莫斯科正式成立经济互助委员会，在生产和贸易的相关经济环节展开合作，对当时的苏联等国家的经济发展带来了巨大的促进作用。

1951年，法国、德国等六个国家共同签署了《巴黎条约》。1952年正式成立欧盟最早的前身欧洲煤钢共同体。1957年通过《罗马条约》，成立欧洲经济共同体和欧洲原子能共同体。1965年，上述六国达成协议，签订《布鲁塞尔条约》。1967年成立欧洲共同体，随着欧洲共同体的扩张，1992年签署《马斯特里赫特条约》，成立欧洲联盟，其宗旨是建立一个内部没有边界、没有障碍的空间或地区以加强经济、社会协调发展。

1992年，美国、加拿大、墨西哥签署北美自由贸易协议，1994年北美自由贸易区正式成立。该贸易区旨在消除贸易障碍，创造公平竞争的条件，增加投资机会，有效地促进地区经济的发展。

这些成功的地缘经济合作范例带来的示范效应，在世界各地掀起区域毗邻、邻近的跨地区合作的高潮，主要集中在欧洲、拉美、非洲等地区，形成了世界范围内经济合作组织百花齐放的态势，地缘经济合作一时风头无二。例如，欧洲自由贸易联盟、中欧自由贸易协定、比荷卢经济联盟、安第斯共同体、南方共同市场、南美洲国家联盟、东盟、亚太经济合作组织、上海合作组织等，这些都成为国际地缘经济合作实践的重要组成部分。

如此众多的区域合作引起了学界的广泛关注，成为一个研究热点。经济地理学理论认为区域之间天然存在某种经济联系，这种联系为经济合作提供了可能。[1]在经济学界，亚当·斯密（Adam Smith）在《国富论》中认为，每一个国家都有着不同的优势禀赋，这些国家充分利用自身的这些绝对优势，包括绝对优势资源和优势条件等，在绝对成本优势基础上进行专业化生产并进行交换，这对于各国经济增长和国民福利的

[1] 参见李正、陈才、熊理然：《欧美地缘经济理论发展脉络及其内涵特征探析》，载《世界地理研究》2014年第1期。

改善都有着促进作用。[1]大卫·李嘉图（David Ricardo）在《政治经济学及赋税原理》中阐述了劳动价值论，提出了比较优势理论，该理论一经提出迅速被各领域所接受，为国际经贸合作理论的发展提供了最基本的理论解释。[2]维纳（Viner J.）首次提出了关税同盟理论，认为关税同盟是促使贸易创造、转移的起因，最终效应是其实际利益为贸易创造效应与转移效应的差额。[3]赫克歇尔（F. Heckscher）、俄林（B. C. Olin）提出"H-O理论"（要素禀赋理论），为新古典贸易理论的发展提供了理论源泉，该理论认为每个国家要素禀赋并不相同，生产不同的产品时所需要的生产要素也不相同。在这种情形下，一国若是生产某种产品，其密集使用了国内富裕生产要素，便在生产此种产品时拥有比较优势。在这一时期，众多学者从国际贸易理论、区域一体化理论、国际分工理论等对地缘经济合作进行了各种各样的研究与解释，为地缘经济理论的诞生积淀了大量的理论基础。但是这时期的研究仅仅在经济学、地理学等单学科中解释地缘经济合作现象，没有深入到合作的"地缘"本质。

（二）理论萌发期：地缘政治的复苏

地缘经济脱胎于地缘政治，从地缘政治衍生而来。20世纪70年代至80年代末期，复苏的地缘政治对世界权力格局、区域经济合作、国家间经济碰撞等从政治学的角度进行了分析与解释，进一步促进了地缘经济理论的萌发。

在古希腊时期，地缘政治思想就已经出现，而地缘政治学则源于德国地理学家弗里德里希·拉采尔（Friedrich Ratzel）。[4]1897年拉采尔在《政治地理学》中提出国家有机体学说，认为国家"空间有机体"

---

〔1〕参见［英］亚当·斯密：《国富论》（下卷），郭大力、王亚南译，商务印书馆2014年版，第32~46页。

〔2〕参见［英］大卫·李嘉图：《政治经济学及赋税原理》，丰俊功译，光明日报出版社2009年版，第21~28页。

〔3〕Viner J., *The Customs Union Issue*, New York, Carnegie Endowment for International Peace, 1950, p. 105.

〔4〕参见陆大道、杜德斌：《关于加强地缘政治地缘经济研究的思考》，载《地理学报》2013年第6期。

像生长在陆地上的树木一样扎根于土壤，一个国家的特征会受其领土性质的影响，衡量一个国家的成就，要看它是否适应这些环境条件。[1]拉采尔认为，国家规模随着不断吞并融合会变得更加广大，领土越大，国家就越安全；[2]他还认为空间是一种政治力量，不应该从自然地理意义上评估，而应该从权力的角度来评估。[3]鲁道夫·契伦（Rudolf Kjellén）接受了拉采尔的思想，并将这种思想融入其著作《国家有机体》中，进而创造性地提出了"地缘政治"这一术语。[4]把国家当作地缘要素和空间要素进行研究的理论，被认为是地缘政治学。[5]该理论被德国精英阶层接受，拉采尔甚至认为德国的命运就是要不断获得新的领土。卡尔·豪斯霍弗尔（Karl Haushofer）1924年创办了世界第一本《地缘政治学》杂志，其认为德国缺乏"生存空间"，而领土就是"生存空间"，扩大"生存空间"的最直接的办法就是通过武力征服而获得领土。[6]拉采尔、鲁道夫·契伦的思想为德国的地缘政治发展提供了来源，但是由于该思想具有局限性，最终导致德国走向极端——疯狂扩张领土。随着1945年德国战败、1946年德国地缘政治代表性学者卡尔·豪斯霍弗尔去世，该思想终结。[7]

与此同时，美国学者马汉（Alfred Thayer Mahan）先后出版了海权三部曲（《海权对历史的影响（1660－1783年）》《海权对法国大革命和

---

〔1〕 See Friedrich Ratzel, *Politische Geographie*, München und Leipzig, R. Oldenbourg, 1897, p. 4－20.

〔2〕 See Friedrich Ratzel, *Studies in Political Areas: the Political Territory in Relation to Earth and Continent*, 3 American Journal of Sociology 297 (1897).

〔3〕 See Friedrich Ratzel, *Studies in Political Areas. The Political Territory in Relation to Earth and Continent*, 3 American Journal of Sociology 449 (1897).

〔4〕 See Ola Tunander, *Swedish－German Geopolitics for a New Century Rudolf Kjellén's 'the State as a Living Organism'*, 27 Review of International Studies 451 (2001).

〔5〕 See Geoffrey Parker, *Western Geopolitical Thought in the Twentieth Century*, London, Croom Helm, 1985.

〔6〕 See S. B. Cohen, *Geopolitics of the World System*, Lanham, Rowman & Littlefield Publishing Group, 2003, p. 21.

〔7〕 See Leslie W., *The Revival of Geopolitics*, 4 Political Geography Quarterly 522 (1986).

帝国的影响（1793－1812年）》《海权与1812年战争的关系》)，[1] 并提出“海权论”。在“海权论”中，马汉认为制海权对一国力量至关重要，海洋航线能给予国家巨大的经济利益，因此必须有强大的海上力量确保制海权。马汉认为“海上实力”不仅包括强大的海军、海上商船以及军事基地，还包括国家制度、民族性和生产力，并赋予这一概念以明确的政治和经济内容。[2]

英国人哈尔福德·约翰·麦金德（Halford John Mackinder）提出了“陆权论”。1904年，麦金德发表了《历史的地理枢纽》，他认为世界历史基本上是陆上人和海上人反复斗争的过程，而陆上霸权最有力的中心总是在亚欧大陆的心脏地带。[3] 亚欧大陆的核心区域地势复杂，有山地、沙漠、草原，与北冰洋水系交相连接，如此一个地方不亚于一个天然要塞，海洋力量很难深入。[4]麦金德在“心脏地带”的基础上提出了“世界岛”的概念，他认为，统治了“世界岛”就统治了世界，统治了“心脏地带”就统治了“世界岛”，统治了东欧就统治了“心脏地带”。[5]

荷兰裔美国人尼古拉斯·斯皮克曼（Nicholas John Spykman）提出了“边缘地带”理论，他认为在和平时期要确保旧大陆的两个区域不被一个国家或数个国家构筑成的联盟所统治。[6]对斯皮克曼来说，“心脏地带”的重要性已经不及边缘地带，[7]边缘地带（麦金德的“边缘新月

---

[1] See Alfred T. Mahan, *The Influence of Sea Power upon History, 1660—1783*, Boston, Little, Brown and Company, 1890; Alfred T. Mahan, *The Influence of Sea Power upon the French Revolution and Empire, 1783—1812*, Boston, Little, Brown and Company, 1892; Alfred T. Mahan, *Sea Power in Its Relations to the War of 1812*, Boston, Little, Brown and Company, 1905.

[2] 参见［美］马汉：《海权论》，萧伟中、梅然译，中国言实出版社1997年版，第71～79页。

[3] See Halford Mackinder, *The Geographical Pivot of History*, 23 The Geographical Journal 421 (1904).

[4] ［英］杰弗里·帕克：《二十世纪的西方地理政治思想》，李亦鸣、徐小杰、张荣忠译，解放军出版社1992年版，第17页。

[5] See Halford Mackinder, *Democratic Ideals and Reality*, London, Constable, 1919, p. 194.

[6] 参见［美］斯皮克曼：《边缘地带论》，林爽喆译，石油工业出版社2014年版，第48页。转引自刘中民等：《地缘政治理论中的海权问题研究——从马汉的海权论到斯皮克曼的边缘地带理论》，载《太平洋学报》2006年第7期。

[7] 参见［美］斯皮克曼：《边缘地带论》，林爽喆译，石油工业出版社2014年版，第62页。

形地区”）是争夺世界的关键。[1]

这些经典的地缘政治学说从不同的角度对各自的理念进行阐述，后来地缘政治理论被纳粹利用，成为发动战争的工具，导致其在相当一段时间内被人们所唾弃。直到 20 世纪 60 年代，全球大范围的地缘经济合作实践开展，由于该时段地区冲突不断，国际关系错综复杂，贫困问题突出，自然资源问题及生态平衡等问题相继出现。一些学者又重新关注到地缘政治，提出所谓的新地缘政治理论。

索尔·科恩（Saul B. Cohen）将地缘政治学划分为五个发展阶段：争夺帝国霸权、德国地缘政治学、美国地缘政治学、冷战、后冷战。[2]他将地缘政治系统描述为三个层次，第一层次是宏观的地缘战略地带（Geostrategic Realm），第二层次是中观的地缘政治区（Geopolitical Region），第三层次是微观的民族国家、准国家、国家内部或跨国的局部土地；[3]并在研究中提出两极格局终将被打破的预测，认为“世界终将分裂”为多极化的国际格局。

亨利·基辛格（Henry A. Kissinger）在 1979 年将“大局观”引入地缘政治学。[4]莱斯利·赫波尔（Leslie Hepple）认为基辛格一个人将“地缘政治学”这个词变成了“全球力量均衡政治学”的同义词。[5]亨利·基辛格还提出冷战后世界新秩序的难点，即当前最重要的几个国家都没有面对多国体系、在全球组合国际新秩序的经验，也不曾有必须将历史的均势体系与全球民主意见及当代爆炸性科技相结合的先例。[6]莱斯利·赫波尔（Leslie Hepple）预测 21 世纪国际秩序主导者至少有美

---

〔1〕 参见［美］索尔·科恩：《地缘政治学：国际关系的地理学》（第 2 版），严春松译，上海社会科学院出版社 2011 年版，第23 页。

〔2〕 参见［美］索尔·科恩：《地缘政治学：国际关系的地理学》（第 2 版），严春松译，上海社会科学院出版社 2011 年版，第15 页。

〔3〕 See Saul B. Cohen, *Geopolitics of the World System*, Lanham, Rowman & Littlefield, 2003, p. 33 – 40.

〔4〕 See Henry A. Kissenger, *The White House Years*, Boston, Little, Brown and Company, 1979, p. 127 – 138.

〔5〕 See Leslie Hepple, *Geopolitics*, *Generals and the State in Brazil*, 5 Political Geography Quarterly 79 (1986).

〔6〕 参见［美］亨利·基辛格：《大外交》，顾淑馨、林添贵译，海南出版社 1998 年版，第 778 ~ 782 页。

国、欧洲、中国、日本、俄罗斯，可能还会有印度。[1]

伊曼纽尔·沃勒斯坦（Immanuel Wallerstein）接受了马克思关于阶级分析的观点，认为无产阶级与资产阶级的对立不仅存在于资本主义社会，也存在于整个世界之中。他建立了“世界体系理论”，认为世界分为三个地带，即核心地段（Centre）、半边缘地带（Semi-Periphery）和边缘地带（Periphery）。伊曼纽尔·沃勒斯坦认为，外围地带的不发达是核心地带国家的渗透，加之外围地带自身地位所导致。核心与边缘的关系不是固定的，这种关系在世界体系形成和发展中不断重组。[2]伊曼纽尔·沃勒斯坦强调，世界经济意味着一个整体的全球社会，而不是相互竞争的国家经济体。[3]彼得·泰勒（Peter Talor）在世界经济体系下，重点研究权力和政治，同时对国家、民族等进行系统观察。[4]

兹比格纽·布热津斯基（Zbigniew Kazimierz Brzezinski）于1997年出版了《大棋局：美国的首要地位及其地缘战略》，他认为美国“一强独大”，是世界唯一的超级大国，把欧亚大陆视为一盘棋。他认为中、德、法、俄、印是战略棋手，将土耳其、伊朗、乌克兰、阿塞拜疆、朝鲜视为支轴国家。他认为，有能力改变地缘政治现状、影响美国利益的国家才能称为地缘战略棋手。[5]他还认为，在地缘政治上，欧亚大陆是控制非洲的关键，同时也是将大洋洲和西半球变为边缘地带的关键。[6]兹比格纽·布热津斯基为维持美国全球霸权开出的“处方”是在欧亚大棋局中的三个地方确立领先优势：西方或欧洲；南方或中东与中亚；东

---

〔1〕 参见［美］亨利·基辛格：《大外交》，顾淑馨、林添贵译，海南出版社1998年版，第16～18页。

〔2〕 See Immanuel Wallestein, *The Modern World system II: Mercantilism and the Consdidation of the Europeam World economy, 1600－1750*, New York, Academic Press, 1980, p. 128－178.

〔3〕 参见［美］索尔·科恩：《地缘政治学：国际关系的地理学》（第2版），严春松译，上海社会科学院出版社2011年版，第28页。

〔4〕 See George Modelski ed. , *The Study of Long Cycles, in Exploring Long Cycles*, Boulder, Colorado, Rienner, 1987, p. 1－15.

〔5〕 参见［美］兹比格纽·布热津斯基：《大棋局：美国的首要地位及其地缘战略》，中国国际问题研究所译，上海人民出版社2007年版，第34页。

〔6〕 参见［美］兹比格纽·布热津斯基：《大棋局：美国的首要地位及其地缘战略》，中国国际问题研究所译，上海人民出版社2007年版，第42页。

方或中国与日本。[1]塞缪尔·亨廷顿（Samuel P. Huntington）分析了文明冲突与断层，他认为所谓的“文明的断层线”所牵涉的地区包括中亚、外高加索、中东、波斯尼亚、车臣、克什米尔、斯里兰卡。[2]

这一时期的地缘政治理论仍然是基于对现实的解释，出现了世界格局多极化理论、中心-边缘理论以及以经济结构模式为基础的世界体系理论等。地缘政治的内涵与外延都得到了很大程度的发展，为地缘经济理论的诞生提供了肥沃的土壤。

（三）理论的诞生与发展：地缘经济理论的提出

地缘政治理论中对经济的研究逐渐多了起来，如何使国家获得更多的经济利益成为众多学者研究的内容。20世纪70~80年代，美日经济摩擦几乎笼罩了一个时代，美国媒体更是大肆宣扬日本经济威胁，商业周刊等媒体连续对日本在美国投资进行了大幅报道，介绍了日本企业为所在地提供管理经验、创造就业机会等。[3]对日本采取强硬贸易政策的观点已明显占据了舆论媒体的主流。[4]美国甚至通过政治手段签订《广场协议》致使日元大幅升值，改善了国内逆差和财政赤字的状况。虽然这段历史早已过去，但是国家行为体参与到国际经济中的行为却渐渐成为主流。20世纪80年代末，世界格局发生巨变，政治上的两极格局崩塌，各国谋求经济利益的需求优先于政治、军事和意识形态方面的考虑。世界舞台上的重头戏由“军事争霸”转向“经济角逐”，经济振兴成为各国综合国力竞争的主战场。[5]各国间的实力竞争逐步演变为经济实体间的较量，经济成为国家利益的重要部分，这为地缘经济理论的诞生提供了丰厚的实践基础。在国际格局的历史性大调整背景下，国家为适应经济全球化的需求，保障自身参与区域经济合作，地缘经济理论应运而生。爱德华·卢特沃克认为冷战后国家间的竞争已经变成国家通过

---

〔1〕 See Zbigniew Brzezinski, *The Grand Chessboard: American Primacy and Its Geostrategic Imperatives*, New York, Basic, Books, 1997, p. 30-56.

〔2〕 See Samuel P. Huntington, *The Clash of Civilizations*?, 72 Foreign Affairs 31 (1993).

〔3〕 See Powell, Martin, Lewis, Turque and Raine, *Where the Jobs Are*, 2 NEWSWEEK 36 (1987).

〔4〕 See Neff, Robert, Paul Magnusson and William Holstein, *Rethinking Japan: the New, Harder Line Toward Tokyo*, 7 Business Week 44 (1989).

〔5〕 参见萨本望：《新兴的“地缘经济学”》，载《世界知识》1995年第5期。

经济手段来获得市场，从而在国际经济格局中获得“领土”和话语权，这样的国家间竞争模式就是“地缘经济”。[1]

1990年，时任国防部高级顾问的美国学者爱德华·卢特沃克在一次美国国会听证会上首次提出了“地缘经济”。他在《从地缘政治到地缘经济：冲突的逻辑、贸易法则》一文中第一次阐释了“地缘经济”，为“地缘经济”理论奠定了基础。[2]他认为地缘经济所改变的不仅是通过军事手段来解决国际问题的理念，还将改变冲突逻辑本身。[3]具体来说，私营企业每天都在为纯粹的商业利益而做同样的事，如投资、市场调研和产品开发、市场开拓，但是，当国家出面支持或指导这些相同的经济行为时，它已经不再是纯粹的经济行为，而是地缘经济。[4]在当时，国际政治和国际形势遭遇许多新问题、新变化，地缘经济理论的提出给世界上很多国家带来希望，于是地缘经济理论迅速得到各国的重视，并逐渐发展成美国、俄罗斯、意大利三个主要学派。

1. 美国学派

美国学者第一次提出了“地缘经济”这一术语，奠定了地缘经济理论的基础。爱德华·卢特沃克是公认的地缘经济的创始人，理查德·所罗门（Richard H. Solomn）、亨利·诺（Henry R. Nau）、罗伯特·帕特南（Robert D. Putnam）、瑟诺（Lester C. Thurow）、罗伯特·斯卡拉皮诺（Robert A. Scalapino）等都是美国学派的代表。美国学派主要借鉴了地缘政治理论的分析范式和方法，主要从经济学的角度阐释地缘经济理论。爱德华·卢特沃克认为在世界舞台上，国家就像一个公司，任何一个国家的职能最终都是为了最大化地获取国家利益。[5]美国要重新思

---

〔1〕 See Edward N. Luttwak, *The Endangered American Dream: How to Stop the United States from Becoming a Third World Country and How to Win the Geo-economic Struggle for Industrial Supermacy*, New York, Simon and Schuster, 1993, p. 34–39.

〔2〕 参见李正：《地缘经济地域系统关联结构理论与实证》，东北师范大学2014年博士学位论文，第10页。

〔3〕 See Edward N. Luttwak, *From Geopolitics to Geo-Economics: Logic of Conflict, Grammar of Commerce*, The National Interest, 1990, p. 125.

〔4〕 参见倪世雄等：《当代西方国际关系理论》，复旦大学出版社2001年版，第401页。

〔5〕 See Edward N. Luttwak, *From Geopolitics to Geo-Economics: Logic of Conflict, Grammar of Commerce*, The National Interest, 1990, p. 17–23.

考，要改变传统的方式，要以投资、贸易、金融等经济手段为主，放弃以军事力量为主的固有观念，从而维持美国未来的霸主地位。[1]理查德·所罗门认为，尽管军事力量依然是国家力量中不可或缺的部分，科技、经济实力已经和军事实力一样成为界定国家实力和影响力的重要因素。美国面临的挑战是把握时代发展的主流，并对美国的国家经济发展制定新的战略方案。[2]罗伯特·帕特南提出支持地缘经济的“双层博弈模型”。[3]瑟诺提出将世界经济发展为三个相互竞争的经济集团：一是日本率领的环太平洋经济区；二是美国领导的西半球经济区；三是以德国为首的欧洲经济区。在未来的竞赛中，三个经济霸权中每一个都倾向于超过其他两个，无论哪一个实现了这样的超越，都会位居前列，都会像英国主导19世纪、美国主导20世纪那样，主导21世纪。[4]

美国学派从经济学的理论探讨地缘经济，认为主要通过对外投资、全球化分工、金融、高新科技、人文教育等手段争取制高点，强调争夺市场和经济竞争是国家利益的需要。克林顿政府深受地缘经济理论影响，推行“克林顿经济学”，有效地促进了国内经济发展，其GDP增长率由1991年的-0.07%增长到1994年的4.04%。

2. 俄罗斯学派

俄罗斯学派另辟蹊径，抛开了地缘政治传统的分析方法，从国家战略的角度对经济、能源、人口、地理等方面进行研究，寻找跨文明的、和谐的地缘经济世界秩序方法。俄罗斯学派主要从战略性研究分析地缘经济理论，并将地理要素融入其中。主要代表人物有A. 涅克列萨（А. И. Неклесса）、Э. Г. 科切托夫（Э. Г. Кочетов）。A. 涅克列萨主要将政治、经济充分融合，充分考虑地理要素，在此基础上提出了六角模型。他对国家进行了等级划分，描述了世界地缘经济秩序的关键布局，

---

〔1〕 参见萨本望：《新兴的“地缘经济学”》，载《世界知识》1995年第5期。

〔2〕 See Richard Solomon, *America and Asian Security in an Era of Geoeconomics*, 3 US Department of State Dispatch 410 (1992).

〔3〕 See Robert D. Putnam, *Diplomacy and Domestic Politics: the Logic of Two-level Games*, 3 International Organization 427 (1988).

〔4〕 See Lester Thurow, *Head to Head: the Coming Economic Battle Among Japan, Europe and America*, New York, William Morrow & Co., 1992, p. 246.

将世界经济划分为四个明确的地理区域和两个不明确的区域化空间。[1] 明确的地理区域有：北大西洋的西方地区；太平洋大环地区；印度洋地区；北方的欧亚大陆，即“陆地洋”地区。不明确的区域化空间有“伪北方”地区和南方深洋列岛地区。[2] Э. Г. 科切托夫认为地缘经济取代地缘政治成为时代的主流观念，是未来世界发展的大势所趋。民族经济作为新经济模式的重中之重，其跨国化进程的力量将积累得越来越强大。[3] 他认为地缘经济最核心的就是能源问题，能源扮演着国家之间和文明之间关系“和谐调节器”的角色。[4]

3. 意大利学派

保罗·萨翁纳（Paul Savanna）、弗尔切尼·布鲁尼·罗查（F. B. Luocha）、谢尔兆·菲奥热（Cherao Feiaore）、卡尔罗·让（Carlo Jean）等人是意大利学派的主要代表。[5] 保罗·萨翁纳认为，随着第三产业替代第一产业、第二产业，国家边界的意义趋向虚无，这将使跨国社会、经济、政治结构的创新成为地缘经济发展的关键。[6] 卡尔罗·让提出了区域合作模型，该学派在地缘政治学的基础上认为地缘经济学是研究国家间的竞争与合作的学科，认为行为主体是国家而不是跨国公司等其他主体，认为地缘经济对于未来国际改革具有非常重大的意义。[7] 意大利学派还提出竞争与合作的辩证地缘经济理论。

在三大学派的影响下，学者们从不同的角度对地缘经济进行研究。安东·维玛（Antto Vihma）和乌穆特·图克森（Umut Turksen）从能

〔1〕 参见丁利荣、陈明婧：《论地缘经济学的生成及其学术流派》，载《求索》2009 年第 4 期。

〔2〕 参见李正、陈才、熊理然：《欧美地缘经济理论发展脉络及其内涵特征探析》，载《世界地理研究》2014 年第 1 期；参见李敦瑞、李新：《地缘经济学研究综述》，载《国外社会科学》2009 年第 1 期。

〔3〕 参见［俄］Э. Г. 科切托夫：《世界跨文明和谐与地缘经济学范式》，李新译，载《上海财经大学学报》2007 年第 5 期。

〔4〕 参见［俄］Э. Г. 科切托夫：《世界跨文明和谐与地缘经济学范式》，李新译，载《上海财经大学学报》2007 年第 5 期。

〔5〕 参见李正、陈才、熊理然：《欧美地缘经济理论发展脉络及其内涵特征探析》，载《世界地理研究》2014 年第 1 期。

〔6〕 参见于海洋：《地缘经济分析框架的批判与重塑》，载《学术交流》2014 年第 8 期。

〔7〕 参见丁利荣、陈明婧：《论地缘经济学的生成及其学术流派》，载《求索》2009 年第 4 期。

源贸易的角度对欧洲和俄罗斯地缘经济进行了研究，指出欧洲和俄罗斯一直在天然气贸易规则的地缘经济上角力，但俄罗斯能源至上的想法已经不可逆转地改变了。[1]他们还认为权力国家之间的能源贸易反映了更广泛的地缘经济斗争，其中，经济手段被用来倡导地缘政治目标。[2]鲁索夫（N. S. Rozov）从俄罗斯历史动态范围下的相互关系阐释地缘政治、地缘经济、地缘文化之间的关系。[3]科文（Cowen）、史密斯（Smith）在对地缘政治、地缘经济相互关系进行研究时，认为新兴的地缘经济社会形式已经开始掩盖以领土为主导的地缘政治社会形式，他们认为新兴的地缘经济尚未完全成型，因为地缘经济社会的形状可能仍然是一个完全开放的问题。[4]贾米·艾斯克斯（Jamey Essex）对以工作换粮食来消除饥饿的方法进行批判性分析，并研究了饥饿和地缘政治、地缘经济的关系。[5]格罗斯·托马斯（Tomasz Grzegorz Grosse）从对华武器禁运的角度阐述了欧盟与中国的地缘经济关系。[6]

从研究内容上来看，地缘经济理论是一门跨学科、跨理论的交叉学科，其理论来自地理学、经济学、政治学等学科，还包括区域一体化、经济全球化等内容。但因众多学科的交叉纵横，地缘经济理论研究中的“地缘”要素往往被研究者忽视，反而是政治、经济等内容被作为地缘经济理论的主要研究对象，导致其研究范围和学科边界的宽泛。从研究方法上来看，地缘经济主要还是借鉴地缘政治、区域经济学、社会学、国际关系等理论的研究范式。总体看来，地缘经济是以地缘要素为基础，在地缘要素变量与国家经济相互作用下，参与国际竞争与合作、处

---

〔1〕 See Antto Vihma and Umut Turksen, *The Geoeconomics of the South Stream Pipeline Project*, 69 Journal of International Affairs, Fall/Winter 47 (2016).

〔2〕 See Antto Vihma and Umut Turksen, *The Geoeconomics of the South Stream Pipeline Project*, 69 Journal of International Affairs, Fall/Winter 34 (2016).

〔3〕 See N. S. Rozov, *Geopolitics, Geoeconomics, and Geoculture*, 53 Russian Social Science Review 4 (2012).

〔4〕 See Cowen, D. and N. Smith, *After Geopolitics? From the Geopolitical Social to Geoeconomic*, 41 Antipode 22 (2009).

〔5〕 See Jamey Essex, *Idle Hands are the Devil's Tools: the Geopolitics and Geoeconomics of Hunger*, 102 Annals of the Assocoation of Amercian Geographers 191 (2012).

〔6〕 See Tomasz Grzegorz Grosse, *Geoeconomic Relations Between the EU and China: the Lessons From the EU Weapon Embargo and From Galileo*, 19 Geopolitics 40 (2014).

理国际关系、实现国家利益的一种经济体系，研究该经济体系的理论就是地缘经济学。

二、国内地缘经济研究现状

中国的地缘经济研究起步较晚。在全球化、地区化大背景下地缘经济合作实践在全球迅速席卷时，该理论始才引起国内学者的关注。最早由刘愈之、林尔蔚、萨本望、倪世雄、陆大道等一批学者将欧美地缘经济相关理论引入国内，并逐渐融合到中国发展的国家战略中。

（一）学习与借鉴欧美地缘经济理论阶段

中国对欧美地缘经济相关理论的学习是从翻译相关经典著作开始的。1965 年，刘愈之翻译了斯皮克曼的《和平地理学》，由商务印书馆出版；1985 年，林尔蔚、陈江翻译了麦金德的著名地缘政治著作《历史的地理枢纽》，由商务印书馆出版；1990 年，徐昕等翻译了汉斯·J. 摩根索（Hans J. Morgenthau）的《国家间政治：寻求权力与和平的斗争》，由中国人民公安大学出版社出版。还有许多学者翻译了众多国外经典的地缘政治经济学理论著作。

在此基础上，国内学者逐步开展了对地缘政治经济学方面的研究。萨本望将地缘政治学科理解为从地理条件、位置和环境的角度去解释、观察和处理国际关系，并在这个意义上为各国广泛使用。地缘经济学可理解为从经济地位和经济关系的角度去认识和处理国际关系。[1]叶自成对比了中国与西方地缘政治理论，并对中国的地缘政治思想进行了梳理，对当前中国地缘政治理论的发展提出了期望。[2]丁志刚从地理政治的角度分析了当前的国际关系，认为冷战后国际关系的现实走势表明，地缘政治理论仍然对国际关系产生着重要影响，国际关系中的地缘政治争夺格外引人注目。[3]刘从德将地缘战略理论和毛泽东思想、邓小平理论结合起来，分析了我国的地缘战略，以及需要面对的地

〔1〕 参见萨本望：《新兴的“地缘经济学”》，载《世界知识》1995 年第 5 期。

〔2〕 参见叶自成：《试析中国地缘政治理论和实践的特色》，载《世界经济与政治》1997 年第 11 期。

〔3〕 参见丁志刚：《地理政治争夺的新态势》，载《现代国际关系》1998 年第 5 期。

缘问题。[1]靖学青对我国周边国家的地缘政治、地缘经济和地缘文化关系进行了全面分析，从多个侧面阐述了我国与主要周边国家的关系及其趋势和特征。[2]倪世雄等人在其著作《当代西方国际关系理论》中专门阐释了地缘经济学的缘起、特点以及未来发展趋势，强调地缘经济学依靠区域在全球中的地缘来掌控国家间的经济关系，从地理的角度研究国家在全球竞争中的利益保障的实质是国家竞争。[3]韩银安从地缘经济学的概念、研究内容、研究方法等方面对地缘经济理论进行了研究。[4]李敦瑞、李新介绍了地缘经济学几个主要学派的思想观点和研究方法，并探讨了该领域未来的研究方向。[5]国内的学者从学习、借鉴西方地缘经济思想开始，逐渐将理论与实践相结合，结合中国的实际情况探讨地缘经济问题。

（二）中国地缘经济理论发展并深入结合实践的阶段

随着地缘经济影响力的增大，越来越多的国内学者被地缘经济所吸引，并从中国的实际情况出发进行了深入研究。他们尝试用该理论解释当前的一些现实情况，这成为中国地缘经济战略演进与发展的重要基础。

陆大道、杜德斌认为世界正在进入新的地缘政治、地缘经济大时代，中国和平发展亟须地缘政治学、地缘经济学的理论支撑。他们还认为地缘经济是指国家间、地区间或民族间基于地理区位、资源禀赋、经济结构等因素形成的合作、联合（经济集团化）或竞争、对立乃至遏制等经济关系。[6]卢光盛从国际关系的角度考察了地缘经济学概念的不同解释，辨析其合理性和局限性，并对地缘经济学的主要观点进行了归纳

---

〔1〕 参见刘从德：《浅析毛泽东和邓小平的地缘战略思想》，载《社会主义研究》1996年第3期。

〔2〕 参见靖学青：《中国与周边国家地缘关系分析》，载《延边大学学报（哲学社会科学版）》1998年第3期。

〔3〕 参见倪世雄等：《当代西方国际关系理论》，复旦大学出版社2001年版，第402页。

〔4〕 参见韩银安：《浅析地缘经济学》，载《外交学院学报》2004年第1期。

〔5〕 参见李敦瑞、李新：《地缘经济学研究综述》，载《国外社会科学》2009年第1期。

〔6〕 参见陆大道、杜德斌：《关于加强地缘政治地缘经济研究的思考》，载《地理学报》2013年第6期。

和分析。[1]于海洋认为后冷战时代全球化和区域化的飞速发展，使地缘经济成为冲突性的地缘政治逻辑的替代性分析模式，地缘经济被用来解释全球和区域经济合作的现实、发展路径及前景。但是地缘经济过多地借用宏观经济学、区域主义模式，影响了其分析范式的独立性。[2]丁志刚认为地缘经济战略成为现代地缘战略的主流，为此，我们需要认真研究地缘经济未来的发展方向，以及地缘经济自身的特征等要素。[3]黎鹏、杨宏昌、陈锴从中国的实际出发，研究中国与东盟国家的地缘经济关系及未来走向。[4]杨文龙等运用空间探索性方法、碎化指数和显性比较优势指数等工具，揭示在全球经济空间中，中国地缘经济联系的演化特征。[5]朱雁春等以2011 年的数据对云南面向全国的地缘经济现状进行分析，结合新经济地理学中“核心－外围”模型，运用新经济地理学理论对滇中城市群空间经济演化和内生机制进行理论研究。[6]

在地缘经济理论研究中，中国的学者更加强调互利共赢，强调“正和”关系。倪世雄、潜旭明认为构建世界经济新秩序的重要方面之一是将共赢合作、共同发展作为其重要的原则予以实行。[7]这一阶段的研究具有重要的意义，为后来中国提出“一带一路”这一宏大设想提供了丰厚的理论基础。

（三）地缘经济理论与国家战略融合的新阶段

中国地缘经济理论经过了长期的发展，逐渐融合到中国发展的国家战略中。杜德斌等提出中国目前宜把战略资源优先投放到“低级政治”领域，争取尽快在非洲、拉美与西欧等地获取必要的战略立足点；而在

---

〔1〕 参见卢光盛：《国际关系理论中的地缘经济学》，载《世界经济研究》2004 年第 3 期。

〔2〕 参见于海洋：《地缘经济分析框架的批判与重塑》，载《学术交流》2014 年第 8 期。

〔3〕 参见丁志刚：《新兴地缘经济学独特的地缘战略视角——大国地缘经济战略争夺的新态势》，载《国际论坛》2001 年第 2 期。

〔4〕 参见黎鹏、杨宏昌：《地缘经济理论进展与中国——东盟地缘经济理论研究的方向选择》，载《广西大学学报（哲学社会科学版）》2016 年第 4 期。

〔5〕 参见杨文龙等：《中国地缘经济联系的时空演化特征及其内部机制》，载《地理学报》2016 年第 6 期。

〔6〕 参见朱雁春等：《新经济地理学视阈下云南地缘经济形成机制探讨》，载《资源开发与市场》2014 年第 5 期。

〔7〕 参见倪世雄、潜旭明：《新地缘政治与和谐世界》，载《清华大学学报（哲学社会科学版）》2008 年第 5 期。

区域层面上，中国应追求在“高级政治”领域有所建树，选择与中国在地理上接近、文化亲缘性较强、战略互信程度较高的国家进行对外拓展。他们立足于结构现实主义国际关系理论，运用地理学空间相互作用和区位选择理论，探讨中国的崛起战略。[1]潘忠岐、黄仁伟通过研究地缘经济的空间、手段、政策和资源如何维护国家自身利益进一步探讨地缘经济战略，并从全球层次、亚洲地区层次和周边自然经济区域层次三个角度分析中国的地缘经济状况。[2]洪菊花、骆华松在分析地缘政治与地缘经济内涵的基础上，认为中国的现实是经济大国的崛起、区域合作如火如荼地发展，但是面临严峻的地缘政治环境，中国地缘战略应以地缘经济为重心、以地缘政治为根本。[3]李晓、李俊久从大历史、近代史、现代史的三重视角探讨“一带一路”的历史背景，并从大国崛起与发展的困境入手，重构地缘经济战略，构建一个可支撑中国长期可持续发展的国际体系，对地缘经济理论的一些观点进行了创新。[4]申现杰等从国际经济新形势分析“一带一路”，并从“五通”建设角度对当前“一带一路”建设、新区域及重点领域开放合作等进行了研究。[5]汪亚青认为应通过“一带一路”的深入推进，解决中国高端产业“走出去”和国外高级要素“走进来”的问题，除去沿线国家和地区硬软件层面互联互通的芥蒂，构建大空间资源整合体系，形成战略思维并提出打造产业国际竞争力的具体举措。[6]

这一阶段的研究更多地将地缘经济理论与中国的国家战略结合在一起，为“一带一路”倡议的提出，以及“一带一路”下地缘经济理论

[1] 参见杜德斌、马亚华：《中国崛起的国际地缘战略研究》，载《世界地理研究》2012年第1期。

[2] 参见潘忠岐、黄仁伟：《中国的地缘经济战略》，载《清华大学学报（哲学社会科学版）》2008年第5期。

[3] 参见洪菊花、骆华松：《地缘政治与地缘经济之争及中国地缘战略方向》，载《经济地理》2015年第12期。

[4] 参见李晓、李俊久：《“一带一路”与中国地缘政治经济战略的重构》，载《世界经济与政治》2015年第10期。

[5] 参见申现杰、肖金成：《国际区域经济合作新形势与我国“一带一路”合作战略》，载《宏观经济研究》2014年第11期。

[6] 参见汪亚青：《地缘经济新格局下战略性新兴产业国际竞争力塑造——新常态下“一带一路”战略带来的机遇、挑战与应对策略》，载《西部论坛》2015年第5期。

观点的发展打下了基础。

三、上海合作组织研究现状

2001年6月，上海合作组织在上海成立，其脱胎于“上海五国”机制。经过二十年的发展，上海合作组织在解决成员国边界争端等方面发挥了积极作用，尤其是中国与相关国家的边界争端；在打击“三股势力”的安全合作方面取得了显著成果；同时，有力地推动了区域经济合作，促进了地区和平稳定。上海合作组织所取得的成就引起了世界的关注，国内外学者纷纷对上海合作组织进行研究。

（一）国外学者对上海合作组织的研究

国外学者对上海合作组织的机制建设、能源合作、安全合作、经济合作等方面进行了研究。迈克尔·弗雷德霍尔姆（Michael Fredholm）在其专著《上海合作组织与欧亚地缘政治》中，就上海合作组织区域的能源问题和安全问题进行了研究，并探讨了对待亚洲的主要区域组织的方法。[1]澳大利亚上校马修·霍尔（Matthew Hall）在其著作《上海合作组织：给阿富汗带来稳定的伙伴?》中认为，上海合作组织在阿富汗安全和稳定上将起着非常重要的作用，并认为澳大利亚在这方面具有先天重要的地位。[2]杰弗逊·特纳（Jefferson Turner）对印度、巴基斯坦加入上海合作组织的动力因素及上海合作组织机制进行了研究。[3]阿利森·拜莱斯（Alyson J. K. Bailes）从机制上、功能上将上海合作组织与欧洲进行了对照，并对上海合作组织的功能进行深度分析。[4]伊戈尔（Igor Rotar）对乌兹别克斯坦与吉尔吉斯斯坦边界问题进行了研究。[5]

---

〔1〕 See Michael Fredholm, *The Shanghai Cooperation Organization and Eurasian Geopolitics*, Copenhagen, NIAS Press, 2013.

〔2〕 See Matthew Hall, *The Shanghai Cooperation Organization: A Partner for Stabilising Afghanistan*? Canberra, Shedden Papers: Centre for Defence and Strategic Studies Australian Defence College, 2009.

〔3〕 See Jefferson E, Turner, *What is Driving India's and Pakistan's Interest in Joining the Shanghai Cooperation Organization*?, 4 Strategic Insight 4 (2005).

〔4〕 See Alyson J. K. Bailes, *The Shanghai Cooperation Organization and Europe*, 5 China and Eurasia Forum Quarterly, Central Asia - Caucasus Institute 13 (2007).

〔5〕 See Igor Rotar, *Uzbekistan and Kyrgyzstan Heighten Tensions in Violent Local Border Dispute*, The Eurasia Daily Monitor, Washington D. C., the Jamestown Foundation, 2013, p. 6 - 8.

卢金（Лукин А.）、莫初黎（Мочульский А）认为上海合作组织应建立自己的快速反应部队，将地区外武装力量从中亚排除出去。[1]诺林（Nicklas Norling）、斯万斯乔姆（Niklas Swanstrom）认为上海合作组织在经济协调机制上有缺陷，在峰会的多边会晤之余通过双边渠道来解决贸易、能源和经济问题，往往忽视了地区层面的协调。[2]

中国提出"一带一路"后，越来越多的人将"一带一路"与上海合作组织结合起来研究。美国布鲁金斯学会、卡内基国际和平基金会、美国外交关系协会、美国战略与国际问题研究中心等机构都高度关注"一带一路"与上海合作组织。卡内基国际和平基金会发表报告《长城内的另一个金砖国家组织》，认为上海合作组织将会把俄罗斯与中国在欧亚地区的重大地缘政治项目连接起来，也就是"一带一盟"的对接。美国外交关系协会、詹姆斯敦基金会也对"一带一路"、上海合作组织以及在此基础上的中俄关系，包括中俄双方各自的战略意图进行了分析，各项观点散见于各类报告、会议中。谢尔盖·拉夫罗夫（Сергей Лавров）认为对所有成员国来说，上海合作组织是非常适合探讨"一带一盟"对接具体事项的便利平台。[3]哈萨克斯坦总统基金会世界经济与政治研究所所长 A. 阿姆列巴耶夫（Амребаев А. М）认为"一带一路"不仅可以为沿线各国创造更多的经济增长机遇，还将为区域合作注入新鲜活力；同时，还将影响上海合作组织未来的发展定位以及区域与全球力量的重新组合。[4]土库曼斯坦驻华大使鲁斯塔莫娃·齐纳尔认为，"一带一路"倡议对于促进上海合作组织成员国保障经济和社会发展的努力具有重要意义。[5]

---

〔1〕 Лукин А. and Мочульский А, Шанхайская организация сотрудничества: структурное оформление и перспективы развития, Аналитические записки. Вып 2（4）, М.: МГИМО, 2005. C. 3 – 23.

〔2〕 See Nicklas Norling, Niklas Swanstrom, *The Shanghai Cooperation Organization, trade, and the Roles of Iran, India and Pakistan*, 3 Central Asia Survey 434（2007）.

〔3〕 Сергей Лавров, Пресс – конференция Министра Иностранных дел России С. В. Лаврова《наполях》саммитов БРИКС и ШОС, Уфа. 9 июля 2015 года.

〔4〕 参见［哈萨克斯坦］A. 阿姆列巴耶夫等：《上海合作组织与丝绸之路经济带建设前景》，载《俄罗斯研究》2015年第6期。

〔5〕 参见［土库曼斯坦］鲁斯塔莫娃·齐纳尔：《土库曼斯坦积极参与一带一路战略构想》，载《中国投资》2015年第11期。

（二）国内学者对上海合作组织的研究

国内学者对上海合作组织的研究广泛且深入，出现了一大批的专著与论文。在图书方面，潘光主编的《稳步前进的上海合作组织》总结了上海合作组织发展所取得的成就，并从安全合作、经济合作、人文合作以及上海合作组织面临的重大事件等进行了分析。冯绍雷主编的《上海合作组织发展报告（2012）》对上海合作组织框架内的中亚五国的政治、经济以及外交形势、热点问题等进行了综合分析。赵华胜的《上海合作组织：评析和展望》总体分析了该组织的特点与运作模式，同时探讨了中俄等相关成员国与美国的关系，以及上海合作组织面临的重大问题，展望了未来的发展前景。邢广程等的《上海合作组织研究》详细介绍了上海合作组织发展历程、运行机制，分析该组织成员国的经济、外交、资源等情况，并从安全、经济、文化合作方面进行了探究，对各成员国对上海合作组织的诉求进行了深入的研究。阿不都热合曼·卡德尔的《上海合作组织经济合作法律机制研究》从法律的角度出发，探究了上海合作组织成员国之间构建区域经济合作的法律机制，分析了贸易、投资、能源合作以及出现重大争端时的法律调整的现状和规范的协调。

潘光就利用上海合作组织平台发展中国的海外能源战略进行了研究，认为上海合作组织的发展有利于多边轨道促进中国—中亚—俄罗斯能源合作。[1]孙壮志、张宁认为经济合作是组织框架内促进整体实力提升、互利互信，促进民众友好交流等的重要基础，贸易投资便利化、基础设施建设和经济技术合作、扩大企业间联系、培养经贸人才等方面的合作要得到进一步加强。[2]赵华胜对上海合作组织与“一带一路”尤其是丝绸之路经济带的关系进行研究，认为丝绸之路经济带与上海合作组织的关系是要引起重视的问题，丝绸之路经济带的提出使得上海合作组织政治地位及其重要性有所降低；同时，上海合作组织部分功能需要考

〔1〕 参见潘光：《上海合作组织与中国的海外能源发展战略》，载《世界经济研究》2005年第7期。

〔2〕 参见孙壮志、张宁：《上海合作组织的经济合作：成就与前景》，载《国际观察》2011年第3期。

虑调整。[1]陈小沁认为在上海合作组织框架内，基础设施、能源等领域要优先发展；同时，在金融、投资、贸易等方面的合作要进一步规范化、制度化。[2]任飞认为人民币逐步成为上海合作组织区域内最主要的贸易、投资、金融和大宗商品的计价货币，将有效推动人民币国际化进程。[3]邢广程认为需要处理好"一带一路"与上海合作组织的关系，认为不是用"一带一路"取代或者覆盖上海合作组织，而是采取串联使上海合作组织能更有效地发挥功能和效用。[4]王海运认为要以上海合作组织为依托，运用现代科技等手段，全方位多角度地沟通与协商，构建丝绸之路经济带沿途国家互利共赢的利益共同体，以期带动沿途各国间的开发投资、商品贸易、能源合作、人文交流。[5]

从整体来看，上海合作组织以传统安全功能为主轴，并将功能外溢到经济合作、人文合作、环保合作等领域。尤其在"一带一路"倡议下，上海合作组织迎来了极佳的发展契机；反过来，上海合作组织的发展也为"一带一路"实施提供了可借鉴的发展理论。同时，"一带一路"倡议的提出与实施也对传统的地缘经济理论进行了修正和丰富，以全新的地缘经济观来推进上海合作组织的功能创新与升级。

（三）研究中存在的问题

第一，组织框架内部对经济合作发展的规律、路径认识存在分歧。各方对经济合作的诉求不同，导致学者们在进行有关经济合作方面的研究时很难将上海合作组织作为一个整体进行研究。第二，"一带一路"下，对于经济合作，上海合作组织没有可以借鉴的对象和可以汲取的经验。第三，对上海合作组织经济安全的研究主要集中在能源投资安全、金融合作安全等方面。但是现在地缘经济合作不能仅仅局限于购买多少

---

〔1〕 参见赵华胜：《"丝绸之路经济带"的关注点及切入点》，载《新疆师范大学学报（哲学社会科学版）》2014年第3期。

〔2〕 参见陈小沁：《关于深化上海合作组织区域经济合作的思考》，载《国际论坛》2010年第2期。

〔3〕 参见任飞：《上海合作组织区域人民币国际化研究》，载《欧亚经济》2016年第4期。

〔4〕 参见邢广程：《理解中国现代丝绸之路战略——中国与世界深度互动的新型链接范式》，载《世界经济与政治》2014年第12期。

〔5〕 参见王海运：《丝绸之路经济带建设的大构想》，载《新疆师范大学学报（哲学社会科学版）》2014年第6期。

原油、天然气，而是需要创造一种全新的合作模式，这就需要上海合作组织发挥创造力，进行功能创新与发展。

“一带一路”是新事物，该倡议下的上海合作组织经济合作功能、环保功能、人文交流功能等又是我们遇到的新问题。通过地缘经济理论的角度探索“一带一路”下上海合作组织外溢功能更是新中之新，国内外学术界还很少运用地缘经济理论对受“一带一路”影响的上海合作组织作系统成熟的研究。我们期望通过理论与实践的良性互动，推动理论与实践的进一步深入与发展。

第三节 研究结构、创新点与研究方法

一、研究结构

本书通过研究“一带一路”对现有的地缘经济理论的丰富与修正，创新性地形成一种新地缘经济观。在这种观念的指导下，研究上海合作组织这一“一带一路”重要平台功能的提升、创新与发展。本书共分为七章。

第一章“绪论”。主要引出本书的研究问题：“一带一路”的提出将会产生一种怎样的新地缘经济观？在该地缘经济观的指导下，上海合作组织如何提升自身以对接“一带一路”。同时，“一带一路”与上海合作组织的实践将反过来进一步深化地缘经济理论的研究。

第二章“理论基础”。对地缘经济相关理论基础进行研究，梳理这些基础理论在地缘经济理论研究中的缺陷与不足，为地缘经济理论发展夯实理论基础。

第三章“‘一带一路’：一种新地缘经济观的生成”。通过研究“一带一路”的理念、内涵、机制、举措等，分析其对现有的地缘经济理论产生的影响，创新性地形成一种新的地缘经济观，并在此基础上指导“一带一路”下上海合作组织的建设与发展。

第四章“新地缘经济观视角下的上海合作组织”。研究上海合作组织在“一带一路”建设过程中发生的变化，探讨其在“一带一路”建

设中体现出的大枢纽平台作用。

第五章"'一带一路'与上海合作组织功能互动"。通过研究上海合作组织在"一带一路"下的功能和定位，分析"一带一路"与上海合作组织在安全、经济、文化等功能上的频繁互动，尤其在经济合作方面。一系列新的合作成果和实践，为"一带一路"触发的新地缘经济观提供理论基础。

第六章"上海合作组织功能创新发展"。在新地缘经济观下，研究"一带一路"下上海合作组织立足于自身发展，对其自身的安全功能、经济合作功能、人文合作功能、环境保护功能等方面的创新发展。

第七章"结论"。对全书进行总结，并对不足之处进行梳理。

二、创新点

本书特色与创新之处在于：

第一，通过对"一带一路"及上海合作组织进行研究，探讨"一带一路"倡议倡导的平等、合作、包容对传统地缘经济理论的修正、突破与丰富。

第二，在"一带一路"的发起与实施过程中，对新地缘经济观下上海合作组织功能产生的影响、转变、发展前景等的分析具有前瞻性，为未来上海合作组织发展提供了理论参考。

第三，通过对新地缘经济观的研究，分析上海合作组织经济合作在组织内的重要程度，更加明确地指出上海合作组织未来的发展方向。

本书不足之处在于两方面：第一，对上海合作组织相关国家的资料、数据收集不是很齐全，如乌兹别克斯坦的相关资料和数据较少。这对分析上海合作组织地缘经济联系方面会产生一定的限制。第二，作者学识有限，对一个如此宏大的地缘经济合作倡议的理论与实践的研究难以全面把握，以后将继续努力，深入研究。

三、研究方法

本书运用的研究方法主要包括：

第一，文献分析法。通过梳理相关的文献，分析相关基础理论，对

“一带一路”触发的新地缘经济观进行研究。

第二，定性与定量相结合的分析方法。对新地缘经济观以及在新地缘经济观影响下上海合作组织未来的发展趋势进行定性研究，是本书的主要研究方法；通过对上海合作组织的相关数据进行定量分析，是本书的辅助分析方法。

第三，归纳分析的方法。通过理论联系实际，将新地缘经济观贯穿于“一带一路”、上海合作组织发展的过程中，总结分析“一带一路”实践，归纳出新地缘经济观内涵，再研究新地缘经济观对上海合作组织功能创新发展的影响。

第二章　理论基础

20 世纪 90 年代，在经济全球化、区域经济集团化的背景下，卢特沃克首次提出“地缘经济”的概念，深刻影响了当时美国政府的对外政策。从学科角度来说，地缘经济学主要研究地缘因素下国家主体之间的特定行为和互动关系。这是一个多学科交叉的体系，融合了地缘政治学、经济地理学、国际政治、区域一体化理论等。要深入研究地缘经济理论，需要先深入了解地缘经济理论的基础支撑学科，这样才能更好地开展对地缘经济理论和实践的研究，更好地理解当下中国倡议的“一带一路”。

第一节　地缘政治理论

一、地缘政治学概念

地缘政治学理论诞生一百多年以来，经历了辉煌与沉沦，一直是学界关注的焦点之一。在东西方国家发展中，地缘政治学理论扮演着至关重要的角色，对近现代历史具有深远影响。

在地缘政治理论发展过程中，对于地缘政治学的概念存在各种各样的解释。《中国大百科全书》认为地缘要素是国家进行决策的一个重要影响因子。国际关系理论也认为地缘要素对国家政治行为有着重大影响，甚至是决定性的。[1]《美国百科全书》认为地缘政治学是研究地理、政治等要素的相互作用，并对国家战略产生影响的学科。[2]拉祖瓦耶夫认为地缘政治学是研究地理和政治之间关系，也是研究大国争夺主导权，更是研究权力斗争与地理联系关系的理论，地理要素对于外交政策有着至关重要的影响。[3]首创"地缘政治学"这一术语的鲁道夫·契伦（Rudolf Kjellén）认为，把国家作为地理有机体或者把国家作为空间现象的就是地缘政治学。[4]卡尔·豪斯霍弗尔（Karl Haushofer）认为地理空间中，政治地理决定政治行为的体系就是地缘政治学。[5]批判地缘政治学创始人格兰特·奥图瓦塞尔（Gearóid Ó Tuathail）认为地缘政治学从文化、政治角度入手，理解地理和国际关系。[6]杰弗里·帕克（Geoffrey Parker）认为地缘政治学是从地缘角度出发的国际关系理论。[7]

综合起来，地缘政治学主要是从空间地理角度和权力角度对国家权力和地理空间的关系进行研究与阐释的理论。

二、地缘政治学源起与发展

拉采尔提出"国家有机体论"之后，瑞典学者接受了拉采尔的思想，提出了"地缘政治"这一术语。他们关于生存空间的思想被德国精英阶层接受，与德国的侵略扩张意图不谋而合，使其成为德国发动战争的工具，直至第二次世界大战后才逐步回到国际论坛的视野中，重新被人们所接受。

地缘政治理论从诞生到现在，经过了一百多年的发展，产生了众多

---

〔1〕参见《中国大百科全书》，中国大百科全书出版社 1992 年版，第 57 页。

〔2〕参见刘从德主编：《地缘政治学导论》，中国人民大学出版社 2010 年版，第 5 ~ 6 页。

〔3〕参见［俄］拉祖瓦耶夫：《论地缘政治学概念》，载《现代外国哲学社会科学文摘》1994 年第 10 期。

〔4〕Rudolf Kjellén, Staten som Lifsform, 1916, Published in German as Der Staat also Lebenform, Leipzig, Hirzel, 1917, p. 34 – 35.

〔5〕Richard Hennig, Geopolitik: Die Lehre vom Staat als Lebewesen, Leipzig, Hirzel, 1931, p. 9.

〔6〕Gearóid Ó Tuathail, Simon Dalby and Paul Routledge, The Geopolitics Reader, London, Routledge, 1998, p. 3.

〔7〕Geoffrey Parker, Geololitics: Past, Present and Future, London, Printer, 1998, p. 5.

的学说和理论，比较有影响力的主要有“海权论”“陆权论”“边缘地带论”“空权论”“太空权论”等。[1]

（一）海权论

马汉在对英国称霸海上，长期殖民海外的历史进行研究时，认识到制海权对一个国家的发展有着至关重要的作用。马汉在海权三部曲中对海权进行了详细的论述。[2]

他认为，狭义的海权是指通过优势海军来实现对海洋的控制权力，广义的海权是指以武力威慑的方式统治海洋的海上军事力量以及与维持国家经济繁荣密切相关的其他海上力量。[3]马汉对一国成为海权大国具备的六要素进行了探讨，一是地理位置，国家要有进入海洋的便利，并能控制海上主要战略通道；二是自然结构，国家拥有便于开展贸易的深海港口和深入腹地的内部大河；三是领土范围，对外发展海权的基础在国家内部，主要是国土面积、领土范围、资源禀赋等对海上力量发展的支撑；四是人口基数，需要较大的人口基数作为支撑，才能打造强劲的海上力量；五是国民性格，国家人民对探索海洋并从海洋中获利的欲望是建立海权的一个重要因素；六是政府性质，专制政府和民主政府对国家海权的发展影响至关重要，主要取决于政府的政策是否反映了人民海上扩张的意志、给予明智的指导并发挥巨大的作用。只要拥有以上的特质，一个真正的海权大国就出现了。

马汉的思想对美国海军产生了巨大影响，使美国海军浴火重生，并走向辉煌。德国也在接受马汉的思想后，以英国为主要对手发展国内海军。马汉的思想影响了当时全球海军的建设与崛起。

（二）陆权论

马汉的“海权论”提出不久，麦金德即提出了“陆权论”。当时，

---

〔1〕 参见王成君：《冷战后印度地缘政治安全战略对中印关系和中国安全的影响》，载《新西部》2014 年第 8 期。

〔2〕 Alfred T. Mahan, *The Influence of Sea Power upon History*, 1660—1783, Boston, Little, Brown and Company, 1890; Alfred T. Mahan, *The Influence of Sea Power upon the French Revolution and Empire*, 1783—1812, Boston, Little, Brown and Company, 1892; Alfred T. Mahan, *Sea Power in Its Relations to the War of 1812*, Boston, Little, Brown and Company, 1905.

〔3〕 参见［美］马汉：《海权论》，萧伟中、梅然译，中国言实出版社 1997 年版，第 2 ~ 3 页。

英国作为海上霸主，除了应对德国和美国海军的崛起，还要应对来自俄国的最大的威胁，因此，其更加关注欧亚大陆上的控制力。

麦金德以全球视野把历史和地理联系起来探索世界，1904 年他发表了《历史的地理枢纽》，将世界分为三个部分：枢纽地带和内、外新月地区。大陆型的国家或地区作为枢纽地带，内新月地区由中国、印度、德国、奥地利、土耳其组成，外新月地区由英国、澳大利亚、美国、加拿大、日本以及南非国家组成。[1]1919 年麦金德发表《民主的理想与现实》进一步完善了他的思想，正式提出了“心脏地带”理论。他认为“世界岛”有南北两个“心脏地带”。“北心脏地带”从西伯利亚冰冻的、平坦的海岸，一直伸展到俾路支斯坦和波斯的酷热的、陡立的海岸，从海上不能到达那里。[2]“南心脏地带”是指撒哈拉以南的非洲内陆。这两块地方都是航海无法到达的地方，都拥有广阔的草地和森林。

麦金德强调地理和政治高度结合来探讨地缘政治，并把地理学思想直接与国际政治结合，从全球角度考虑世界政治地理结构。在陆权和海权反复较量与对比中，麦金德高度重视欧亚地区的国际问题，强调陆权的重要性，认为陆权在国际政治中始终具有优越的价值。他的地缘政治思想得到了欧美国家的广泛认同，并对后来的世界政治与国际格局产生了深远的影响。

（三）边缘地带论

斯皮克曼的“边缘地带论”，是本着对麦金德“陆权论”矫正概念而提出的。斯皮克曼将世界分为海上世界、陆上世界和边缘地带三个中心，他认为“边缘地带”包括欧洲大陆沿海地区、部分亚洲地区的亚欧大陆沿海陆地，这与麦金德的“外新月地区”高度重叠。

斯皮克曼认为麦金德高估了“心脏地带”的作用，[3]他认为“边缘地带”才是争夺世界的关键。历史上的阵营总是以英俄为首的两个“边

---

〔1〕 Halford Mackinder, *The Geographical Pivot in History*, 23 Geographical Journal 5 (1904).

〔2〕 参见［英］麦金德：《民主的理想与现实》，武原译，商务印书馆 1965 年版，第 73 页。

〔3〕 参见刘德会：《地缘政治理论在杜鲁门政府中东政策中的运用》，载《牡丹江教育学院学报》2013 年第 1 期。

缘地带”国家集团间的对抗，或者是英俄共同对抗另一个“边缘地带”强国。[1]这就是说，斯皮克曼认为“边缘地带论”有两种模式，一是陆权国家与海权国家可能联合对抗某个介入“边缘地带”的强国；二是陆权国家及其“边缘地带”盟友与海权国家及其“边缘地带”盟友进行对抗。“边缘地带”可以是海权与陆权冲突的巨大缓冲地带，更主要的是“边缘地带”可能是诱发世界性海陆冲突的关键点。因此，斯皮克曼认为麦金德的三段论名言是有问题的，他将其重新修正为：谁支配着边缘地带，谁就统治了欧亚大陆；谁统治了欧亚大陆，谁就掌握了世界的命运。[2]

（四）空权论与太空权论

随着飞机的发明以及飞机在第一次世界大战中发挥的重要作用，人们开始关注对天空的控制力。意大利学者朱利欧·杜黑（Giulio Douhet）在其著作《制空权》《未来战争的可能面貌》等中对“空权论”进行了阐述。在《制空权》一书中，他认为未来战争与过去不同，各国一旦掌握了制空权，就拥有前所未有的机动力量和能力，可以摧毁对方的军事力量、工业基地和具有战略意义的经济生活目标。独立空军相对于海军和陆军的重要性迅速拔高，空中将是决定性的战场。[3]美国学者德塞维尔斯基进一步阐释了空权的思想，认为伴随着航空时代的到来，世界强国要么控制地球上的空中大洋，要么选择彻底失败；[4]并提出北极地区是美苏制空权争夺的关键。

随着科技的进一步发展，人类进入到外层空间的梦想成为现实，地缘政治的空间也由此进一步扩展到太空，尤其是美国在海湾战争、伊拉克战争、阿富汗战争中利用太空卫星、航母、空军、陆军的空地一体

---

〔1〕 参见［美］尼古拉斯·斯皮克曼：《和平地理学》，刘愈之译，商务印书馆 1965 年版，第 78~79 页。

〔2〕 参见李刚：《地缘政治视角：美国崛起的原因及对当代中国的启示》，载《科技信息》2010 年第 27 期。

〔3〕 参见［意］朱利欧·杜黑：《制空权》，曹毅风、华人杰译，解放军出版社 1986 年版，第 76 页。

〔4〕 Alexander Seversky, *America*: *Too Young to Die*, New York, Mcgraw-Hill Inc., 1961, p. 36-37.

战，使得太空权一时名噪全球。杜尔曼认为太空中潜在的资源极为丰富，任何国家如果能有效控制它，就能支配地球上所有国家的政治、军事和经济命脉。随着空间技术对现代战场的重要性日益增加，对空间的控制越来越生死攸关。[1]

三、缺陷与不足

在经济全球化和世界多极化两大趋势下，世界逐步进入了地缘经济时代。在新时代，地缘政治理论显现出一些缺陷与不足。

首先，由于时代的变化，地缘政治让位于地缘经济。地缘政治理论诞生在全球的扩张时期，强调领土扩张和军事冲突。随着时代的变化，国际关系的转变，国家间经过了一系列的重组，吸收冲突逻辑的地缘政治逐步被地缘经济所超越。原先的军事集团竞争让位于经济集团竞争，当今国际关系的焦点是三大地区经济集团之间的权力竞赛，而不是两大阵营之间的军事对抗。[2]

其次，由于争夺领域的变化，高级政治让位于低级政治。地缘政治时代强调国家的势力范围，以扩张领土、控制与影响别国相关政策为目标。随着社会的发展，现在更加强调国家间经济的竞争与较量。国家间的竞争与较量从原来对领土空间的控制与扩张转向以经济为主的综合国力的较量。[3]国际关系中的经济、社会、福利、文化等低级政治的重要性与受关注程度逐步超越政治、外交、军事、安全等高级政治。

最后，地缘政治的冲突逻辑无法解释地缘经济合作实践的全部现象。地缘政治维护国家利益的手段主要是政治联盟、军事打击等军事手段。而现代维护国家利益更多的是通过经济合作、经济制裁等经济手段，军事手段只是经济手段的保障，更多时候表现的仅仅是一种威慑力。

---

〔1〕 Everett C. Dolman, *Astropoltics*: *Classical Geopolitics in the Space Age*, London, Frank Cass Publishers, 2002, p. 68 – 70.

〔2〕 参见潘忠岐：《地缘学的发展与中国的地缘战略——一种分析框架》，载《国际政治研究》2008 年第 2 期。

〔3〕 参见陈少华：《国家间博弈中的地缘政治与地缘经济》，载《武汉理工大学学报（社会科学版）》2009 年第 3 期。

第二节 新经济地理学

一、新经济地理学概述

克鲁格曼（Paul Krugman）、藤田（Fujita）等在阿维纳什·迪克西特（Avinash K. Dixit）和约瑟夫·斯蒂格利茨（Joseph Eugene Stiglitz）垄断竞争模型（D-S 模型）之上，引入“冰山运输成本”，将空间要素纳入一般均衡模型中，用不完全竞争、报酬递增、市场外部性等构建了新经济地理学。

该理论吸收了佩鲁（F. Perroux）的增长极理论、赫希曼（A. O. Hirshman）的极化－涓滴效应、约翰·弗里德曼（John Friedmann）的核心－边缘理论、克里斯·泰勒（Chris Taylor）的中心地理论、贡纳尔·缪尔达尔（Gunnar Myrdal）的循环累积因果论及沃尔特·艾萨德（Walter Isard）创立的区域科学和空间经济学等思想。D-S 模型主要对消费和生产进行分析研究，并为不同种类产品的垄断竞争模型提供分析框架。D-S 模型并没有把运输成本等空间要素考虑在内，忽略了要素在不同空间流动的空间摩擦成本。克鲁格曼看到了这一点并首次将运输成本巧妙地纳入 D-S 模型中，指出空间结构（运输成本）、产品特化、贸易和规模经济之间存在的关系。[1]新经济地理学对于规模经济、要素流动以及运输成本之间复杂的关系和作用在经济空间格局变化中的影响进行了深入研究。[2]运输成本或距离与集聚区域形成的有机联系，为新经济地理学提供了一个坚实的微观基础。

二、新经济地理学核心内涵

核心－边缘模型是新经济地理学最核心的思想，它揭示了一个国家

〔1〕 Krugman P., *Scale Economies, Product Differentiation, and the Pattern of Trade*, 70 The American Economic Review 950（1980）.

〔2〕 参见殷广卫、吴柏均：《新经济地理学的魅力和缺陷刍议》，载《南京社会科学》2011 年第 1 期。

在运输成本、规模经济和制造业在国民经济中的比例等因素是如何内生地分化出工业的“核心”区和农业的“边缘”区的过程。[1]

核心-边缘模型沿用D-S模型的假设，把一个经济体分为农业和制造业，致力于农业的农民这一要素不能流动，而进行制造业生产的工人是可以流动的，即整个世界存在报酬不变的农业部门和报酬递增的制造业部门。

核心-边缘模型的动力机制是集聚力与分散力。两个区域中起初具有微弱优势的区域通过循环累积，在经济系统的内生力下开始引起区域分化、资源集聚，并发展成为核心区，集聚使优势区域获得更大的发展，进行大规模生产。核心区规模经济的生产进一步促进运输成本、贸易成本、生产成本的降低，带来更加便捷的生活条件，吸引更多的人口，循环累积，不断集聚。有区域的集聚就有区域的分散，分散的边缘区的福利水平通常低于核心区，并且这种差距经常性地处于扩大之中，[2]虽然边缘区也有可能成长为核心区，但是需要不断地累积与漫长的等待。

三、新经济地理学对地缘经济的影响及其不足

新经济地理学为地缘经济的研究提供了很多可以借鉴的理论与假说。其中，核心-边缘模型为地缘经济的研究提供了微观研究的实证与理论基础。但是新经济地理学也存在一些不足与缺陷，主要体现在仅仅将地缘因素这一个变量引入新经济地理学中，而忽视了地缘的社会、文化、制度、教育等社会因素。克鲁格曼在引入运输成本时，巧妙地将一部分货物“融化”在运输途中，从而巧妙地将运输成本融入D-S模型中，这样处理仅仅将运输距离作为一个单纯的空间因素纳入研究中，忽略了地缘之间存在的抽象的文化、宗教、制度等因素。而地缘经济学则是复杂的，是一个融合了地理、政治、经济、文化、宗教等的交叉学

---

〔1〕 Krugman P., *Increasing Returns and Economic Geography*, 99 Journal of Political Economy 483 (1991).

〔2〕 参见殷广卫、吴柏均：《新经济地理学的魅力和缺陷刍议》，载《南京社会科学》2011年第1期。

科。新经济地理学忽略的因素恰恰是地缘经济学需要重点研究的对象，尽管如此，该理论对地缘经济战略的制定和理论研究仍有很强的指导性。

第三节 地缘经济理论

一、地缘经济理论概述

地缘经济理论的创始人卢特沃克认为企业的投资、市场研究、产品开发、市场开拓等经济行为皆为获得商业利益。但是，当国家出面支持或指导这些相同的经济行为时，它已经不再是纯粹的经济行为，而是地缘经济。[1] Э. Г. 科切托夫认为地缘经济的核心属性和概念包括地缘经济空间、脉动着的经济边界、地缘金融、世界经济往来的商品形式和主体的演变、“环境市场”、战略效应、游移的国际化再生产中心（周期）、“从外部”和“从内部”被推翻的“系统国家”、世界收益、世界地缘经济地图、地缘数理逻辑、对地缘经济格局的详尽诠释、地缘经济高技术、地缘经济战、地缘经济赔偿、地缘经济法庭等。[2]萨本望认为这种以经济利益和经济关系取代军事对抗和政治关系作为国际关系主轴的理论为地缘经济学。[3]陆大道认为地缘经济是国家间、地区间或民族间，基于地理区位、资源禀赋、经济结构等因素形成的合作、联合（经济集团化）或竞争、对立乃至遏制等经济关系。[4]俞新天认为在世界经济体系的框架内，资本、产品和人员迅速流动，在国家与个人的关系之中占有更重的分量，说明国内与国际事务的密切联系，经济

---

〔1〕 See Edward N. Luttwak, *The Endangered American Dream: How to Stop the suited State from Becoming a Third World Country and How to Win the Geo - economic Struggle for Industrial Supremay*, New York, Simon and Schuster, 1993, p. 34 - 39.

〔2〕 参见［俄］Э. Г. 科切托夫：《世界文明和谐与地缘经济学范式》，李新译，载《上海财经大学学报》2007 年第 5 期。

〔3〕 参见萨本望：《新兴的“地缘经济学”》，载《世界知识》1995 年第 5 期。

〔4〕 参见陆大道、杜德斌：《关于加强地缘政治地缘经济研究的思考》，载《地理学报》2013 年第 6 期。

资源和经济利益已经是权力组织部分和对外政策的目标，这便是公认的地缘经济学。[1]有学者从战略上进行考量，认为地缘经济的总体构想是国家在特定历史条件下，从地缘经济空间的角度，综合运用各种经济手段和资源，应对核心挑战与威胁，维护国家利益。[2]段进军、陆大道从世界大国在东亚地区的地缘经济战略角度出发，认为要制衡美日，必须加强发展中国家之间的地缘经济合作，并不断促进东亚经济合作组织的建立。[3]

总体来看，国内外专家对地缘经济的研究，主要集中在地缘经济的概念、机制、研究对象、研究方法、内涵特征等方面。从实践角度看，是国家利用经济手段谋取掌控世界经济的制高点，以求获得国家利益最大化，并通过经济上的主导权将控制力延伸到国际事务中，影响他国的外交政策、经济政策等。

二、地缘经济理论传统核心观点

地缘要素包括地理区位、幅员形状、自然条件、综合国力、社会状况和地缘利益等方面。[4]地缘经济则是一切对经济产生影响的地缘变量与国家经济之间相互作用的系统。通过对地缘经济进行系统研究，结合当前的时代特征，笔者认为地缘经济理论至少包括以下几个核心观点。

（一）地缘经济超越地缘政治

地缘政治强调一国的军事实力、地缘格局、战略区位、领土扩张等。在全球迅速扩张时期诞生的海权论、陆权论、边缘地带论、空权论等成为各国呼应时代发展的国家行为指导思想。随着世界向着多极化、经济全球化的趋势发展，新时代也对各国提出了新要求，国家从政治角度获取世界格局中有利地位的方式逐渐转换成以经济手段来获得有利于国家利益的世界格局。地缘经济时代超越了地缘政治时代，经济手段的

〔1〕 参见俞新天：《美国的国际关系文化研究综述》，载《太平洋学报》1999 年第 1 期。

〔2〕 参见潘忠岐、黄仁伟：《中国的地缘经济战略》，载《清华大学学报（哲学社会科学版）》2008 年第 5 期。

〔3〕 参见段进军、陆大道：《论大国东亚地缘经济战略与东亚地区经济合作》，载《经济地理》1999 年第 2 期。

〔4〕 参见沈伟烈主编：《地缘政治学概论》，国防大学出版社 2005 年版，第 5 页。

运用成为争夺世界格局主导权最有效的方式之一。

（二）地缘经济的主要特征是国家间经济竞争与合作

地缘经济时代，国家利益主要是经济利益，是围绕国际市场、资本、高精尖技术、高素质人才、高科技等资源开展的一系列经济方面的竞争与合作。国家根据国际局势和自身利益，综合运用各种经济手段谋求国家利益和安全。有时通过建立联盟、伙伴关系，通过贸易谈判签订贸易协定以及建立自贸区等方式进行合作，有时也通过经济制裁、“贸易战”、“金融战”等方式竞争，进而通过经济手段影响别国的对外政策。

（三）地缘经济成为国际关系的主要内容之一

不同的时代背景下，国际关系的主轴也不相同。全球扩张时期，军事和政治是主流，经济处于不太重要的地位。但是到了现代，经济一跃成为国际关系中最重要的因素之一。国家利益从政治利益转变为经济利益，国家力量从军事力量转向经济力量，经济成为争夺国家利益的主要手段和方式。国际关系的发展趋势将以经济为主题、以和平为主调，相应地，地缘理论也应作调整，从“争夺霸权”向“寻求合作”的目标转换、从地缘政治向地缘经济主题转换。[1]在经济全球化背景下，国家间经济的相互交融、彼此依赖成为当下时代的特点。一国的崛起与衰败，在很大程度上取决于该国的地缘经济状况，地缘经济逐渐成为国际关系的主要内容。

三、缺陷与不足

（一）地缘经济需厘清核心要素变量

在国内外的地缘经济研究中，很多都忽略了客观环境与国家实践之间互动的地缘要素，更多的研究仅仅是将投资、贸易、资源等纯粹经济学要素作为变量。尤其“一带一路”倡议的提出，给予地缘经济理论的研究者以更多的启发。每个国家都希望利用自己的优势要素博得地缘经

---

〔1〕 参见贾绍凤：《国际关系的变化趋势与地缘关系理论的变革》，载《人文地理》1999年第1期。

济格局的倾斜，对地缘经济战略有重要影响力的地缘经济要素的分布及其不平衡的自然状态也构成了地缘经济的内在结构。构成这种内在结构的核心要素对于成功实施地缘经济战略起着至关重要的作用。

（二）地缘经济要多角度、多层次分析

世界经济的重心从西欧转向了北美，现在又从北美逐步转到了亚洲，亚洲成为地缘经济的重心，而中国更是亚洲经济发展的重要引擎。当前，很多地缘经济研究仅仅是以国家为主体、整体在区域角度进行。但是在经济全球化的背景下，除了国家之外，更多的是由跨国公司、国际组织等在推进相关地缘经济战略。一个跨国公司的供应链、产业链、价值链涉及几十个不同宗教、文化、意识形态、经济体制的国家。国际组织更是由来自世界各地的国家共同组成。因此，地缘经济研究更加复杂多样，除了需要考虑以国家为主体展开的全球层次、区域层次以及国家周边自然经济区的次区域层次的地缘经济战略外，还要从国际组织、跨国公司的微观角度分析地缘经济战略的实施。

虽然地缘经济理论主要是在 20 世纪 80 年代后期提出，但是地缘经济理论运用的实际却早已有之。人类文明的三个阶段，即农业社会、工业社会、信息社会，皆有地缘经济的影子。农业社会地缘经济主要以农业的生产和农作物的运输为核心；工业社会地缘经济则主要围绕各类产品、国际贸易以及能源开展；信息社会地缘经济则是以知识为基础、以创新为动力、以教育和研发为主要内容。虽然此时国际经济的空间特征有所模糊和淡化，但在国际分工领域，高素质人才资源的分布带来的高新技术和创新知识的地理差异成为地缘经济的核心。

（三）对中国特色地缘经济理论的研究创新不足

中国地缘经济的研究晚于西方国家，是在学习和借鉴西方地缘经济理论的基础上开始的，这也导致了中国在地缘经济理论研究上缺乏话语权。按照西方研究逻辑，一国发展到一定阶段就会挑战守成大国的地位，战争不可避免地成为最终的选择，即所谓的“修昔底德陷阱”（Thucydides's trap）。按照这样的逻辑，中国必然会被认为走在“强则必霸”的西方老路上。但是《胡锦涛在中国共产党第十七次全国人民代表大会上的报告》指出：“中国奉行防御性的国防政策，不搞军备竞赛，不对任何国家构成军事威胁。中国反对各种形式的霸权主义和强权，永远不称霸，永远不搞扩张。"[1]明确回应了这种“强则必霸”的落后思想。我们需要将地缘经济理论与主流的国际关系理论进行碰撞、交流、研究，从而找到具有特色的、相对独立的理论点，争取地缘经济理论研究中的话语权。

当前，世界已经走向多极化，经济全球化、区域化成为世界的主流，隐含在地缘经济中的冲突论逻辑和冷战霸权成为越来越多国家急于摆脱的思想。尤其是对发展中国家而言，一种合作、开放、共赢的地缘经济新观念将成为时代发展的大势所趋。

---

〔1〕《胡锦涛在中国共产党第十七次全国人民代表大会上的报告（全文）》，载中青在线，http：//news. cyol. com/content/2017 – 10/11content_16573950. htm。

第三章 “一带一路”：一种新地缘经济观的生成

经过改革开放40年的发展，中国已经成为仅次于美国的全球第二大经济体。2016年美国GDP总量约为18.6万亿美元，中国则为74.4万亿元人民币，约合11万亿美元。随着经济的快速增长，中国在全世界的影响力日益凸显，中国提出的“一带一路”倡议得到了越来越多的国家和地区响应，正在成为全球共识。

对“一带一路”的研究为我们在新形势下深入研究地缘经济提供了有用的素材。本章主要探讨“一带一路”的建设理论、建设机制、内涵、举措以及“一带一路”的定位、意义、经济逻辑、风险评估等。通过对“一带一路”这一地缘经济合作项目的研究，考察地缘经济理论在其影响下的演进与创新，提出一种全新的地缘经济观。

第一节 “一带一路”的理念与内涵

一、“一带一路”历史背景与建设理念

（一）“一带一路”的历史背景

中国自秦朝建立第一个大一统的国家以来直至晚

清，就在农耕文明下树立了根深蒂固的陆权思想，历来重陆地而轻海洋。陆权帝国正常运转是以朝贡体系，或称为“扈从关系”来保障中华帝国的“华夷秩序”。华夷秩序是萌芽于汉代、成型于隋唐、充实于宋、完善于明清的一种国际政治格局。[1]通过朝贡体系，周边邻国承认中国政治、文化、道德上至高无上的中心地位，在该体系中获得一席之地。而作为回报，中国则提供区域安全保障、经济利益等区域性公共产品，并通过授职这一机制化礼仪形式表明国家的从属地位，加固朝贡体系。中华博大精深的文化及强大的国家实力使周边国家纷纷来朝。东南亚等沿海国家通过朝贡体系的宗藩关系成为中华帝国的藩属国家，同时，他们也成为中华帝国海上防御的屏障。没有了来自海上的威胁，中华帝国得以“守中治边”，将人力、物力和财力用于对陆上北部边疆的重点防御，[2]实现了中华陆权帝国的“以藩为屏”的安全构想。

自秦以后，主要有两个部族或邻国没有被纳入中华帝国的朝贡体系，一个是亚洲内部的游牧民族，另一个则是日本。游牧民族包括从秦时代的东夷、南蛮、西戎和北狄到汉朝的匈奴、元朝的蒙古族、清朝的满族。双方在历史上多次为各自利益爆发战争，双方势力此消彼长，游牧民族曾两度取得中华帝国的统治权。

勒博认为日本与中国的关系存在深刻的矛盾性，即日本对中国的钦佩与怨恨是等量的。[3]一方面，日本倾慕中华文化，隋唐时期派遣隋唐使来学习，在国内建筑、文化、宗教等方面都学习中国。另一方面，日本想成为地区核心的霸权梦也导致历史上中华帝国与日本的多次冲突，尤其是1592年明朝政府出兵朝鲜，阻止了丰臣秀吉的入侵，稳固了中华朝贡体系和华夷秩序。

随着科技的进步以及航海技术的发展，16世纪，世界进入了海国时代。中华帝国长期认为自己地大物博、物产丰富，无须从海洋上冒

---

〔1〕 参见李晓、李俊久：《“一带一路”与中国地缘政治经济战略的重构》，载《世界经济与政治》2015年第10期。

〔2〕 参见李晓、李俊久：《“一带一路”与中国地缘政治经济战略的重构》，载《世界经济与政治》2015年第10期。

〔3〕 See Richard Ned Lebow, *A Cultureal Theory of International Relations*, Cambridge, Cambridge University Press, 2008, p. 8.

险获利。长期在陆地上的中华帝国形成了“重陆地轻海洋”的陆权观点，这种观点使历代君主无视海权，明清时期尤甚，推行“闭关锁国”政策，国力积贫积弱。然而进入海国时代，浩瀚的海洋一下子从原本天然的屏障变成通途大道，整个国家暴露在西方世界的坚船利炮之下。鸦片战争一声炮响后，以林则徐、魏源、严复、孙中山为代表的一大批仁人志士呼吁重视海权。当马汉的《海权论》席卷全球时，“独惜吾国对于马汉的海权学说竟然出奇的忽视”。[1]孙中山先生更是大声疾呼“海洋操之在我则存、操之在人则亡”。然而，即使鸦片战争中西方的坚船利炮敲醒了中国精英对海权的重视，但是陆权帝国的历史惯性使精英阶层认为如果中国走向海洋，战略前提是保证陆地的安定。19 世纪后期沙俄入侵伊犁、日本陈兵台湾，陆上和海上同时出现危机，是数千年未有之变局。这掀起了以李鸿章为代表的“海防优先”与以左宗棠为代表的“塞防优先”的大争论。尽管清政府明确陆海两防并举，但是陆权帝国的历史惯性还是体现在了实际操作层面。据数据记载，1875～1884 年塞防总支出约白银 8000 万两，1875～1894 年海防总支出约白银 3000 万两，[2]海防费用支出仅为塞防的 37.5%。海洋问题的出现使中华帝国从陆权国家地缘战略逐步走向陆海权复合型国家的地缘战略，这深刻影响了未来中国地缘战略的选择与实施。

1949 年中华人民共和国成立后，采取“一边倒”的地缘战略，完全倒向苏联。到了 20 世纪 50 年代末 60 年代初，中苏矛盾凸显，关系迅速恶化，此时的地缘战略既要反苏又要防美制裁。20 世纪 70 年代，尼克松访华，中美关系正常化，此时的地缘战略是联合美国，反抗苏联。随着中国实行改革开放，中国与世界的政治、经济、贸易等方面关系迅速恢复。经贸关系发展尤其迅速，中国恢复了在世界银行、国际货币基金组织的合法席位，加入了世界贸易组织，融入了美国主导的国际经济体系。

---

〔1〕 王家俭：《清史研究论薮》，台北：文史哲出版社 1994 年版，第 132～133 页。

〔2〕 参见周育民：《塞防海防与清朝财政》，载《上海师范大学学报（社会科学版）》2001 年第 1 期。

2010年中国GDP总量超越日本，成为世界第二大经济体（GDP总量为5.8786万亿美元），2013年成为全球最大货物贸易国（进出口总额为4.16万亿美元）。中国的高速发展成为世界经济的发动机。按照2010年美元不变价计算，中国经济增长对世界经济增长的年均贡献率达到30.5%，2014年中国对世界经济增长的贡献率为29.7%，2015年为30.0%；而美国2014年为19.6%，2015年为21.9%。[1]在政治上，建立各种伙伴关系，例如，伙伴关系、全面伙伴关系、合作伙伴关系、全面合作伙伴关系、战略伙伴关系、战略合作伙伴关系、全面战略伙伴关系、全面战略合作伙伴关系、全面战略协作伙伴关系等。以和平共处五项原则为基础，以互信、互利、共赢为指导思想建立了“伙伴关系”网，为中国营造了良好的国际和地区环境。同时，中国积极参与全球治理，积极履行大国的职责，在联合国、国际货币基金组织、世界贸易组织中发挥积极作用。在区域层面，倡议创立上海合作组织，参与亚洲太平洋经济合作组织（以下简称亚太经合组织）、东盟与中日韩（10+3）领导人会议等区域治理和机制建设。

在中国快速发展的同时，国际局势也在悄然发生变化。第一，中国的崛起引起了美国的高度警惕，美国实施重返亚洲及亚太再平衡战略，对中国进行封堵、遏制。中国崛起有可能“威胁”到它在亚太乃至全球的霸主地位，美国对于中美之间权力转移的忧虑成为其对华战略的最重要考量。[2]在贸易方面，中国成为美国的最大贸易伙伴国，美国市场成为中国经济增长的重要外部驱动力之一。美国针对中国频繁滥用“双反”措施，企图打击中国对美国的出口。有数据显示，截至2015年7月13日，美国共对中国发起反倾销案99例、反补贴案31例，分别占美国反倾销案和反补贴案总数的37.2%和51.7%，均为被发起调查国之

---

〔1〕参见《中国对世界经济增长的贡献不断提高》，载人民网，http://webcache.googleusercontent.com/search?q=cache:http://paper.people.com.cn/rmrb/html/2017-01/13/nw.D110000renmrb_20170113_1-09.htm。

〔2〕John J. Mearsheimer, *The Tragedy of Great Power Politics*, New York, Norton, 2001; Christopher Layne, *The Global Power Shift from West to East*, 5 The National Interest 21 (2012).

最。[1]在金融领域，美国通过其美元霸权地位，多次施压要求人民币升值，企图以当年对待日本“广场协议”的方式来打压中国。第二，美国推动、主导新贸易组织跨太平洋伙伴关系协定和跨大西洋贸易与投资伙伴协议，企图重新构建一套国际经济贸易体系，完全将中国排除在外，虽然特朗普就任总统以来宣布放弃跨太平洋伙伴关系协定和跨大西洋贸易与投资伙伴协议，但是遏制中国已经在美国朝野达成了一定的共识。例如，通过“新丝绸之路”计划，企图将印度打造成该计划的核心，利用印度对中国进行遏制。第三，制造乱局，企图搅乱中国周边环境。美国利用菲律宾、日本等国插手南海、东海问题，如钓鱼岛问题、菲律宾南海仲裁案、南海巡航、萨德问题等。同时，扩大美日安保条约覆盖范围，进一步巩固美日同盟。通过自身的影响力，促成日本与菲律宾、澳大利亚等国家的深入合作，企图孤立中国，巩固对中国的包围态势。

在发展过程中，中国国内也遇到一系列问题。首先，在世界经济增长放缓的背景下，中国经济呈“L”形发展并进入新常态。自2008年金融危机以来，世界经济复苏缓慢、增长放缓，再加上国际金融市场的波动性增加、油价暴跌、美元波动等不确定性因素，世界上大多数经济体都陷入了缓慢复苏的低增长阶段。中国也因此从高速增长进入了中高速增长的新常态，从要素驱动转向创新驱动，国内经济结构进入调整阶段。其次，国际上滥用“双反”等措施对中国出口进行打压，加上国内能源过度消耗、产能过剩的结构性问题，国内经济下行压力增大。

在当前中国地缘战略大变化背景下，提出“一带一路”倡议，以期从陆路和海路两条线解开当下困局。

（二）“一带一路”建设理念

2013年习近平主席提出“一带一路”倡议，该倡议一经提出就得到了各方的关注，也引来了学者对“一带一路”的不同解读。第一

[1] 参见李晓、李俊久：《“一带一路”与中国地缘政治经济战略的重构》，载《世界经济与政治》2015年第10期。

种解读以香农·蒂耶兹（Shannon Tiezzi）、迈克尔·彭纳（Michele Penna）、林毅夫等学者为代表，认为“一带一路”是中国的马歇尔计划。[1] 其主要内容是对各国特别是发展中国家的基础设施进行大量投资，这些基础设施投资不仅会消除增长“瓶颈”，促进所在国的经济增长，还会拉动其他国家包括发达国家的出口，给发达国家创造结构改革的空间，是一个双赢的战略。[2]第二种解读认为，“一带一路”是针对美国重返亚太的反制战略。卢锋等认为，我们为了避免与美国重返亚太与亚太再平衡战略迎头相撞，要进行“巧”博弈。[3]第三种解读是从大周边安全角度，认为美日同盟对中国崛起进行遏制，周边国家频繁出现事端，压缩中国海洋空间。而“一带一路”建设标志着我国对与周边国家关系认识的重大战略性转变，即推动我国与周边国家利益共同体和命运共同体的建设。[4]不论是从经济的角度，还是从周边安全的角度，这些研究都有其自身的合理性，但都只是从某一点出发，缺少全局性的战略考量。

国家发展和改革委员会、外交部、商务部发布的《推动共建丝绸之路经济带和21世纪海上丝绸之路的愿景与行动》，表达了“一带一路”主要建设理念。

第一，开放包容。习近平主席明确指出“一带一路”建设秉承共商、共建、共享原则，不是中国一家的独唱，而是沿线国家的合唱，是开放与包容的平台。“一带一路”的开放不仅仅是对沿线国家、域外国家，只要愿意真诚合作都可以参与其中为本国、本地区经济发展贡献力量。一些多双边的区域合作贸易区，对内是开放的，但是对外是排他

---

〔1〕 See Shannon Tiezzi, *The New Silk Road: China's Marshall Plan?*, The Diplomat, November 6, 2014.

〔2〕 参见林毅夫：《“一带一路”需要加上“一洲”》，载中国日报中文网2017年2月20日，http://column. chinadaily. com. cn/article. php? pid =4019；参见王子约、李娜：《“天团”来了！新常态中国亮相达沃斯》，载第一财经日报2017年1月22日，http://www. yicai. com/news/4066336. html。

〔3〕 参见卢锋等：《为什么是中国？——“一带一路”的经济逻辑》，载《国际经济评论》2015年第3期。

〔4〕 参见张蕴岭：《聚焦“一带一路”大战略》，载半月谈网，http://www. banyuetan. org/chcontent/sz/jjzs/2014729/107594. shtml。

的，或通过经济手段达到政治目的。“一带一路”有别于此，“一带一路”是一个向全世界开放的体系，不分文化、种族、宗教等，只要真诚合作、共同发展本国及地区经济的国家都可加入，具有平等性、包容性。即便不是“一带一路”相关沿线成员方也可从中获益。

第二，合作共赢。习近平主席指出，和平而不是战争，合作而不是对抗，共赢而不是零和，才是人类社会和平、进步、发展的永恒主题。[1]冷战后，随着经济的发展，世界逐步向全球化与多元多极化发展。而“一带一路”的提出开启了世界合作共赢时代的新篇章。不管是“两极争霸”还是“一超多强”，归根结底都是霸权主义的体现，冲突性、歧视性是其基本的特征，而“一带一路”强调合作、共赢、平等、和谐、持续、发展。中国倡议“一带一路”，不仅要在基础设施、交通互联、网络互联、贸易连通、资金融通等方面开展合作，还将中国几十年的发展经验与“一带一路”沿线国家共享，共同促进地区经济与本国经济的繁荣发展。以合作促发展、以合作促繁荣，体现中国的义利观，追求均衡发展、共同发展。

第三，创新绿色。“一带一路”既是中国寻找新的经济增长点与发展方向，也是走出当前崛起困境的一种路径。“一带一路”以共商、共建、共享为原则，以“五通”为主要内容，以建设利益共同体、命运共同体和责任共同体为目标，这本身就是一种创新型的国际合作模式。

改革开放四十多年来，中国经济高速发展，国力迅速崛起，同时也出现了一些问题。一方面造成了资源过度消耗，另一方面造成了国内产能过剩。这两个问题迫使中国转变发展方式、调整产业结构。“一带一路”从国际空间的视角，通过区域合作机制，如亚太经合组织、上海合作组织、大湄公河次区域经济合作等，在产业合作模式、企业技术、政府机制层面、政策层面、服务层面创新，有效配置资源，将国内过剩产能及资本有效引导到急需的沿线国家，助力其经济发展。历史上众多国家的发展史几乎都是一部环境的破坏史。因此，“一带一路”的发展不能再是野蛮的发展，大肆破坏环境，消耗资源，而是要走环保节约的绿

〔1〕 参见习近平：《铭记历史，开创未来》，载《俄罗斯报》2015 年 5 月 7 日。

色经济增长道路。“一带一路”沿线国家，尤其是丝绸之路经济带沿线中亚国家生态环境的脆弱性要求“一带一路”建设过程中，需要以绿色投资、绿色建设、绿色生产的理念推进经济发展。中国也绝不能走输出污染、破坏东道国环境发展区域经济的道路。

二、“一带一路”经济合作内涵

习近平主席指出，如果将“一带一路”比喻为亚洲腾飞的两只翅膀，那么互联互通就是两只翅膀的血脉经络。[1]“一带一路”重点合作内容是互联互通，而互联互通中的政策沟通、设施联通、贸易畅通、资金融通、民心相通的“五通”中，除民心相通外，几乎都涉及经济合作。可见，经济合作在“一带一路”中具有核心地位。

经济全球化在很大程度上受到了新自由主义的影响。第二次世界大战后，受第一次石油危机的影响，世界经济在经历了短暂的繁荣后陷入衰退。为了摆脱这一困境，英美等国纷纷大规模进行海外投资，产业外移。以“华盛顿共识”为基础，推进投资与贸易自由化，导致全球的资本扩张，刺激了经济全球化的大发展。以美国为首的西方国家在此基础上缔造了当前的国际经济秩序。中国四十多年的改革开放取得的巨大成绩，正是得益于融入了当前的国际经济秩序，中国是当前国际经济秩序的获益者。因此，“一带一路”的提出，是进一步推进中国深度融入国际经济秩序，并对当前全球经济失衡问题、国际金融经贸问题等提出的解决方案，积极参与全球治理。“一带一路”并非重新搭建一套新的国际经济秩序，而是搭建一个国际合作新平台，推进经济全球化进程。

全球经济增长中心从欧美国家移向发展中国家和新兴经济体，尤其是亚洲。中国是最典型的国家代表。中国经济增长迅速，国内生产总值从 2011 年的 484, 124 亿元人民币，仅仅过了四年，到 2015 年就达到了 676, 708 亿元人民币，增长了近 50%。从图 1 2011 ~ 2015 年国

---

〔1〕 参见习近平：《联通引领发展，伙伴聚焦合作》，载人民网，http：//politics. people. com. cn/n/2014/1109/c1024 - 25997464. html。

内生产总值增长速度看，几乎每年比上年的增长都超过7%，这个速度在全世界都是罕见的。按照2010年美元不变价计算，1979～2010年，我国国内生产总值占世界经济的比重由1.2%提高到9.3%，年均提高0.3个百分点。[1]按照当年价格计算，2015年我国占世界经济比重达14.8%，同年美国、日本、印度占世界经济比重分别为24.4%、5.6%、2.8%。[2]

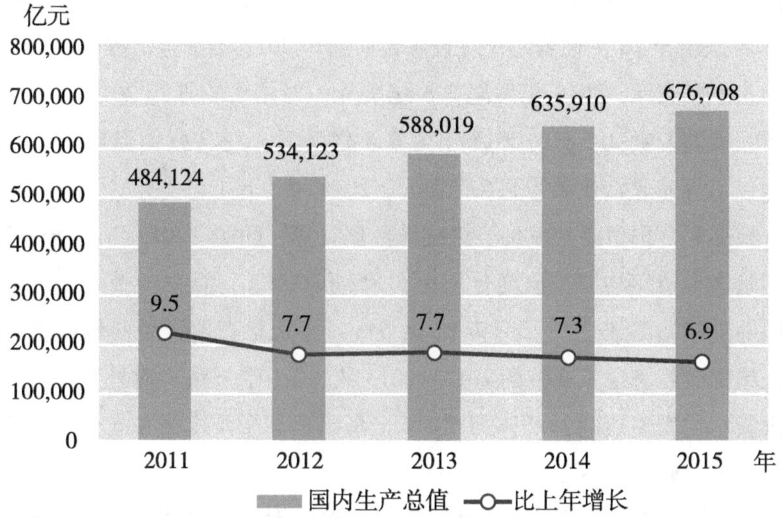

图1　2011～2015年国内生产总值及增长速度

数据来源：国家统计局《2015年国民经济和社会发展统计公报》。

2016年全年货物进出口总额243,386亿元，比上年下降0.9%。其中，出口额138,455亿元，下降1.9%；进口额104,932亿元，增长0.6%。对“一带一路”沿线国家进出口总额62,517亿元，比上年增长0.5%。其中，出口额38,319亿元，增长0.5%；进口额24,198亿元，增长0.4%。[3]2016年，国际货币基金组织预测中国经济增长6.7%，

〔1〕参见《中国力压美国又拿下一个世界第一！含金量太高!》，载搜狐网2017年7月10日，http://www.sohu.com/a/124387491_511346。

〔2〕参见郭同欣：《中国对世界经济增长的贡献不断增长》，载《人民日报》2017年1月13日，第9版。

〔3〕参见国家统计局《2016年国民经济和社会发展统计公报》。

美国经济增长 1.6%，欧元区增长 1.7%，日本增长 0.9%，印度增长 6.6%，南非增长 0.3%，中国对世界经济贡献率达到了 33.2%。2016 年对“一带一路”沿线国家直接投资 145 亿美元；对沿线国家承包工程业务完成营业额 760 亿美元，增长 9.7%，占同期我国对外承包工程业务完成营业额的 47.7%。[1]

中国对亚洲承包工程完成营业额，2012 年为 543 亿美元，2015 年为 690 亿美元；对哈萨克斯坦 2012 年承包工程完成营业额 15.7 亿美元，2015 年激增至 23.4 亿美元；对吉尔吉斯斯坦 2012 年承包工程完成营业额为 3.5 亿美元，2015 年增至 5.5 亿美元；对塔吉克斯坦 2012 年承包工程完成营业额 2.5 亿，2015 年为 6.4 亿美元；对乌兹别克斯坦 2012 年承包工程完成营业额为 5.5 亿美元，2015 年为 6.1 亿美元。[2]

根据联合国贸易和发展会议统计数据计算，1990～2013 年，全球贸易和跨境投资年均增长速度分别为 7.8% 和 9.7%，而“一带一路”国家同期的年均增速达到 13.1% 和 16.5%，特别是在两大贸易轴心的核心区域深受经济危机影响的 2010～2013 年，“一带一路”对外贸易和跨境投资年均增速达到 13.9% 和 6.2%，高出全球平均水平 4.6 个百分点和 3.4 个百分点。[3]

“一带一路”沿线国家释放的经济合作巨大潜能将成为世界经济贸易的又一个增长极。首先，“一带一路”国家的经济互补性非常强。当前，由于中国经济进入了新常态，部分产业出现了严重的产能过剩，如钢铁、水泥、电解铝、汽车等基建行业与装备制造业，这些行业前期过分乐观扩张，随着经济增速放缓，产能与实际需求之间的矛盾就凸显出来。这些产能相对于国内过剩，但是技术上都是全球领先的，具有非常强的技术优势。“一带一路”国家，尤其是中亚国家在基础设施、装备制造业等方面技术有限、经验不足、资金有限、发展能力弱，且有巨大

---

〔1〕 参见李晓超：《开局之年实现了良好开局——〈2016 年统计公报〉评读》，载国家统计局官网，http：//www. stats. gov. cn/tjsj/sjjd/201702/t20170228_1467357. html。

〔2〕 参见国家统计局：《中国对亚洲各国（地区）承包工程完成营业额》，载国家统计局官网，http：//data. stats. gov. cn/easyquery. htm？ cn = C01&zb = A060G01&sj = 2015。

〔3〕 参见李丹、崔日明：《“一带一路”战略与全球经贸格局重构》，载《经济学家》2015 年第 8 期。

需求。中国是制造业大国，有先进的基础设施与装备制造业技术和能力，有充裕的资金、强烈的“走出去”需求，双方具有高度的经济互补性，未来的合作空间巨大。其次，“一带一路”沿线国家处于两大世界经济圈中间地带，潜力无限。“一带一路”国家一头连着经济最具活力的亚太经济圈，另一头连着经济最为发达的欧洲经济圈。随着“一带一路”国家间的贸易、投资等便利化措施的不断实施与开展，与全球价值链的深度融合，通过自贸区建设打通中亚国家的出海口，促进贸易便利化，承担起连接最发达经济圈与最活跃经济圈的海陆大通道作用，“一带一路”区域将成为世界经济的增长点。

三、“一带一路”国家安全内涵

“一带一路”推进过程中面临着两种安全的挑战，一种是传统安全，另一种是非传统安全。传统安全是指对一个国家或者一个政治团体产生威胁的力量，以及应对这种威胁所产生的行为，如政治安全、军事安全、领土完整、国防安全等。非传统安全是相对于传统安全而言的，是传统安全之外的威胁，如恐怖主义、能源安全、气候威胁、毒品泛滥、粮食竞争等。随着世界格局呈现多元多极化发展趋势，安全的内涵也随之发生变化，所有能够导致两个国家产生冲突的都是安全问题。“一带一路”沿线安全问题同样也成为各方重点关切的大问题。

首先，“一带一路”面临危及安全的因素多种多样。“一带一路”沿线国家和地区是世界上地缘关系最复杂、历史文化差异最大、宗教民族冲突最严重、国家和区域局势最动荡、大国关系最纠结的地理区域。[1]恐怖主义、颜色革命、外来势力干涉、宗教矛盾、经济问题等繁杂多样的危及安全的因素都可能威胁“一带一路”的顺利推进。其次，“一带一路”安全问题分布包含了传统安全与非传统安全，充满多样性。“一带一路”面临的安全威胁，除了所覆盖的国家和地区的政治安全、军事安全等传统安全之外，还涉及不同的行业和不同的领域，如金融安

---

〔1〕 参见李晓、李俊久：《“一带一路”与中国地缘政治经济战略的重构》，载《世界经济与政治》2015 年第 10 期。

全、自然灾害、经济安全、行业危机、水资源争夺等方面。这些安全问题在分布上异常广泛，具有多样性。最后，由于“一带一路”沿线国家和地区文化、宗教、地缘等方面的复杂性，“一带一路”国家在面对不同的威胁时所应对的方式方法也不尽相同，有的依靠实力去解决问题；有的依靠与宗教协同处理问题；中国则更多地倾向于运用沟通、谈判、磋商等和平手段解决安全问题。

当前对安全的理解主要从西方的平衡安全理论出发，最具代表性的是盎格鲁—撒克逊主导的安全理论框架，其认为安全的根本保证在于平衡，平衡主要有绝对平衡和相对平衡。绝对平衡在冷战结束短暂时期内存在，美国一超独霸，拥有绝对的平衡，但是随着欧洲的发展这种平衡很快被打破。另一种相对平衡，是通过结盟的形式，通过控制盟友为己用，从而拥有主导权，达到相对平衡。但不管是哪一种平衡，从西方的安全逻辑上来看，一旦平衡被打破则安全被打破，这也是西方国家一直强调“中国威胁论”的根源之一。

“一带一路”中的国家安全内涵是合作安全的新安全理念，通过合作达到共同发展的基础是加入“一带一路”的每一个成员方都能获益，都能在经济上搭上快速发展的便车。而中国则为“一带一路”国家在最大限度内发挥自己的金融资源优势、积累多年的基础设施建设管理和技术上的优势以及中国改革开放巨大成功的发展模式等优势。通过这些优势输出，带动“一带一路”相关国家和地区经济的共同快速发展。由于经济合作带来的巨大共同利益，各国意识到一国经济发展与其他国家安全紧密相连，进而在“一带一路”框架内形成了在法律、规则、文化等方面的合作磋商机制。在这个基础上，开始真正形成了一种新的合作安全理念，既不是依靠霸权来维护和平，也不是西方那套没有平衡就没有安全的理论框架，而是以经济合作为基础、以共同利益为动力的一种开放的、包容的、互信的新国家安全理念。

四、“一带一路”人文交流内涵

“一带一路”不仅仅是一个空间概念和经济合作战略，它更是一个建立在历史文化概念影响基础之上的文化影响力范畴，是用文化将历史、现实与未来连接在一起而成为中国面向全球化的战略架构。[1]“一带一路”的政策沟通、设施连通、贸易畅通、资金融通、民心相通的“五通”中，人文交流与合作是民心相通的基础。“一带一路”给我们带来了地区经济发展、周边外交等重大机遇，同时也带来了经济发展过程中的安全、法律等方面的风险与挑战。“一带一路”的顺利推进不仅依赖以法制为基础的交流磋商机制，更依赖具有“润滑剂”和“催化剂”作用的人文交流“巧实力”。

“一带一路”沿线是一个多文化碰撞融合的地带，地理、气候、生活方式等不同的因素导致不同的人文形态，不同的人文形态又以不同的语言、不一样的思维方式以及由思维方式带动的不同行为习惯等特征表现出来。“一带一路”沿线国家和地区是世界上人文环境最复杂与差异最大的地带。文化上的交流理解将促进合作与发展，而文化上的误解、歧见则有可能使得合作产生分歧，无法达成既定目标。

“一带一路”人文交流内涵已由古丝绸之路文化交流奠定了基础。在东方，大汉王朝的繁荣与昌盛，使得中亚腹地的游牧民族对汉王朝钦慕不已；汉王朝更是设立西域都护府对其进行统治与管理。汉王朝班超稳固西域，张骞两度出使西域，使国人开始了解西域，打开了中国与西方世界直接接触的通道。在西方，亚历山大大帝横扫欧亚，建立了庞大的帝国，势力范围将巴尔干半岛、伊朗、印度、地中海东岸、两河流域等都纳入囊中，为“古丝绸之路”的西段通道扫清了障碍。东方与西方强盛王权的统治，使东西方逐渐形成了一条安全通畅的比较固定的贸易路线。从甘肃河西走廊进入新疆，由昆仑山脉的北麓或天山南麓，沿塔里木盆地南北两缘，向西穿越葱岭（今帕米尔高原），经中亚、西亚幼发拉底河到安条克城，最后抵达欧洲的罗马，这是著名的“陆上丝绸之路”。此外还有经泉州、广州、宁波等地出海，抵达日本、东南亚、印度等地的“海上丝绸之路”。还有由内蒙古高原，经过中亚草原、东欧地区，最后到达欧洲的“草原丝绸之路”。不管如何确定这些古丝绸之

---

〔1〕 参见隗斌贤：《“一带一路”背景下文化传播与交流合作战略及其对策》，载《浙江学刊》2016年第2期。

路的走向，古丝绸之路带来了沿线文化的大融合。有来自中国精美的陶瓷、漆器、茶叶、丝绸，也有来自欧洲的雕塑、绘画、玻璃，还有中亚的音乐、舞蹈、文学等灿烂文明。“一带一路”的提出是对古丝绸之路文化遗产的唤醒与复苏，也为沿线国家和地区进一步深化人文交流奠定了扎实的基础。

“五通”作为新时代“一带一路”重要合作的内容，相对于政策磋商、规划制定、基础设施等领域，民心相通是“一带一路”沿线国家与地区合作的基础和保障。古语有云：“国之交在于民相亲，民相亲在于心相通。”心相通之首要在于形成共识，否则就会出现阻滞。民相通最有效的手段与方法就是人文交流与合作。文化的涵化、聚化、内化和转化功能，对内可以增强凝聚力、向心力，从而汇聚共识、积聚力量；对外可以塑造国家形象，提高在国际社会的影响力和亲和力。[1]文化的影响为跨越国界，通过文化先行，与“一带一路”国家消除偏见、化解问题、增进了解，文化交流成为“一带一路”国家与地区交流与合作的民心纽带。

第二节　“一带一路”机制与举措

一、“一带一路”金融合作：亚洲基础设施投资银行与丝路基金

（一）“一带一路”金融合作

从国际形势来看，当前全球经济增长和贸易、投资格局正处在再平衡式的深刻调整阶段，[2]尤其在金融方面。美国华尔街滥用金融衍生品等工具大肆攫取财富，使全球金融风险无法控制，导致了2008年金融危机的爆发，对全球经济产生了巨大的影响。以中国、印度等国家为代表的新兴经济体和发展中国家的经济迅速增长，与之相适应的金融体系

〔1〕 参见隗斌贤：《“一带一路”背景下文化传播与交流合作战略及其对策》，载《浙江学刊》2016年第2期。

〔2〕 参见朱苏荣：《“一带一路”战略国际金融合作体系的路径分析》，载《金融发展评论》2015年第3期。

发展越来越快，逐渐由附加值较低的制造业向高端的金融业发展，并日益发挥重要作用。从国内形势来看，由于国内经济高速增长，过于乐观地扩大产能，当经济转而进入新常态时，产能过剩的矛盾一下子凸显出来。如何释放国内积累的经济内生动力成为摆在我们面前的问题。“一带一路”的提出是中国应对国际国内两个大局的重要战略，是实现中国梦的关键决策，也是从中国经济发展实际出发，有效实施“走出去”战略的重要抓手。金融合作则为建设“一带一路”发挥基本保障与支撑作用。

“一带一路”沿线各国在参与过程中同舟共济，推进各方面的合作，共同获利。在“一带一路”建设过程中，不管是基础设施、工业园区、港口建设还是信息网络、交通网络等方面的建设，都需要大量的资金支持，融资能力成为建设“一带一路”的关键因素之一。金融机构、金融市场、金融服务等形式多样的金融合作为“一带一路”建设提供资金支持。优化沿线各国金融资本配置，有效降低融资成本，提高资本使用效率，促进沿线国家与地区间的经济与贸易发展，保障“一带一路”的顺利建设。

首先，亚洲金融多双边合作会议机制为“一带一路”金融合作奠定基础。1997 年亚洲金融危机使亚洲国家认识到区域金融合作有助于亚洲国家共同抵御金融风险，通过合作相互支持、相互促进，共同应对未来的挑战。东盟与中日韩（10+3）于2000 年在清迈共同签署了以区域性货币互换为核心的《清迈倡议》（Chiang Mai Initiative，CMI）。2007 年，为进一步维护亚洲国家金融稳定，应对流动性危机，在原《清迈倡议》的基础上，东盟与中日韩（10+3）财长会议提出设立共同外汇储备基金。2009 年达成协议，中国（包括香港特别行政区）出资 384 亿美元、日本出资 384 亿美元、韩国出资 192 亿美元共同成立外汇储备基金。同年，中日韩三国正式启动每年一度政府首脑、国家央行行长定期会晤机制，定期就维护金融稳定、货币合作等问题进行交流合作。2009 年 12 月，在组织框架内决定扩大《清迈倡议》，推进清迈倡议多边化（Chiang Mai Initiative Multilateralization，CMIM），资金规模达到了 1200 亿美元，2012 年增长到 2400 亿美元，功能不断扩大与提升。

1991年2月，成立东亚及太平洋地区中央银行行长会议组织（Executive Meeting of East Asia Pacific，EMEAP），主要宗旨是通过该平台的建立，推动地区金融体系建设和各国央行的协调合作。1995～1997年，成员国之间共同签署双边美元国债回购协议；2003～2005年启动亚债基金第一期（ABF1）与第二期（ABF2），有效推动了亚洲债券市场的发展。EMEAP确立了行长年度会议和副行长每年两次会议的机制平台，实质性地推动了地区金融合作。

其次，金融合作平台为“一带一路”投融资提供保障。2005年10月，为了满足上海合作组织国家与地区多样化的融资需求，推进上海合作组织国家和企业的积极参与，为上海合作组织合作提供金融服务与融资需求，成立了上海合作组织银联体，为上海合作组织的经济合作提供了重要支持。2010年，为了进一步促进组织框架内的金融合作，时任国家总理的温家宝出席上海合作组织政府首脑会议时提议设立上海合作组织开发银行，该倡议得到绝大多数国家的支持和响应。2012年，印度在金砖国家峰会上提议设立金砖国家开发银行。金砖国家基础设施建设存在巨大的融资缺口，其庞大的外汇储备缺乏盈利渠道，成员国各自封闭式的管理成本高昂，[1]因此，此提议一经提出即得到各国认同，2014年正式设立金砖国家开发银行。2013年10月，习近平主席与时任印度尼西亚总统苏西洛会谈时提议设立亚洲基础设施投资银行（Asian Infrastructure Investment Bank，AIIB，以下简称亚投行），得到世界各国的广泛关注。截至2015年4月15日，经亚投行现有的创始成员国同意，亚投行创始成员国数量扩大到57个。[2]2016年1月16日，亚投行正式成立运行，法定资本1000亿美元。2014年11月8日，习近平主席在“加强互联互通伙伴关系”东道主伙伴对话会上宣布中国将出资400亿美元成立丝路基金。2014年12月29日，丝路基金正式在北京注册成

---

〔1〕 参见汤凌霄、欧阳峣、黄泽先：《国际金融合作视野中的金砖国家开发银行》，载《中国社会科学》2014年第9期。

〔2〕 参见中国财政部：《瑞典等七国正式成为亚投行意向创始成员国》，载财政部官网，http://gjs.mof.gov.cn/pindaoliebiao/gongzuodongtai/201504/t20150415_1217200.html。

立，并发挥重大作用。2017 年 5 月，习近平主席在“一带一路”国际合作高峰论坛上宣布中国将向丝路基金新增基金 1000 亿元人民币，[1]为“一带一路”沿线国家基础设施、资源开发、产业合作和金融合作等与互联互通有关的项目提供投融资支持。[2]

这些金融平台的设立，为推进“一带一路”建设的金融合作提供了重要的支撑，有效促进了“一带一路”的经贸合作和基础设施项目的开展。尤其是亚投行和丝路基金，将在未来发挥重要作用。

最后，“一带一路”金融合作取得积极效果。国家统计局统计公报显示，2016 年中国对“一带一路”沿线国家直接投资 145 亿美元；沿线国家对我国直接投资新设立企业 2905 家，增长 34.1%，直接投资金额 458 亿元人民币。[3]2015 年年末，共有 9 家中资银行在“一带一路”沿线 24 个国家设立了 56 家一级分支机构，同时，来自 20 个“一带一路”国家的 56 家商业银行在华设立了 7 家子行、18 家分行以及 42 家代表处。[4]截至 2015 年年末，6 家中资银行在俄罗斯设立了 4 家子行和 2 家代表处，9 家俄罗斯银行在华设立 1 家分行和 9 家代表处。2 家中资银行在哈萨克斯坦设立 2 家子行，2 家哈萨克斯坦银行在华设立 2 家代表处。[5]中国进出口银行和国家开发银行在“一带一路”沿线国家贷款余额分别达到 5200 亿元人民币和 1900 亿美元，累积发放贷款约 1556 亿美元。[6]

---

〔1〕 参见习近平：《携手推进“一带一路”建设》，载第二届“一带一路”国际合作高峰论坛官网，http：//www.beltandroadforum.org/n100/2017/0514/c24－407.html。

〔2〕 参见习近平：《联通引领发展　伙伴聚焦合作》，在“加强互联互通伙伴关系”东道主伙伴对话会上的讲话，载人民网，http：//politics.people.com.cn/n/2014/1109/c1024－25997464.html。

〔3〕 参见国家统计局《2016 年统计公报》。

〔4〕 参见《2015 年中国区域金融运行报告》。

〔5〕 参见中国银监会国际部编：《“一带一路”金融合作概览》，中国金融出版社 2016 年版，第 9～14 页。

〔6〕 参见中国人民银行货币政策分析小组《2015 年中国区域金融运行报告》。

（二）亚投行

2014年10月24日，印度、新加坡等21个国家在北京签约决定成立亚投行。截至2015年4月15日，亚投行创始成员国数量达到了57个。2016年1月16日，亚投行正式运营。亚投行是一个政府间性质的多边开放机构，主要是通过在基础设施及其他生产性领域的投资，促进亚洲经济可持续发展，创造财富并改善基础设施互联互通。[1]

亚洲开发银行的报告显示，21世纪第二个10年，亚洲国家总的基础设施建设投资需求将达8.22万亿美元，融资需求达7.99万亿美元，次区域是融资需求最大的，东亚和东南亚占67%，达5.47万亿美元，南亚占29%，达2.37万亿美元。能源和交通占据亚洲基础设施建设总投资需求的绝大部分。2010～2020年，中亚地区基础设施投资需求大约为3737亿美元，能源（包括电力）占48%，交通运输占28%，主要是道路投资建设（见表1）。[2]从单个国家2010～2020年的基础设施投资需求来看，中国预估需求为4.37万亿美元，印度约2.17万亿美元，印度尼西亚约4503亿美元，乌兹别克斯坦约417亿美元，塔吉克斯坦约114亿美元，吉尔吉斯斯坦约88亿美元（见表2）。[3]

如此庞大的需求远远超出了目前世界银行、亚洲开发银行等金融机构对于基础设施领域建设的支持力量。况且，“一带一路”地区受历史原因和地理因素影响，基础设施建设的投资大、周期长、风险高，时常还要面临区域内一些国家的政治不确定性影响。因此，没有国际金融合作，基础建设、区域经济发展几乎无从谈起。

---

〔1〕 参见贾如楠等:《金融支持“一带一路”建设的现状、问题与建议》，载《国际贸易》2016年第5期。

〔2〕 Biswa N. Bhattacharyay, Masahiro Kawai, Rajat M. Nag and Edward Elgar, Infrastructure for Asian Connectivity, Asian Development Bank Institute and Asian Development Bank, 2012, p. 36.

〔3〕 Biswa N. Bhattacharyay, Masahiro Kawai, Rajat M. Nag and Edward Elgar, Infrastructure for Asian Connectivity, Asian Development Bank Institute and Asian Development Bank, 2012, p. 33－34.

表 1 2010～2020 年亚洲国家基础设施建设投资需求（地区与类别）

单位：十亿美元

类别/子类别	东亚和东南亚	南亚	中亚	太平洋国家	总计
电	3182.46	653.67	167.16	—	4003.29
交通	1593.87	1196.13	104.47	4.41	2898.88
机场	57.73	5.07	1.41	0.10	64.31
港口	215.20	36.08	5.38	—	256.66
铁路	16.14	12.78	6.03	0.00	34.95
道路	1304.80	1142.20	91.65	4.31	2542.96
通信	524.74	435.62	78.63	1.11	1040.10
固定电话	142.91	6.46	4.45	0.05	153.87
移动电话	339.05	415.87	71.97	0.95	827.84
宽带	42.78	13.29	2.21	0.11	58.39
水和卫生系统	171.25	85.09	23.40	0.50	280.24
水	58.37	46.12	8.60	0.14	113.23
卫生系统	112.88	38.97	14.80	0.36	167.01

表 2 2010～2020 年亚洲国家基础设施建设投资需求

国家/地区	占亚洲投资总量所百分比（%）	预估投资需求（百万美元）	所占总投资百分比		每年总投资	人均总投资（美元）
			新项目投入（%）	旧项目投入（%）		
中亚	4.544	373,657	54	46	33,969	1403
阿富汗	0.318	26,142	57	43	2377	901
亚美尼亚	0.051	4179	41	59	380	1358
阿塞拜疆	0.344	28,317	64	36	2574	3262
格鲁吉亚	0.060	4901	24	76	446	1138

续表

国家/地区	占亚洲投资总量所百分比（%）	预估投资需求（百万美元）	所占总投资百分比		每年总投资	人均总投资（美元）
			新项目投入（%）	旧项目投入（%）		
哈萨克斯坦	0.846	69,538	61	39	6322	4436
吉尔吉斯斯坦	0.107	8789	38	62	799	1665
巴基斯坦	2.172	178,558	53	47	16,233	1075
塔吉克斯坦	0.139	11,468	47	53	1043	1678
乌兹别克斯坦	0.508	41,764	48	52	3797	1529
东亚和东南亚	66.553	5,472,327	71	29	497,484	2886
柬埔寨	0.163	13,364	51	49	1215	918
中国	53.118	4,367,642	72	28	397,058	3297
印度尼西亚	5.476	450,304	70	30	40,937	1981
老挝	0.138	11,375	56	44	1034	1833
马来西亚	2.287	188,084	79	21	17,099	6962
蒙古	0.122	10,069	37	63	915	3812
缅甸	0.264	21,698	56	44	1973	438
菲律宾	1.546	127,122	53	47	11,557	1407
泰国	2.103	172,907	72	28	15,719	2566
越南	1.335	109,761	53	47	9978	1273
南亚	28.829	2,370,497	63	37	215,500	1756
孟加拉国	1.762	144,903	54	46	13,173	906
不丹	0.011	886	30	70	81	1291
印度	24.421	2,172,469	64	36	197,497	1906
尼泊尔	0.174	14,330	50	50	1303	497
斯里兰卡	0.461	37,908	52	48	3446	1881
太平洋国家	0.073	6023	30	70	548	625

续表

国家/地区	占亚洲投资总量所百分比（%）	预估投资需求（百万美元）	所占总投资百分比		每年总投资	人均总投资（美元）
			新项目投入（%）	旧项目投入（%）		
斐济	0.008	667	15	85	61	790
基里巴斯	0.001	82	10	90	7	846
新几内亚	0.051	4214	34	66	383	641
萨摩亚	0.003	242	13	87	22	1351
所罗门群岛	0.004	336	33	67	31	657
东帝汶	0.001	71	35	65	6	65
汤加	0.001	106	13	87	10	1022
瓦努阿图	0.004	306	40	60	28	1309

表1、表2资料来源：Asian Development Bank Institute and Asian Development Bank 2012，Infrastructure for Asian Connectivity，p. 33－35。

亚投行由国家政府间合作，共同投资、共同担保，共同应对发展中的挑战与风险，采用三级管理框架机制，理事会为最高权力机构，董事会在理事会授权下负责指导银行总体业务，管理层负责具体管理执行。在投票权方面，充分体现了智慧，每个成员的投票权由基础投票权、股份投票权和创始成员投票权组成。[1]基础投票权由全体成员平均分配，股份投票权根据认缴份额比例计算得出，创始成员投票权是创始成员享有的六百票创始成员投票权。[2]中国认缴股本297.804亿美元，占比30.34%，成为第一大股东，印度、俄罗斯和德国分别为第二、三、四大股东。[3]投票权的分配机制，既有效解除了其他国家对中国拥有美国

〔1〕 参见李航：《亚投行北京启航驶向蓝海》，载《南风窗》2016年第2期。

〔2〕 参见《亚洲基础设施投资银行协定》。

〔3〕 参见《中国为何是第一大股东?》，载人民网，http：//finance. people. com. cn/n/2015/0630/c1004－27226997. html。

式的“一票否决权”的担忧，又有效激发成员国的内在积极性。亚投行成为现有全球投融资体系的重要补充。随着新兴经济体和发展中国家的崛起，这些国家近年来基础设施建设的诉求越来越强烈，国际或者区域性的金融机构，如世界银行、国际货币基金组织、亚洲开发银行等机构在基础设施方面的投资相对于实际需求而言不过是杯水车薪。而且不存在将针对新兴经济体与发展中国家的基础设施建设作为其主要业务的专门金融机构。亚投行构建的多边融资合作机制（如引入 PPP），有效引导私人资金进入周期长、风险大的基础设施建设领域。亚投行的设立对未来“一带一路”国家的基础设施建设和区域经济发展有着至关重要的作用，也是当前国际金融体系的有效补充。在公正、民主、透明、平等协商的指导原则下，从机制上保障了亚投行的设立不是为某一个国家谋一己之私，而是为了“一带一路”沿线国家的共同福祉。

（三）丝路基金

在习近平主席的倡议下，2014 年 12 月 29 日，由外汇储备、中国投资有限责任公司、国家开发银行、中国进出口银行共同出资，丝路基金正式在北京注册成立。[1]2017 年 5 月，“一带一路”国际合作高峰论坛上中国又为丝路基金新添 1000 亿元资金，鼓励金融机构开展人民币海外基金业务。[2]丝路基金在“开放包容、互利共赢”理念指引下，联合境内外金融机构和企业，在金融上支持沿线“五通”合作，促进中国与“一带一路”沿线国家和地区共同发展、共享发展成果。[3]

丝路基金是以外汇为主的对外投资基金，是一种中长期私募基金（Private Equity，PE），又比一般 PE 投资期限更长。[4]丝路基金主要是为“一带一路”所需的融资服务、金融合作、投资与贸易便利化等提供

---

〔1〕 参见刘欣：《“一带一路”四大资金池的战略及运营比较研究》，载《当代经济》2016 年第 28 期。

〔2〕 参见《习近平出席“一带一路”国际合作高峰论坛开幕式主旨演讲》，载人民网，http：//cpc. people. com. cn/n1/2017/0514/c64094 - 29273982. html。

〔3〕 参见《金融合作助力“一带一路”与世界共赢——访丝路基金董事长金琦》，载新华网，http：//news. xinhuanet. com/world/2016 - 07/04/c_1119158382. htm。

〔4〕 参见周小川：《丝路基金已起步运作》，载凤凰财经网，http：//finance. ifeng. com/a/20150216/13506898_0. shtml。

金融支持。丝路基金与亚投行互补互助，是亚投行在基础设施建设方面的有效补充。亚投行按照银行运行的方式，重点在“一带一路”基础设施建设方面提供相关的融资服务，以国家政府间的投资为主。而丝路基金是私募基金的性质，在融资方面更具有开放性，不局限于向“一带一路”相关国家开放。丝路基金对所有有意向参与的国家、国际或地区组织开放，并利用金融杠杆撬动社会资本加入，在 PPP 模式下将政府资本和社会资本有效融合。

丝路基金设立至今已经取得了辉煌的成绩。截至 2017 年 5 月，签约项目 15 个，承诺投资金额超过 60 亿美元，设计项目总投资额超过 800 亿美元。[1]2015 年 4 月，丝路基金投资中巴经济走廊清洁能源项目，建设卡罗特水电站，启动了丝路基金首单对外投资。2015 年 6 月，丝路基金投资支持中国企业收购欧洲倍耐力公司，开启了该基金对发达国家高端制造业“走出去”的战略。[2]2015 年 12 月，丝路基金提供专项贷款布局油气领域，并购入俄罗斯亚马尔液化天然气一体化项目 9.9% 股权。[3]同时，丝路基金与境内外的金融机构开展合作，在亚洲投资新兴经济体产业，在欧洲投资金融、环保等新兴产业，并与欧洲一些国家达成了合作协议，丝路基金的影响力正在不断扩大。[4]

二、“一带一路”基础设施合作：高铁

纳克斯（R. Nurksc）认为基础设施建设具有网络属性、扩散效应和聚集效应，基础设施水平的提高能够带动当地经济的发展水平。[5]罗纳德（Roland）提出基础设施建设投资具有很强的结构式凯恩斯乘数效应，能通过产业链途径拉动煤炭、石油、铁矿石等初级原材料，钢铁、

---

〔1〕 参见李国辉：《支持“一带一路”建设，丝路基金签了哪些“大单”》，载《金融时报》2017 年 5 月 9 日，第 5 版。

〔2〕 参见杨丽花、周丽萍、翁东玲：《丝路基金、PPP 与“一带一路”建设——基于博弈论的视角》，载《亚太经济》2016 年第 2 期。

〔3〕 参见刘小蕾：《丝路基金发展的机遇和挑战》，载《商场现代化》2016 年第 1 期。

〔4〕 参见李国辉：《支持“一带一路”建设，丝路基金签了哪些“大单”》，载《金融时报》2017 年 5 月 9 日，第 5 版。

〔5〕 参见范祚军等：《“一带一路”国家基础设施互联互通“切入”策略》，载《世界经济与政治论坛》2016 年第 6 期。

水泥、机器设备等工业制成品，以及金融、研发、销售等生产性服务需求。[1]内生增长理论认为基础设施作为中间投入品能够降低其他生产要素的生产成本、提高生产率，避免要素边际生产力下降，还有利于深化劳动分工、促进社会化大生产。随着分工的拓展和中间投入品数量的增加，经济获得内生增长动力。[2]克里斯蒂安（Kristian）认为发展中国家贫乏的基础设施建设阻碍了经济发展，建设更好的基础设施，就能更好地促进发展中国家的经济发展与区域经济的一体化。[3]基础设施建设是“一带一路”推进的重点，沿线国家虽然自然资源比较丰富，但是基础设施落后，尤其是在道路、电力、港口、通信等方面。再加上“一带一路”沿线国家处在复杂的地缘政治结构中，大多数国家是发展中国家，各国经济发展不平衡，基础设施分布严重不均。同时，该区域大部分国家都面临着资金和技术的双缺口。这些问题对沿线国家的经济发展带来了严重的制约，但也给中国在“一带一路”建设上提供了机会。

中国经过四十多年改革开放，经济获得迅速发展，国家实力逐步增强，在基础设施建设上积累了大量经验与高新技术。中国与“一带一路”沿线国家开展基础设施建设合作形成了优势互补，也为中国大企业“走出去”服务“一带一路”沿线国家基础设施建设提供了新机遇。

“一带一路”的互联互通，前提是基础设施的联通。只有基础设施有效建设和联通，“一带一路”的其他“四通”才有望能更好地实现。近几年，经过各方的努力，“一带一路”基础设施建设合作取得了一定的成果。

第一，在交通基础设施合作领域。在东南亚，中国与印度尼西亚签署雅万高铁总承包合同，雅万高铁进入全面实施阶段。2015 年中泰铁路施工，2016 年玉磨铁路全线开工建设，有“铁丝绸之路”之称的泛亚铁路网络得到进一步完善。昆曼公路、昆河公路等建设使用推进了湄公

---

〔1〕 参见王继源等：《“一带一路”基础设施投资对我国经济拉动作用的实证分析——基于多部门投入产出视角》，载《江西财经大学学报》2016 年第 2 期。

〔2〕 参见李平等：《基础设施与经济发展的文献综述》，载《世界经济》2011 年第 5 期。

〔3〕 参见隋广军、黄亮雄、黄兴：《中国对外直接投资、基础设施建设与“一带一路”沿线国家经济增长》，载《广东财经大学学报》2017 年第 1 期。

河次区域公路网的完善。瓜达尔港、科伦坡等港口建设，打通、完善海上通道。2014 年，丝绸之路经济带首个实体平台——中哈（连云港）物流合作基地项目一期工程正式启动，主要从事仓储物流等业务，开启了丝绸之路经济带实质性推进的进程。[1]2011 年，渝新欧铁路在沿线国家的共同合作下正式运行。汉新欧、蓉欧、郑欧、苏满欧、合新欧等中欧货运班列途经中亚抵达欧洲。[2]中匈塞三国签订协议建设的匈塞铁路，是中国在中东欧基础设施合作的标志性项目，也是“一带一路”在中东欧的重大突破。

第二，在能源合作领域。与“一带一路”沿线国家初步建成了中亚天然气管道、中哈原油管道、中俄原油管道、中缅油气管道四大油气输送通道，初步形成连通中外、惠及多国的油气供应和市场网络。[3]中国石化在沙特建立该公司首个海外炼化项目——沙特延布炼厂，总投资近 100 亿美元。巴西石油公司（巴油）与中国国家开发银行以及中石油、中化工和振华石油三家油企签署了一系列合作协议。中国国家开发银行给予巴西石油 50 亿美元贷款，三家中国油企共计获得每日 10 万桶、每年约 500 万吨的十年期巴西原油供应合同，其中中石油占 40% 的份额，中化工和振华石油各占 30% 的份额。[4]

第三，在电力与通信合作方面。中国企业改造塞尔维亚科斯托拉茨火电站，并投资建设在塞尔维亚大摩拉瓦河上的若干水电站。中国积极参与阿根廷新能源计划，加强中阿电力能源领域合作。在通信工程设施上，中国移动在东北亚、中亚、南亚、东南亚四大周边区域建成开通 8 条陆地光缆，包括：中俄 2 条和中蒙、中哈、中印、中越、珠澳、粤港，带宽达到 6270G。参与建成 5 条海底光缆，包括亚太一号、亚太二

---

〔1〕 参见《中哈物流合作基地启动　连云港有望受益丝路自贸区建设》，载凤凰财经网，http：//finance. ifeng. com/a/20140527/12413448_0. shtml。

〔2〕 参见范祚军等：《“一带一路”国家基础设施互联互通“切入”策略》，载《世界经济与政治论坛》2016 年第 6 期。

〔3〕 参见《“一带一路”油气合作将构建新模式》，载光明网，http：//economy. gmw. cn/2017 - 05/17/content_24507128. htm。

〔4〕 参见陈威华、赵焱：《巴西石油公司与中国企业签署石油融资和贸易合作协议》，载中国“一带一路”网 2017 年 5 月 17 日，https：//www. yidaiyilu. gov. cn/wtfz/myct/4008. htm。

号、亚欧一号、厦金、福淡，海底光缆带宽达到4300G。[1]虽然“一带一路”沿线国家基础设施落后，标准不一，在建设衔接上很难有效对接，但经过努力，“一带一路”在基础设施建设领域取得了巨大的成就。其中，高铁作为道路连通最有效手段之一，积极带动了区域的经济发展，成为“一带一路”最受欢迎和最具代表性的建设项目之一。

中国高铁相对于日本、法国、德国有一定的优势。首先，具有技术、管理与建设优势。中国高铁通过对日本、德国、法国相关技术的引进与学习，并经过一系列自主创新技术突破，成为世界上少数几个掌握高铁技术的国家之一。中国拥有成套的成熟技术和体系，能提供技术标准、勘察设计、工程施工、通讯信号系统、装备制造、物资供应、运营管理与维护、人员培训等一体化服务。[2]同时建设周期短，质量过硬。截至2016年，中国铁路营运里程达12.4万公里，其中高铁2.2万公里以上，[3]是全球高铁营运里程最长的国家。如此长的高铁里程建设使中国高铁必须解决高温、高寒、高湿、风沙、不同地质等各种问题，这种需求使得中国高铁具备了在不同地质条件下、不同气候环境下建设和运营高铁的成熟经验和高端技术。[4]其次，成本优势。世界银行发布的中国高铁报告指出中国的高铁建设成本大约为其他国家的2/3，而票价仅为其他国家的1/4到1/5。[5]关于中国高铁加权平均单位成本，时速350公里的项目为人民币1.29亿元/公里，时速250公里的项目为0.87亿元/公里。[6]在欧洲，高铁建设成本高达每公里2500~3900万美元，约合1.7亿~2.6亿元人民币。加利福尼亚州高铁建设成本5200万美元，

---

〔1〕参见《中国移动参与“一带一路”共建情况》，载中国移动官网，http://www.10086.cn/aboutus/news/GroupNews/201705/t20170508_63675.htm。

〔2〕参见谢海燕：《“一带一路”战略下中国高铁走出去的现状、风险及对策》，载《全国商情》2015年第40期。

〔3〕参见《2016年全国铁路建设法治取得新进展》，载高铁网，http://news.gaotie.cn/tielu/2017-01-16/373752.html。

〔4〕参见谢海燕：《“一带一路”战略下中国高铁走出去的现状、风险及对策》，载《全国商情（经济理论研究）》2015年第20期。

〔5〕参见《世界银行解读中国高铁：建设成本为别国2/3，票价为1/4到1/5》，载观察者网，http://www.guancha.cn/Project/2014_07_11_245715.shtml。

〔6〕Gerald Ollivier, Jitendra Sondhi and Nanyan Zhou, *World Bank Office, Beijing: High-Speed Railways in China: A Look at Construction Costs*, 9 China Transport Topics 1 (2014).

约合3.2亿元人民币。[1]

习近平主席在“一带一路”国际合作高端峰会上表示，中国和相关国家一道共同加速推进雅万高铁、中老铁路、亚吉铁路、匈塞铁路等项目。[2]除此之外，中国高铁“走出去”还有美国西部快线高铁、马来西亚—新加坡高铁、土耳其安卡拉—伊斯坦布尔高速铁路二期、委内瑞拉迪阿铁路、利比亚沿海铁路、伊朗德黑兰—库姆—伊斯法罕高速铁路、南美洲两洋铁路、莫斯科—喀山、雅加达万隆高铁等合作项目。

三、“一带一路”经济合作：六大经济走廊建设

根据《推动共建丝绸之路经济带和21世纪海上丝绸之路的愿景与行动》，“一带一路”陆上依托国际大通道，以沿线中心城市为支撑，以重点经贸产业园区为合作平台，共同打造新亚欧大陆桥、中蒙俄、中国—中亚—西亚、中国—中南半岛、中巴、孟中印缅等国际经济走廊。[3]六大经济走廊的提出，有效促进了区域经贸关系的发展，加强了经济合作，实现经济增长与共同繁荣。

（一）中巴经济走廊

2015年4月，习近平主席访问巴基斯坦，两国联合声明要将连接喀什与瓜达尔港的中巴经济走廊（China-Pakistan Economic Corridor）打造成“一带一路”旗舰项目。习近平主席提出以瓜达尔港、交通基础设施、能源、产业合作为重点，形成“1+4”合作布局，实现合作共赢和共同发展。[4]

中巴经济走廊北起新疆喀什，南至巴基斯坦瓜达尔港，全长3000公里。中巴经济走廊在北方由新疆喀什辐射连接丝绸之路经济带，在南

---

〔1〕 See Gerald Ollivier, Jitendra Sondhi and Nanyan Zhou, *World Bank Office*, *Beijing*: *High – Speed Railways in China*: *A Look at Construction Costs*, 9 China Transport Topics 7 (2014).

〔2〕 参见《习近平在“一带一路”国际合作高峰论坛开幕式上的演讲》，载“一带一路”高峰论坛官网，http://www.beltandroadforum.org/n100/2017/0514/c24 – 407.html。

〔3〕 参见国家发展和改革委员会、外交部、商务部：《推动共建丝绸之路经济带和21世纪海上丝绸之路的愿景与行动》，载国家发展和改革委员会官网，http://www.ndrc.gov.cn/gzdt/201503/t20150328_669091.html。

〔4〕 参见《习近平访巴，推动中巴经济走廊成“一带一路”示范项目》，载中国新闻网，http://www.chinanews.com/gn/2015/04 – 21/7222772.shtml。

方由巴基斯坦沟通对接21世纪海上丝绸之路，是贯通“一带一路”的关键交汇点。在现有的基础设施基础上，中巴经济走廊未来将投资450亿美元实现公路、铁路、光缆、油气管线四位一体对接，充分发挥其连接“一带一路”的枢纽作用。巴基斯坦瓜达尔港西濒临阿拉伯海，东与霍尔木兹海峡仅隔400公里，扼印度洋咽喉要道。全球40%石油运输及中国60%石油进口都要通过这一航道运输。[1]如果将瓜达尔港作为中东至中国石油输送管道的起点，将把经由阿拉伯海及马六甲海峡长达1.2万公里的传统路线缩短为2395公里，[2]这对中国能源、航运等涉及国民经济命脉的领域保障具有巨大战略意义。

（二）孟中印缅经济走廊

2013年5月，中国总理李克强访问印度，与总理辛格共同倡议建设孟中印缅经济走廊，推动两大市场紧密连接。[3]2013年12月，孟中印缅四方联合工作组在昆明召开第一次会议，建立了孟中印缅四国共同促进经济走廊建设的合作机制。在多方努力下，孟中印缅区域国际经济合作区从文化交流层面迅速提升到经济合作层面。[4]

孟中印缅经济走廊四国区位优势明显，中国背靠太平洋，其他三个国家印度、孟加拉国、缅甸都属于印度洋国家。孟加拉国和缅甸在孟中印缅经济走廊中的区位更为特殊，处在连接太平洋和印度洋国家的关键枢纽位置。同时，该四国分属东南亚、南亚、东亚三大经济板块，具有相当的影响力，尤其是中国和印度。孟中印缅经济走廊拥有世界上近一半的人口，以中国昆明、缅甸曼德勒、孟加拉国达卡和印度加尔各答等城市为重要节点，联通两洋三亚。四国经济互补性明显，中国是基础设施建设、装备制造业大国，拥有高端技术、经验丰富、巨额外汇储备；

---

〔1〕 参见张立伟：《“一带一路”战略背景下中巴经济走廊建设的基础与挑战》，载《改革与战略》2016年第10期。

〔2〕 参见董少华：《为新疆再添发展强劲动力——专家解读“中巴经济走廊”》，载《中国投资》2015年第6期。

〔3〕 参见《中印缅孟经济走廊值得期待》，载新京报，http：//epaper. bjnews. com. cn/html/2013－05/21/content_434148. htm？div＝－1。

〔4〕 参见梁双陆、梁巧玲：《“一带一路”新常态下如何加快孟中印缅经济走廊建设》，载《天府新论》2015年第5期。

印度软件等信息产业在全世界都有竞争力，比较优势明显；孟加拉国和缅甸自然资源禀赋高。虽然四国发展程度不一，但在市场、产业、技术、人才、资源、基础设施建设等方面具有较强的互补性。孟中印缅经济走廊贯通，带动三大经济板块繁荣，其将成为全球经济最为活跃的地区之一。

2015 年中国向缅甸出口额为 96.5 亿美元，对缅甸的直接投资流量为 3.32 亿美元，到 2015 年年底直接投资存量 42.59 亿美元，是缅甸第一大贸易伙伴和第一大外资来源国。[1]2015 年新签承包工程合同 353 份，合同额 19.8 亿美元。[2]2015 年中国与孟加拉国进出口总额达 147.08 亿美元，中国对孟加拉国出口达 139.01 亿美元，在孟加拉国新签承包工程合同 86 份，合同额 49.49 亿美元。[3]2015 年，中国对印度投资额达 7.1 亿美元，截至 2015 年年末，直接投资在印度的存量为 37.7 亿美元。[4]目前，孟中印缅经济走廊建设顺利，腾冲至缅甸的密支那 200 公里二级公路已经通车，重要城市航线实现了直航，中缅油气管道已建成投入使用。

（三）中蒙俄经济走廊

2014 年 9 月上海合作组织杜尚别峰会期间，在第一次中俄蒙元首会晤时，习近平主席倡议共商共建中蒙俄经济走廊，三方签署了《关于编制建设中的中蒙俄经济走廊规划纲要的谅解备忘录》，明确了中蒙俄经济走廊未来的合作框架与发展方向。[5]2016 年 6 月塔什干峰会期间，中蒙俄三国总统会晤，继续加深三国经贸、基础设施、过境运输、旅游等领域合作。三国签署了《建设中蒙俄经济走廊规划纲要》《中华人民共和国海关总署、蒙古国海关与税务总局和俄罗斯联邦海关署关于特定商品海关监管结果互认的协定》等进一步细化中蒙俄合作的协议。《建设中蒙俄经济走廊规划纲要》明确规定三方以互联互通为目标，将共同规

---

〔1〕 参见《对外投资合作国别（地区）指南缅甸（2016 年版）》第 34 页。

〔2〕 参见《对外投资合作国别（地区）指南缅甸（2016 年版）》第 35 页。

〔3〕 参见《对外投资合作国别（地区）指南孟加拉国（2016 年版）》第 22～24 页。

〔4〕 参见《中国对外投资合作发展报告 2016》。

〔5〕 参见国家发展和改革委员会规划司：《“一带一路”战略成为中国对外“新名片”》，载《中国经贸导刊》2015 年第 25 期。

划公路、铁路、航空、港口、口岸等基础设施资源，加强在国际运输通道、边境基础设施和跨境运输组织等方面的合作。加强三国能源、矿业、高新技术、制造业、农牧业等产能与投资合作，加强三国经贸、人文、环保等领域的合作。[1]

中国与蒙古有长达4710公里的边境线，蒙古与俄罗斯的边境线长达3543公里。蒙古具有天然的区位优势，三面与中俄接壤，是中俄贸易通道中的关键枢纽国家。同时，蒙古是一个资源丰富的内陆国家，该国没有出海口，对外贸易几乎全靠铁路运输。天津港是蒙古对外贸易的一个重要港口，从乌兰巴托到天津港直线距离为1686公里，相对于蒙古的另一个出海港口选择——距离为7340公里的俄罗斯布雷斯特港要近得多。[2]2015年中蒙贸易总额达53亿美元，蒙古对华出口39.10亿美元，进口13.90亿美元，中国是其最大贸易伙伴国。截至2015年，中国对蒙古的直接投资存量为37.60亿美元。2015年与蒙古新签承包工程合同63份，合同额9.7亿美元。[3]据中国海关统计，2015年中俄贸易额达680.6亿美元，对俄进口332.8亿美元，对俄出口347.8亿美元，对俄直接投资流量29.61亿美元。截至2015年年底，中国对俄投资存量140.2亿美元。2015年中国在俄罗斯新签工程合同132份，总额达20.8亿美元，包括华为承建的俄罗斯电信、浪潮集团承建的俄罗斯国家超算中心等。[4]中蒙俄经济走廊是要将“一带一路”与俄罗斯“跨欧亚铁路”、蒙古“草原之路”对接，以铁路建设为基础实现交通、运输、电力、能源等领域的互联互通，促进中蒙俄经济的共同发展。

（四）新亚欧大陆桥经济走廊

新亚欧大陆桥东起连云港，辐射江苏、安徽、河南、陕西、甘肃、宁夏、新疆等国内省市、自治区，与长江经济带、珠江经济带呼应。由陇海、兰新铁路与哈萨克斯坦铁路接轨，经西安入新疆，从阿拉山口进入哈

---

〔1〕参见中蒙俄三国2016年6月23日签署的《建设中蒙俄经济走廊规划纲要》。

〔2〕参见于洪洋等:《试论“中蒙俄经济走廊”的基础与障碍》，载《东北亚论坛》2015年第1期。

〔3〕参见《对外投资合作国别（地区）指南蒙古（2016年版）》第28~29页。

〔4〕参见《对外投资合作国别（地区）指南俄罗斯（2016年版）》第35页。

萨克斯坦，再经俄罗斯、白俄罗斯、波兰、德国，到达荷兰鹿特丹港，[1]全长约10,900公里，是目前亚欧间连接太平洋和大西洋的陆上最短的通道。西伯利亚铁路全长11,800公里，新亚欧大陆桥要比西伯利亚铁路距离缩短900多公里。新亚欧大陆桥的优势还在于其东方起点连云港是深水不冻港，而西伯利亚铁路的终端港口纳霍德卡港为季节性港口，新亚欧大陆桥全程避开了高寒地区，运输较西伯利亚铁路更安全可靠。此外，与海运相比，新亚欧大陆桥更是缩短了上万公里的距离，大大节约了运输成本与时间。

阿拉山口是新亚欧大陆桥经济走廊的重要节点。自2011年国际货运班列开行至2016年12月31日，新疆阿拉山口口岸国际货运班列已突破千列大关，2015年途经新疆阿拉山口口岸出境的中欧、中亚班列就超过1200列。[2]中国铁路已经铺画了中欧班列运行线51条，国内开行城市达到28个，到达欧洲11个国家29个城市。[3]同时，中国、俄罗斯、哈萨克斯坦三国为改善欧亚大陆公路通行现状，联手打造现代化的贯通西欧与中国西部的国际公路运输网。作为打通中国西部与欧洲西部大通道的双西公路，全长8000公里，2018年9月27日全线建成通车，以及匈塞铁路的建设施工等基础设施的建设，将有效促进日韩、西欧等发达国家的资金、技术、管理输出和自然资源的输入。促进中国、中亚国家吸收国际资本和引进高新技术，刺激亚太经济区逐步向欧洲市场靠拢，推进新亚欧大陆桥经济走廊的建设。

（五）中国—中亚—西亚经济走廊

中国经中亚、西亚至波斯湾的大通道，是“一带一路”愿景与行动中规划的重点线路。中国—中亚—西亚经济走廊的提出就是为打通该条通道，促进沿线国家和地区的经济发展。中国—中亚—西亚经济走廊东起中国新疆，经中亚哈萨克斯坦、土库曼斯坦、吉尔吉斯斯坦、塔吉

---

〔1〕 参见王彩娜：《新亚欧大陆桥共享通道经济》，载《中国经济时报》2017年4月26日，第7版。

〔2〕 参见《阿拉山口年出境班列超1200列：中欧贸易往来打开便捷通道》，载中国“一带一路”网2017年4月5日，https：//www. yidaiyilu. gov. cn/xwzx/dfdt/10577. htm。

〔3〕 参见《2017年中欧班列开行1000列同比增长158%》，载中国“一带一路”网2017年5月20日，https：//www. yidaiyilu. gov. cn/xwzx/gnxw/13134. htm。

克斯坦、乌兹别克斯坦5国，西亚土耳其、以色列、沙特阿拉伯、伊朗等17个国家，抵达阿拉伯半岛。中国—中亚—西亚经济走廊拥有占世界18.13%的GDP、占世界13.82%的地域空间和近18亿人口的大市场。[1]这一经济走廊的建设将为中亚国家通过该通道获得出海口迎来新发展。中国、中亚与西亚的进一步深化合作对区域经济发展具有重要意义。

在经济合作上，与哈萨克斯坦“光明之路”对接，与阿塞拜疆“复兴古丝绸之路”对接，与伊朗签订《中华人民共和国政府和伊朗伊斯兰共和国政府关于共同推进丝绸之路经济带和21世纪海上丝绸之路建设的谅解备忘录》，和沙特“东向战略”展开合作等。通过与中国—中亚—西亚经济走廊沿线国家的战略契合，实现彼此发展经济的利益诉求，推动地区经济发展。在能源合作上，西亚石油储量占全世界已探明储量的60%，是世界上最大的能源基地。2014年6月，习近平主席在中国—阿拉伯国家合作论坛第六届部长级会议的讲话中倡导构建中阿“1+2+3”合作格局，明确将以能源合作为中阿国家间合作的主轴。[2]中亚国家的化石能源、矿产非常丰富，已成为世界重要的能源产地。中国—中亚天然气管道A、B、C线正式通气后，习近平主席与拉赫蒙总统共同出席中国—中亚天然气管道D线开工仪式，2016年建成通气，年输量300亿立方米，对推动地区经济发展意义重大。[3]在交通运输上，渝新欧班列、汉新欧班列、义新欧班列等穿过中亚抵达欧洲的多条线路开通运营，建立了中欧班列统一铁路运输品牌，以及连接中国与欧洲的双西公路的开建，将有效贯通各国现有的公路网。交通设施的建设将极大地提高中国与中亚的交通运输能力，有效地促进中国—中亚—西亚经济走廊的经济发展。

---

〔1〕 参见王颂吉、白永秀：《中国—中亚—西亚经济走廊建设：进展、问题与对策》，载《贵州社会科学》2016年第8期。

〔2〕 参见习近平：《弘扬丝路精神　深化中阿合作——在中阿合作论坛第六届部长级会议开幕式上的讲话》，载《人民日报》2014年6月5日，第2版。

〔3〕 参见《习近平和拉赫蒙总统共同出席中塔电力和中国—中亚天然气管道合作项目开工仪式》，载《人民日报》2014年9月14日，第1版。

（六）中国—中南半岛经济走廊

中国—中南半岛经济走廊以中国广西南宁和云南昆明为起点，以新加坡为终点，是陆上丝绸之路和海上丝绸之路的连接区域，是沟通太平洋和印度洋的陆上桥梁，是中国和东盟合作的跨国经济走廊。[1]中国—中南半岛经济走廊纵贯缅甸、泰国、越南、老挝、柬埔寨、马来西亚、新加坡等国家，以沿线中心城市为依托，以铁路、公路为载体，以人流、物流、资金流、信息流为基础，优势互补、区域分工、联动开发，促进区域经济体共同发展。[2]

在交通建设上，截至 2016 年 5 月，广西境内通往中南半岛的国际公路通道节点达 12 个，开通客货运输线路 11 条，北部湾港开通至新加坡、泰国、越南、缅甸等集装箱班轮航线。同时，昆明至泰国曼谷、昆明至越南河内、昆明经清水河至皎漂、昆明经瑞丽至皎漂四条出境公路全面通车。[3]铁路方面，中老铁路 2016 年 12 月正式开始建设，北起中国玉溪到达磨憨国内段和国外段磨丁至万象，全长 418 公里，途经孟塞、琅勃拉邦、万荣等主要城市。2016 年 8 月，雅万高铁正式获得建设许可开始建设，一期工程全长 142 公里，是连接印尼雅加达和万隆的一条高铁线路。该条高铁的建设是印尼对接中方“一带一路”倡议推进两国基础设施建设和产能合作的重要标志性工程，对中国高铁“走出去”具有重要意义。

第三节 “一带一路”下的新地缘经济观

一、“一带一路”对地缘经济理论的突破

冷战后世界格局发生了重大变化，市场和经济相互依存的力量正在

〔1〕 参见卢伟等：《中国—中南半岛经济走廊建设的主要任务及推荐策略》，载《经济纵横》2017 年第 2 期。

〔2〕 参见《中国—中南半岛国际经济走廊将普惠沿线国家》，载新华网，http://news.xinhuanet.com/fortune/2015-09/18/c_1116610908.htm。

〔3〕 参见卢伟等：《中国—中南半岛经济走廊建设的主要任务及推荐策略》，载《经济纵横》2017 年第 2 期。

赶上甚至超越军事、政治力量,[1]加上美国自身实力的衰退，无法继续通过“高级政治”实现对世界格局的把控。出于将国家利益与经济实力结合实现未来国家战略的目标，“地缘经济”首次由卢特沃克等人提出。地缘经济脱胎于地缘政治，并超越地缘政治，是国家通过经济竞争或合作，实现对国际市场控制权、国际贸易规则制定权、行业地位的统治权、价值链分配的话语权等经济因素主导权的争夺，是克劳塞维茨的“战争逻辑”在经济领域的最佳体现。[2]

“一带一路”以开放包容、和平合作、互利共赢、互学互鉴为建设理念，以政策沟通、设施连通、贸易畅通、资金融通、民心相通为重点合作内容，打造政治互信、经济融合、文化包容的利益共同体、责任共同体和命运共同体。[3]“一带一路”倡议倡导的平等、合作、包容等理念，对地缘经济理论观点进行了丰富与创新，主要表现在以下几个方面：

第一，突破了地缘经济传统逻辑和内涵，地缘经济理论由排他、控制、冲突、中心－边缘经济结构等霸权在经济领域的体现方式转变为合作、包容、开放、共享的方式。地缘经济奠基人之一的卢特沃克曾说，地缘经济是“冲突的逻辑与商业方法的混合”，或者说是“用商业语法书写的克劳塞维茨的战争逻辑”,[4]甚至将资本、市场、价值链分工等经济因素比喻成军队、基地、核威慑等的军事等高级政治中的因素。地缘经济与地缘政治虽然在国家竞争手段和领域发生了变化，但实质上其还是继承了地缘政治的冲突性本质，只是此时的冲突性主要通过经济竞争表现出来。地缘经济学将竞争和合作视为两个最主要的特征，但更多强调的还是竞争、冲突。莱斯特·瑟罗（Lester C. Thurow）将世界经济划分为三个相互竞争的经济集团，认为三者的相互竞争深刻影响着世界

---

〔1〕 Simon Dalby and Gearóid Ó Tuathail, Rethinking Geopolitics, Routledge, 1st edition, 1998, p. 12.

〔2〕 参见黄仁伟：《地缘理论演变与中国和平发展道路》，载《现代国际关系》2010 年 S1 期。

〔3〕 参见国家发展和改革委员会、外交部、商务部：《推动共建丝绸之路经济带和 21 世纪海上丝绸之路的愿景与行动》，载新华网，http://news.xinhuanet.com/gangao/2015－06/08/c_127890670.htm。

〔4〕 参见［美］科林·弗林特、张晓通：《“一带一路”与地缘政治理论创新》，载《外交评论》2016 年第 3 期。

经济格局。[1] 地缘经济中的竞争通常是无序的、不规范的，是零和博弈，一方利益的获得以另一方利益的失去为前提，严重伤害别国的经济利益，也是目前全球治理难度如此之艰巨的历史原因之一。合作作为地缘经济学中的重要内容，在不同产业结构、资源禀赋国家间的互通有无方面有着非常重要的作用。在关键地域市场、金融、能源等领域（如能源要地中东地区，马六甲海峡等关键运输通道，伦敦、纽约等金融中心城市等）的竞争中也发挥了关键的作用。

第一届“一带一路”国际合作高峰论坛29位国家元首和政府首脑、110个国家官员和学者、61个国际组织代表共同探讨“一带一路”建设。亚投行不分域内域外，共吸纳有意愿参与“一带一路”的77个国家成为其成员，共同参与建设开放、包容性的“一带一路”平台。所有有意愿参与“一带一路”建设的国家都可以参与进来，不具有排他性，面向全世界开放。“五通”作为“一带一路”的重点合作内容，以开放的姿态与各国在基础设施的建设、经济合作机制与制度的制定、金融与投资的合作、文化的交流与沟通等方面共同努力，促进国家的共同发展，经济的共同繁荣，成为利益的共同体，实现共同发展，成果共享。

“一带一路”是当前最有影响力的地缘经济合作项目之一，其主要有三个特征。首先，“一带一路”不是中国的“一带一路”，而是各国共同的“一带一路”；其次，“一带一路”以合作为基础，以项目合作为核心，与各国共同建设；最后，在共商共建基础上，所有成果各方共享。这些特征对地缘经济理论逻辑和范式进行了丰富，通过武力征服实现经济扩张的传统地缘经济逻辑已经一去不复返，取而代之的是通过国际合作实现经济共享增长的新逻辑，[2] 传统的排他、控制、冲突、竞争的理论逻辑将被更为开放、包容、合作、共享的新地缘经济观念取代。

第二，地缘经济理论的行为主体由区域内的单个国家上升为一组国家。地缘经济的主体通常是单个国家。国家基于自身的地理区位、资源

---

〔1〕 Lester Thurow, *Head to Head: the coming Economic Battle Among Japan, Europe and America*, New York, William Morrow & Co., 1992, p. 246.

〔2〕 参见潘忠岐、黄仁伟：《中国的地缘经济战略》，载《清华大学学报（哲学社会科学版）》2008年第5期。

禀赋、经济结构等采取的一系列经济因素相关的动作来谋求自身利益。冷战结束后，由于扩大领土、人口等所引起的军事冲突基本可以避免，取而代之的则是在经济领域的对抗与竞争。乌克兰危机中，西方国家对俄罗斯通过采用地缘经济重要手段——经济制裁以期达到目标，保障自身利益；美欧之间关于“空中巴士”对抗波音和麦道；美日欧之间的“高清晰电视标准的战争”；美日间贸易赤字的争端，半导体、汽车和农产品等问题的争端等，[1]都是国家基于自身的经济因素，利用经济手段，保障国家获取利益，其主体通常都是单个国家。

“一带一路”是各国携手努力，增进理解信任，推进全方位务实合作，打造政治互信、经济融合、文化包容的利益共同体、命运共同体和责任共同体。[2]如中巴经济走廊主要是中国和巴基斯坦两国共同推进；孟中印缅经济走廊涉及孟加拉、中国、印度和缅甸；中蒙俄经济走廊地缘经济主体是中国、蒙古、俄罗斯；新亚欧大陆桥经济走廊地缘经济主体是中国、哈萨克斯坦、俄罗斯、德国以及白俄罗斯、波兰等国家；中国—中亚—西亚经济走廊地缘经济主体则是中国、中亚五国、土耳其、以色列、沙特阿拉伯、伊朗等国家；中国—中南半岛经济走廊是由中国、缅甸、泰国、越南、老挝、柬埔寨、马来西亚、新加坡等国家共同组成一组地缘经济主体推进建设。由此可以看出，“一带一路”不是一个国家单打独斗，而是一组国家在共同利益、共同责任、共同安全的驱动下，建立合作机制，共同参与世界经济。

第三，国际组织和跨国公司等非国家行为体在地缘经济中的主体作用更加凸显。由于国际组织在发展理念，发展需求、推动地区经济繁荣等方面与“一带一路”高度契合。众多国际组织纷纷签署“一带一路”相关合作协议和备忘录，从顶层合作上参与“一带一路”建设。同时，由于国际组织天然的高平台，为“一带一路”的国际合作与快速发展提供了大量的优质资源。“一带一路”是以项目合作为核心的国际合作平

---

〔1〕 参见卢光盛：《国际关系理论中的地缘经济学》，载《世界经济研究》2004 年第 3 期。

〔2〕 参见国家发展改革委、外交部、商务部：《推动共建丝绸之路经济带和 21 世纪海上丝绸之路的愿景与行动》，载新华网，http：//news. xinhuanet. com/gangao/2015 - 06/08/c _ 127890670. htm。

台，而跨国公司是项目合作具体推进的重要主体，是主要实施者。在国际合作项目的选择、国际合作项目的设计、具体项目的执行与建设等方面具有决定和关键性的作用。通过跨国公司的参与，将“一带一路”建设交给市场，运用市场规律开展国际合作，弱化国家的作用，避免西方国家、参与国等用地缘政治传统观念去考虑“一带一路”，有利于“一带一路”建设的开展。

尽管很多研究地缘经济的学者赞同非国家行为体成为国际关系中的重要的一员，但仍旧把主权国家作为研究的主要对象，[1]这种传统的地缘经济将资本看作“火力”，将对市场的渗透看作国外军事力量的经济体现的形式，虽然现阶段依然有着很深的基础，在未来也不会完全消失，但是这种单打独斗、以邻为壑追求本国的经济利益而不顾他方死活的经济手段与做法正逐渐发生变化。国际组织和跨国公司在地缘经济中的作用日益凸显。

“一带一路”的提出受到众多国际组织的关注。2017 年“一带一路”国际合作高峰论坛中共吸引 61 个国际组织参加，联合国秘书长古特雷斯、国际货币基金组织总裁拉加德、时任世界银行行长金墉全程出席论坛，[2]联合国亚洲及太平洋经济社会委员会、开发计划署、世界教科文组织、世界卫生组织等国际组织签署“一带一路”共建合作协议或谅解备忘录。亚投行也与世界银行在华盛顿签署合作备忘录。中国与欧盟主要成员方对接合作“一带一路”，双方在第十七次中欧领导人会晤时决定，对接中国“一带一路”倡议和欧洲投资计划。欧盟主要国家英国、法国、德国等不顾美国的警告积极加入亚投行，“一带一路”与欧盟的深度合作正逐渐打开。上海合作组织与“一带一路”在地域上高度重叠，“一带一路”的提出得到上海合作组织成员国的高度认可与对接，上海合作组织也是相关项目落地的主要区域。

“一带一路”巨大的商业机会吸引了众多跨国公司的目光。高铁、港口、道路、通信设施、钢铁、汽车制造、能源等领域都迎来了千载难

---

〔1〕 参见宋国栋：《地缘经济学刍议》，载《平原大学学报》2006 年第 5 期。

〔2〕 参见《国际组织是国际合作亮点》，载中国网 2017 年 7 月 1 日，http：//opinion. china. com. cn/opinion_69_165369. html。

逢的巨大商机，中外跨国公司纷纷瞄准“一带一路”这个蛋糕。中国跨国公司入围《财富》世界500强企业的数量从1995年的5家增加到2016年的110家，[1]尤其是在高端装备制造业上处于世界领先地位。

第四，“一带一路”带来的经济发展为解决地缘经济中文化、宗教等复杂问题带来新的可供参考的解决思路。“一带一路”沿线主要有伊斯兰突厥文化、俄罗斯东正教、汉儒文化、印度文化、蒙藏佛教文化，[2]文化与宗教交融，有些甚至渗透到国家的政治之中，是全球宗教问题最复杂、文化冲突最明显、民族最多样化、地域最复杂的一个区域。文化冲突、宗教问题等引发的一系列冲突与问题直接影响地缘经济的安全、国家经济发展、国家贸易、投融资等方面。“一带一路”从经济发展的角度出发，坚持共商、共建、共享的原则，实现“五通”，促进区域经济的共同繁荣。通过经济的发展，由原先贫穷、闭塞、保守、逐渐走向开放、交流、互通、发展，冲突也就失去了土壤，相关复杂问题也就迎刃而解。经济的发展以及经济利益的交叉融合，为解决相关问题提供了新的可供参考的思路与方法。

二、“一带一路”创新生成的新地缘经济观

将冲突逻辑由高级政治领域的外交与军事转向低级政治领域的经济等的地缘经济理论，在“一带一路”的碰撞下，理论逻辑和内涵、主体等都发生了一系列的变化。[3]相对于地缘经济传统观点，“一带一路”平等、包容、合作理念触发生成的新地缘经济观变得更加合作、包容、开放、共享，更加与新时代同步，其主要包含如下五个方面内容：

第一，地缘经济新空间。俄罗斯地缘经济与全球问题社会研究院院长科切托夫认为世界空间被划分成了地缘政治、地缘经济和地缘战略空

[1] 参见《“一带一路”倡议为中国跨国公司提供发展机遇》，载《经济参考报》2017年4月6日，A08版。

[2] 参见潘光：《欧亚陆上丝绸之路沿线的“文明断裂带”研究——兼论“文明冲突论”的双重性》，载《俄罗斯研究》2016年第6期。

[3] 参见［美］科林·弗林特、张晓通：《“一带一路”与地缘政治理论创新》，载《外交评论》2016年第3期。

间，其中地缘经济空间起着决定性的作用。[1]地缘经济空间，是指在地缘基础上，利用政治、经济和文化联系整合资源、获取国家利益的空间范围。[2]在此基础上，地缘经济空间就成为国家拓展利益的载体。[3]每个国家都需要根据自身的地缘特点、经济结构、利益诉求开拓地缘经济空间。

“一带一路”超越传统地缘政治陆海两分的观点，将陆权空间与海权空间融合，齐头并进。在共商、共建、共享的原则下，所有参与国家都是建设主体。抛弃了西方传统的地缘政治中心－边缘理论构建先进文明对落后文明的中心与边缘地带，强调包容、平等，共同发展，共享发展成果。“一带一路”中蒙俄经济走廊、中国—中亚—西亚经济走廊及新亚欧大陆桥经济走廊以中亚国家为主要枢纽，依托陆上大通道将地缘经济空间延伸至俄罗斯、欧洲及中东。中国—中南半岛经济走廊、中巴经济走廊、孟中印缅经济走廊以印度、巴基斯坦、缅甸、新加坡等国为主，依托海上重点港口为节点，将“一带一路”地缘经济空间越过南亚、东南亚、印度洋延伸至欧洲。同时，由于地缘经济的主体由一元变为多元，拓展了地缘经济新的空间概念，突破地缘经济中以位置毗邻、空间相连的地域经济单元，以传统经济联系为基础，按比较利益来进行生产和分工的空间。[4]为形成一个不是以某一个国家或地区为中心向外延伸，而是在单个国家、国家组等地理空间流动轮转，与不同文明、不同宗教、不同种族等交流互鉴的一个综合多维地缘经济大空间打下了基础。

第二，地缘经济要素流动新动向。投资超越贸易，成为“一带一路”地缘经济新动向。当代经济全球化是以要素的国际流动为主要特征的，要素的国际流动则是以国际直接投资为主要载体。[5]地缘经济是在

〔1〕 参见刘宗义：《“地缘经济空间转型：多极世界中的中国与俄罗斯”国际研讨会综述》，载《国际展望》2009 年第 3 期。

〔2〕 参见陈迎春：《论海外利益与中国的地缘经济空间》，载《发展研究》2013 年第 3 期。

〔3〕 参见陈迎春：《论海外利益与中国的地缘经济空间》，载《发展研究》2013 年第 3 期。

〔4〕 参见张丽君等：《地缘经济时代》，中央民族大学出版社 2006 年版，第 54 页。

〔5〕 参见张幼文等：《要素流动——全球化经济学原理》，人民出版社 2013 年版，第 83 ~ 93 页。

要素全球流动、全球价值链分工体系下，在地缘基础上开展相关经济活动。在全球化背景下，“一带一路”沿线国家成为热点，吸引了全世界的目光，越来越多的外国直接投资（Foreign Direct Investment，FDI）投入到沿线国家和区域。以生产要素国际合作为核心的 FDI，及附着其上的技术、管理、人员等要素在生产过程中通过国际流动配置在一起，是源头生产过程中的国际合作，超越了传统的以产品生产国际分工为核心的国际贸易。[1]

2015 年，世界上接受 FDI 最多的地区仍然是亚洲地区，主要归因于东亚、南亚经济体 FDI 流入的增加。在东亚，FDI 上升了 25%，增至 3220 亿美元；流入南亚 FDI 比 2014 年高出 22%，增至 500 亿美元。接受 FDI 最多的国家（地区）是中国（香港特别行政区）、新加坡和印度。[2]2015 年，中国实现历史性的突破，成为全球第二大对外投资国。同时，中国对外投资金额为 1456.7 亿美元，而中国实际使用外资额为 1356 亿美元，首次对外投资超过了同期吸引外资水平。[3]中国对外投资区域主要还是在亚洲地区，2015 年投资额达 1083 亿美元，对“一带一路”沿线国家投资流量达 189.3 亿美元，同比增长 38.6%。[4]2015 年，“一带一路”沿线国家吸收外商直接投资新设立企业 2164 家，增长 18.3%。

随着“一带一路”沿线国家的基础设施、投资环境等方面的逐渐完善，极具比较优势的“一带一路”沿线国家成为各类高级要素青睐的投资洼地。由于高流动性要素向低流动性要素集聚，要素收益低向要素收益高的区域流动的特性，[5]通过跨国公司优化资源配置，将高级要素流动至拥有低流动性要素的“一带一路”沿线国家，与所在国的低流动性要素结合，从而促进区域经济发展，带来地缘经济投资超越贸易的要素

---

〔1〕 参见张幼文等：《要素流动——全球化经济学原理》，人民出版社 2013 年版，第 1 ~ 3 页。

〔2〕 参见《世界投资报告 2016》。

〔3〕 参见商务部：《中国对外投资合作发展报告 2016》。

〔4〕 参见商务部：《中国对外投资合作发展报告 2016》。

〔5〕 参见张幼文、梁军：《要素集聚与中国在世界经济中的地位》，载《学术月刊》2007 年第 3 期。

国际流动新动向。

第三，合作共赢新框架。斯巴克和罗森认为地缘经济是全球经济结构下斗争性更为普遍的名称。[1]米卡尔（Mikael Wigell）等认为地缘经济是强调挑战自由依赖范式，强调毫无作用的战略利益－零利益的贸易逻辑在国家经济关系中发挥的作用；并认为地缘经济是用于推进地缘战略目标而不是互利的贸易关系。据此，我们认为地缘经济可以被定义为“经济力量的地缘战略运用”。[2]地缘经济虽然包含竞争与合作两大部分，但竞争性依然是主角。在此背景下，构建了以注重毗邻地理区位、文化背景、资源禀赋、经济结构等为基础的国家间经济关系，以区域经济一体化作为主要表现形式。比较典型的，如北美自由贸易区、欧盟、亚太经合组织、经济合作与发展组织等，此类区域合作主要是以欧美发达国家为主导，制定相关游戏规则，很多参与国家无实际话语权，在此格局下，构建了传统的地缘经济框架。

“一带一路”的提出为全球治理和国际合作带来了新的模式。“一带一路”强调平等协商、互利共赢、和谐包容、市场运作、平衡和可持续为合作原则，[3]带来了全球治理的新途径、国际合作的新模式。“一带一路”提出的互联互通，共商、共建、共享原则为打通沿线国家经济战略对接通道、人文交流提供了平台。“一带一路”六大经济走廊在平等、合作的基础上，与俄罗斯主导的欧亚经济联盟、哈萨克斯坦的“光明之路”、蒙古国的“草原之路”等进行了战略对接，强调沿线国家的共同参与，尊重各国的主体性。鉴于此，在合作共赢理念的指引下，在具体地缘经济合作的实践下，一个开放、包容、共赢、平等的地缘经济合作新框架呼之欲出。

第四，国际关系理念新发展。国际关系理论中，新现实主义认为国

---

〔1〕 Priya Chacko, *The New Geo－Economics of a “Rising” India: State Transformation and the Recasting of Foreign Policy*, 45 Journal of Contemporary Asia 329（2015）.

〔2〕 Mikael Wigell, Antto Vihma, *Geopolitics versus geoeconomics: the case of Russia's geostrategy and its effects on the EU*, 92 International Affairs 606（2016）.

〔3〕 参见《“一带一路”国际合作高峰论坛圆桌峰会联合公报》，载中国“一带一路”网 2017 年 7 月 10 日，https://www. yidaiyilu. gov. cn/zchj/sbwj/13687. htm。

际体系是无政府的，国家作为国际关系的主要行为体，关注权力和利益。[1]新自由主义侧重于政治经济、社会福利等问题，承认国际社会的无政府状态的同时，还关注相互依赖的问题和国际合作的可能性，以及绝对收益的重要性。[2]建构主义认为国家是国际体系的主要行为体，国际体系是一种社会结构，是非物质性的，无政府文化建构国家的身份和利益，对国家的行为产生决定性的影响。[3]这三种理论是目前国际关系中最具生命力和影响力的理论，也是最为学术界所认同的国际关系理论范式。西方国家以这些理论为指导，制定对外政策，决定自身行为，同时作为衡量他国的对外政策和相关行为的逻辑依据。然而，遗憾的是，西方政治思维下的国际关系理论运用在实践上并没有解决甚至反而导致了各种深刻的国际冲突或者文明冲突。“由于西方政治思维看不到在国家之外还存在着世界公利，所以不可能发现国际冲突和文明冲突的合作解。”[4]

“一带一路”处处体现出扎根于中国传统文化与思维具有中国特色的国际关系思想与理念。例如，在中国传统文化中强调胜利的最高形式是“不战而屈人之兵”，中国历史上绝大部分时期处于防御自守状态，并且认为通过武力征服得不到世界，只有德化才能使万民归心。强调治理国家应行王道而非霸道，[5]“夫丰国之谓霸，兼正之国之谓王”，[6]尊重各国的多样性及各自需求。强调“兼爱、非攻”，提倡博爱，合作，和而不同。强调“通”，在中国传统文化中有大禹治水、“防民之口，甚于防川”等阐述“通”的重要性的历史典故。中国五千年的文化传承已经融入血液，深刻影响着国家、民族的行为准则与行为方式。费正

---

〔1〕 参见徐秀军：《新现实主义与新自由主义国际关系理论的本体论分析》，载《社会主义研究》2008年第4期。

〔2〕 参见李德元、董建辉：《西方国际关系理论流派的演进》，载《国外社会科学》2011年第2期。

〔3〕 参见谭再文：《三大国际关系范式的理论构成及其与中国传统理论模式之比较》，载《国际观察》2009年第4期。

〔4〕 赵汀阳：《天下体系的一个简要表述》，载《世界经济与政治》2008年第10期。

〔5〕 参见《对神户商业会议所等团体的演说》，载《孙中山全集》第11卷，中华书局1986年版。

〔6〕 《管子·霸言第二十三》。

清认为中国是不能仅仅用西方术语的转移来理解的，它是一种与众不同的生灵。它的政治必须从其内部的发生和发展去理解。[1]“一带一路”倡议融入了中国传统的智慧，是以“通”作为主要内容，以合作共赢作为新型对外政策的基点，以共商、共建、共享作为国际合作的原则，为新时期全球治理背景下的国际关系理念带来了新的发展方向。

第五，国际经济格局新变化。当前由于多哈回合谈判停滞不前，多边合作陷入困境，国家倾向于双边或小多边合作为核心的地缘经济合作，其主要形式是区域经济一体化。2008 年金融危机后，世界经济逐渐进入恢复通道，但是速度缓慢。美国推行的再工业化取得了一定的成效，经济逐渐复苏，失业率逐渐减低。欧洲由于其自身结构性矛盾，导致一系列挑战，如欧债危机、英国退欧等，其经济仍在缓慢调整中。

“一带一路”与以往区域一体化不同。新的区域贸易协定突破了传统地缘经济的束缚，向广域一体化发展，形成了非毗邻巨型贸易协定。[2]以合作共赢为理念，互联互通为基础，将国内优势技术、资本等要素通过市场流动，配置到沿线国家，并以开放的模式与全球有意愿参与的国家共同建设，促使高级要素的流入，充分释放沿线国家的劳动力、自然禀赋等生产要素的效用，使这些原本处于边缘地带的欠发达国家有机会参与到全球产业链国际分工中来。给国际产业供应链、价值链等领域带来新合作模式，为参与各方带来红利，形成以中国为代表的“一带一路”经济区，与瑟诺所提到的美国领导的西半球经济区、德国为主导的欧洲经济区成鼎立之势，形成未来国际经济新格局，且“一带一路”经济区在未来很可能会超越其他经济区，成为世界经济最活跃、最有影响力的核心区域。

---

〔1〕 参见［美］R. 麦克法夸尔、［美］费正清：《剑桥中华人民共和国史（1949—1965)》，谢亮生等译，中国社会科学出版社 1990 年版，第 14～15 页。

〔2〕 汪亚青：《地缘经济新格局下战略性新兴产业国际竞争力塑造》，载《西部论坛》2015 年第 9 期。

第四章　新地缘经济观视角下的上海合作组织

上海合作组织自2001年成立以来，在安全、经贸、教育、文化、能源等方面取得了巨大的成就。安全合作历来是组织发展的原动力，而作为上海合作组织成立之初的两大目标之一的经济合作发展相对滞后，形成了强安全、弱经济的局面。2013年习近平主席提出“一带一路”倡议，给上海合作组织的发展带来了巨大机遇。“一带一路”作为跨毗邻区域地缘经济合作项目，其平等、合作、包容等理念丰富了地缘经济理论的传统观点，其触发形成的新地缘经济观深刻影响了上海合作组织的发展，也使上海合作组织需要探索区域合作新模式，提升功能，从而在新时代展开一幅上海合作组织发展的新画卷。

第一节　上海合作组织的演进轨迹

一、上海合作组织的成立

上海合作组织由“上海五国”发展而来。1996年，中国、俄罗斯、塔吉克斯坦、哈萨克斯坦、吉尔吉斯斯坦为解决边境问题进行了会晤，“上海五国”

正式诞生。1996年4月26日，中国与俄罗斯、塔吉克斯坦、哈萨克斯坦、吉尔吉斯斯坦签署《关于在边境地区加强军事领域信任的协定》，规定彼此不使用军事力量威胁对方，不采取威胁或损坏彼此边境稳定的任何行为，不进行针对另一方的军事演习，建立重大事件彼此通报的机制，相互邀请观察员观看实兵演习等。[1]

1997年4月，"上海五国"在莫斯科举行五国领导人第二次会晤时签署《关于在边境地区相互裁减军事力量的协定》，规定双方将裁减军力至最低水平，[2]留守军力只有防御性，同时裁减、限制军队数量和军种，并规定最高限额，交换边境地区军事力量的有关资料，并对各自提供的资料负责等。[3]

上述两个协定的签署，有效解决了中俄边界西段遗留问题、中哈1700多公里的边界问题、中吉1000多公里的边界问题以及与塔吉克斯坦的边界问题，基本上解决了中国与俄罗斯、塔吉克斯坦、哈萨克斯坦、吉尔吉斯斯坦边界历史遗留问题，有效保障了中国西部边界的安全与稳定。

此后，"上海五国"领导人每年就当前的形势、共同安全、经济合作等进行会晤。1998年7月，在阿拉木图进行第三次会晤，并发表了《阿拉木图声明》，该声明强调采取一切必要措施确保"上海五国"签署的两个协定的执行，打击任何形式的"三股势力"，开展大规模经济合作等。1999年8月，《比什凯克声明》确定会晤机制，将不定期举行国家元首、政府首脑以及外交、国防、经济、文化等部长级会晤。2000年7月发表《杜尚别声明》，强调要进一步强化合作；重申"上海五国"历次签署的各项协议与条约；强调维护中亚地区和平、稳定、睦邻友好，反对任何形式的导致地区形势复杂化的冲突和威胁；支持在平等、互利、合作的基础上，发展经济合作；等等。乌兹别克斯坦总统卡

---

〔1〕《中华人民共和国和俄罗斯联邦、哈萨克斯坦共和国、吉尔吉斯共和国、塔吉克斯坦共和国关于在边境地区加强军事领域信任的协定》，1996年4月26日。

〔2〕《中华人民共和国和哈萨克斯坦共和国、吉尔吉斯共和国、俄罗斯联邦、塔吉克斯坦共和国关于在边境地区裁减军事力量的协定》，1997年4月24~25日。

〔3〕《中华人民共和国和哈萨克斯坦共和国、吉尔吉斯共和国、俄罗斯联邦、塔吉克斯坦共和国关于在边境地区裁减军事力量的协定》，1997年4月24~25日。

里莫夫以观察员国的身份参加了此次会晤。2001 年 2 月乌兹别克斯坦正式提交加入“上海五国”的申请，乌兹别克斯坦接受并遵守 1996 年和 1997 年“上海五国”关于信任和裁军的两个协定，以及“上海五国”的其他各项协议。

2001 年 6 月 14 日，乌兹别克斯坦以完全平等成员身份正式加入“上海五国”。6 月 15 日，六国首脑共同签署《上海合作组织成立宣言》。宣告上海合作组织正式成立。该宣言高度评价“上海五国”在安全、互信、地区稳定等方面作出的贡献。[1]宣言以促进成员国间相互信任与睦邻友好为目的；鼓励在政治、经济、安全、科技等领域合作；以安全、稳定、和平为主要宗旨，以“上海精神”为成员国之间相互关系的准则；以《关于在边境地区加强军事领域信任的协定》《关于在边境地区相互裁减军事力量的协定》所体现的原则为组织框架内彼此关系的基石。宣言在安全合作上强调，上海合作组织尤其重视并尽一切必要努力保障地区安全。[2]此外，各成员国将为落实《打击恐怖主义、分裂主义和极端主义上海公约》而紧密协作。各方将在打击非传统安全方面展开合作，尤其是在毒品等领域；宣言在经贸合作上强调上海合作组织将利用各成员国之间在经贸领域互利合作的巨大潜力和广泛机遇，努力促进各成员国之间双边和多边合作的进一步发展以及合作的多元化。[3]为此，将在上海合作组织框架内启动贸易和投资便利化谈判进程，制定长期多边经贸合作纲要，并签署有关文件。[4]宣言对组织扩员作了规定，同时要求制定《上海合作组织宪章》。[5]由此，“上海五国”机制正式进入上海合作组织时代。

---

〔1〕 参见《上海合作组织成立宣言》，载央视网 2017 年 7 月 1 日，http：//www.cctv.com/special/1037/－1/88231.html。

〔2〕 参见《上海合作组织成立宣言》，载央视网 2017 年 7 月 1 日，http：//www.cctv.com/special/1037/－1/88231.html。根据该宣言整理归纳。

〔3〕 参见《上海合作组织成立宣言》，载央视网 2017 年 7 月 1 日，http：//www.cctv.com/special/1037/－1/88231.html。根据该宣言整理归纳。

〔4〕 参见《上海合作组织成立宣言》，载央视网 2017 年 7 月 1 日，http：//www.cctv.com/special/1037/－1/88231.html。根据该宣言整理归纳。

〔5〕 参见《上海合作组织成立宣言》，载央视网 2017 年 7 月 1 日，http：//www.cctv.com/special/1037/－1/88231.html。根据该宣言整理归纳。

此次会晤的另一个重要成就是六国元首签署了《打击恐怖主义、分裂主义和极端主义上海公约》，成为上海合作组织共同开展跨境打击“三股势力”合作的法律基础。这是首个将打击“三股势力”列为组织安全合作的主要内容的国际组织，在反恐安全上具有超前性。公约遵循《联合国宪章》，特别是有关维护国际和平与安全和发展国家间友好关系与合作的宗旨和原则；[1]界定了“三股势力”，要求各方要采取必要措施，包括适当时制定国内立法，使恐怖主义、分裂主义和极端主义在任何情况下不得仅由于政治、思想、意识形态、人种、民族、宗教及其他相似性质的原因而被开脱罪责，并使其受到与其性质相符的处罚。[2]公约规定各方在彼此协商、沟通的基础上，开展安全合作相关工作；公约规定就各方关心事项交换情报；经一方请求，框架内其余方应在公约规定范围内相互协作；规定采取措施预防、查明、阻止、禁止并取缔训练从事恐怖主义、分裂主义和极端主义行为人员的活动。[3]

二、上海合作组织机制发展轨迹

上海合作组织历次会晤签署、发表了大量的法律文件，有效保障了上海合作组织机制建设，确保上海合作组织稳步推进。2002 年 6 月，上海合作组织第二次元首峰会签署了《上海合作组织宪章》《关于地区反恐怖机构的协定》《上海合作组织成员国元首宣言》三个重要文件，这三个文件成为上海合作组织顺畅运行的法律基础。[4]《上海合作组织宪章》规定了组织框架机构，制定了组织宗旨、任务和原则。包括国家元首会议、政府首脑（总理）会议、外交部长会议、各部门领导人会议、

---

〔1〕 参见《中华人民共和国和吉尔吉斯共和国关于打击恐怖主义、分裂主义和极端主义的合作协定》，载中国人大网，http：//www. npc. gov. cn/wxzl/gongbao/2003 - 11/07/content_5323717. htm。

〔2〕 参见《中华人民共和国和吉尔吉斯共和国关于打击恐怖主义、分裂主义和极端主义的合作协定》，载中国人大网，http：//www. npc. gov. cn/wxzl/gongbao/2003 - 11/07/content_5323717. htm。

〔3〕 参见《打击恐怖主义、分裂主义和极端主义上海公约》，载中国人大网，http：//www. npc. gov. cn/wxzl/wxzl/2001 - 12/12/content_281315. htm。

〔4〕 参见尚大鹏：《立足机制化制度化建设的上海合作组织》，载《党政干部学刊》2006 年第 8 期。

国家协调员理事会、地区反恐怖机构、秘书处等。[1]《关于地区反恐怖机构的协定》实质性推动成员国安全合作，确定成立地区反恐怖机构，明确该机构基本任务和职能等。[2]此次峰会以签署法律文本的形式明确了未来上海合作组织合作与发展的方向。

2003年5月29日，上海合作组织第三次元首峰会签署了《上海合作组织成员国元首宣言》。此次峰会六方达成一致，全面发展六国伙伴关系，开展政治、经贸、人文各领域合作，以应对新的威胁和挑战。[3]同时，明确了2004年1月1日前秘书处和地区反恐怖机构要启动，批准了张德广为上海合作组织首任秘书长；签署了上海合作组织联合反恐演习备忘录，有效推进了组织内安全合作。同年9月23日，在北京举行上海合作组织成员国总理会议，会议批准《上海合作组织成员国多边经贸合作纲要》《上海合作组织常设机构编内工作人员工资、保障和补贴条例》《上海合作组织地区反恐怖机构设置和人员编制》《上海合作组织成员国总理会晤联合公报》等文件，[4]落实了具体的机构运行保障，推动了成员国经贸务实合作，上海合作组织在相关领域开始有效发挥其地区影响力。

2004年6月17日，上海合作组织第四次元首峰会正式设立地区反恐怖机构，并将总部设立在塔什干。此次峰会上，各国元首签署了《塔什干宣言》《上海合作组织特权和豁免公约》《上海合作组织观察员条例》等文件，胡锦涛在会议讲话中指出上海合作组织已经进入新的发展时期，应该将工作重点转到扩大和深化各领域的合作上来。[5]

2005年7月5日，上海合作组织第五次元首峰会通过《上海合作组织成员国合作打击恐怖主义、分裂主义和极端主义构想》，发表了《上

[1] 参见《上海合作组织宪章》，载中国人大网，http：//www.npc.gov.cn/wxzl/gongbao/2002-10/22/content_5301223.htm。

[2] 参见《上海合作组织成员国关于地区反恐怖机构的协定》，载中国人大网，http：//www.npc.gov.cn/wxzl/gongbao/2003-02/24/content_5307526.htm。

[3] 参见余邃：《论中俄新型关系》，载《现代国际关系》2003年第6期。

[4] 参见赵会荣：《塔什干峰会的主要成果及深远影响》，载《世界知识》2016年第14期。

[5] 参见胡锦涛：《加强务实合作共谋和平发展——在上海合作组织塔什干峰会上的讲话》，载凤凰网，http：//news.ifeng.com/special/hjtsh/detail_2007_08/13/1434991_0.shtml。

海合作组织成员国元首宣言》。此次峰会将巴基斯坦、伊朗、印度吸纳为观察员；通过安全、经济两大领域的合作，应对国际和地区安全与稳定面临的新挑战与新威胁。

2006 年 6 月 15 日，上海合作组织第六次元首峰会签署《上海合作组织五周年宣言》《上海合作组织成员国元首关于国际信息安全的声明》，批准新版本的《上海合作组织秘书处条例》《上海合作组织成员国打击恐怖主义、分裂主义和极端主义 2007 年至 2009 年合作纲要》等。[1]

2007 年 8 月 16 日，上海合作组织第七次元首峰会发表了《比什凯克宣言》《上海合作组织成员国长期睦邻友好合作条约》，将上海合作组织成员国世代友好的睦邻友好政策以法律文书的形式确定下来，进一步推动组织内政治互信、睦邻友好。

2008 年 8 月 28 日，上海合作组织第八次元首峰会签署了《上海合作组织对话伙伴条例》《上海合作组织成员国元首杜尚别宣言》《上海合作组织成员国政府间合作打击非法贩运武器、弹药和爆炸物品的协定》《上海合作组织银行联合体与欧亚开发银行伙伴关系基础备忘录》等重要文件，[2]进一步推进了组织内安全、金融贸易等的实质性合作。

2009 年 6 月，上海合作组织第九次元首峰会签署了《上海合作组织反恐怖主义公约》《上海合作组织关于应对威胁本地区和平、安全与稳定事态的政治外交措施及机制条例》等，发表了《叶卡捷琳堡宣言》。会议决定吸纳斯里兰卡和白俄罗斯为上海合作组织对话伙伴国。[3]

2010 年 6 月 11 日，上海合作组织第十次元首峰会签署了《上海合作组织接收新成员条例》和《上海合作组织程序规则》等重要文件，为组织扩员提供了法律依据。

2011 年 6 月 15 日，上海合作组织第十一次元首峰会发表了《上海合作组织十周年阿斯塔纳宣言》，充分肯定了上海合作组织从建章立制

---

〔1〕 参见《上海合作组织成员国元首理事会第六次会议联合公报》，载中华网 2017 年 5 月 3 日，http：//www. china. com. cn/chinese/HIAW/zhuanti/gjyj2/1243486. htm。

〔2〕 参见王健：《上海合作组织发展进程研究——地区公共产品的视角》，上海社会科学院 2012 年博士学位论文，第 52 ~ 54 页。

〔3〕 参见潘光主编：《稳步前进的上海合作组织》，时事出版社 2014 年版，第 261 页。

到建立各领域有效合作机制的成功实践，认为上海合作组织已经成为公认的具有重要影响的多边组织，积极促进了本地区和平与发展，有效应对了当代各种威胁与挑战。[1]

2012年6月6日至7日，上海合作组织第十二次元首峰会签署了《上海合作组织成员国元首关于构建持久和平、共同繁荣地区的宣言》等重要文件。决定给予阿富汗观察员国地位，给予土耳其对话伙伴国地位。

2013年9月13日，上海合作组织第十三次元首峰会发表了《上海合作组织成员国元首比什凯克宣言》《上海合作组织成员国元首理事会会议新闻公报》，批准《〈上海合作组织成员国长期睦邻友好合作条约〉实施纲要（2013—2017）》，[2]习近平主席表示将设立中国—上海合作组织国际司法交流合作培训基地，进一步开展组织司法合作等。

2014年9月12日，上海合作组织第十四次元首峰会通过了《给予上海合作组织成员国地位程序》《关于申请国加入上海合作组织义务的备忘录范本》修订案。印度和巴基斯坦签署了备忘录。此次峰会开启了上海合作组织扩员之门。

2015年7月10日，上海合作组织第十五次元首峰会签署了《上海合作组织至2025年发展战略》等，正式启动印度、巴基斯坦加入上海合作组织程序。

2016年6月23日至24日，上海合作组织第十六次元首峰会通过了《〈上海合作组织至2025年发展战略〉2016—2020年落实行动计划》，成员方重申支持中国关于建设丝绸之路经济带的倡议，将继续就落实这一倡议开展工作，将其作为创造有利条件推动区域经济合作的手段之一。[3]

2017年6月8日至9日，上海合作组织第十七次元首理事会发表了《阿斯塔纳宣言》，签署了《上海合作组织反极端主义公约》等。印度、巴基斯坦正式成为上海合作组织成员方，上海合作组织发展进入新

---

〔1〕 参见《上海合作组织十周年阿斯塔纳宣言》，载腾讯网，http：//news. qq. com/a/20110615/001233. htm。

〔2〕 参见《上海合作组织成员国元首理事会会议新闻公报》，载外交部官网2017年7月11日，http：//www. fmprc. gov. cn/ce/cede/chn/zt/fenghui/t1077166. htm。

〔3〕 参见吕萍：《格鲁吉亚在“一带一盟”对接中的作用》，载《欧亚经济》2016年第5期。

时代。

历次峰会签署的大量关于安全、军事、经济、贸易、科技、文化等方面合作的重要文件，有效推动了上海合作组织机制建设，形成了一套符合组织需求，有利于组织建设及未来发展的机制。

1. 组织会议机制

2002 年上海合作组织圣彼得堡元首峰会上各国元首签署了《上海合作组织宪章》，规定上海合作组织会议机制主要有国家元首会议、政府首脑（总理）会议、外交部长会议、各部门领导人会议、国家协调员理事会。[1]

（1）国家元首会议。该会议每年举行一次，是组织的最高决策机构，主要确定组织的未来发展方向和领域，重大国际问题的研究，对外展开合作，对内明确相关运行等事宜，每年根据成员国俄文字母确定会议主席国。[2]

（2）政府首脑（总理）会议。政府首脑（总理）会议是就具体领域的发展与合作进行对接，在沟通、协作基础上确定优先发展方向，特别重视经济方面的协作，审议组织的预算。该会议每年举行一次，举办地事先协商确定会议主席国。[3]

（3）外交部长会议。外交部长会议职能除了筹备组织元首峰会之外，还要就当前国际问题讨论并交换意见。同时，讨论组织当前存在的问题。该例行会议，依惯例是在元首峰会前一个月召开，非例行会议需要两个国家提出且成员国全部同意才可召开。外交部长会议主席由元首峰会举办国外交部长担任，并且对外代表本组织。[4]

（4）各部门领导人会议。该会议每年定期召开，主要研究组织内各

〔1〕 参见《上海合作组织宪章》，载中国人大网，http：//www. npc. gov. cn/wxzl/gongbao/2002 – 10/22/content_5301223. htm。

〔2〕 参见《上海合作组织宪章》，载中国人大网，http：//www. npc. gov. cn/wxzl/gongbao/2002 – 10/22/content_5301223. htm。

〔3〕 参见《上海合作组织宪章》，载中国人大网，http：//www. npc. gov. cn/wxzl/gongbao/2002 – 10/22/content_5301223. htm。

〔4〕 参见《上海合作组织宪章》，载中国人大网，http：//www. npc. gov. cn/wxzl/gongbao/2002 – 10/22/content_5301223. htm。

领域具体问题的磋商。具体时间、地点由各国相关部门先行商定。具体举办哪个领域的组织内部门会议，由元首会议和总理会议决定。该会议机制下的专家工作小组机制，在筹备和举办会议前根据工作章程开展前期工作，专家小组由各成员国部门代表组成。[1]

（5）国家协调员理事会主要为上合组织各层级会议机制作必要准备，是日常活动的协调和管理机构。国家协调员由各国各自任命。理事会至少每年举行三次会议。主席由元首峰会举办国协调员担任，任期为上次国家元首会议例会结束至下次国家元首会议例会开始日，根据国家协调员理事会工作条例，受外交部长会议主席委托，国家协调员理事会主席可对外代表组织。[2]

2. 常设机构

上海合作组织常设机构主要有两个：秘书处；地区反恐怖机构。[3]

（1）上海合作组织秘书处。秘书处为上海合作组织的活动提供协调、信息分析、法律和组织技术保障。上海合作组织秘书处设在北京，主要在秘书长的领导下，提出年度预算方案建议，保障秘书处活动的举办及提供技术保障等。秘书长由元首峰会根据外交部长会议推荐确定，各国轮流担任，期满不可连任；副秘书长由外交部长理事会会议根据国家协调员理事会的推荐任命。秘书处官员以定额原则为基础，由雇用的成员国公民但任。秘书处的任何官员在工作时应向秘书处负责，不应征求任何成员国和（或）政府、组织或个人指示。成员国应尊重秘书处秘书长、副秘书长和工作人员职责的国际性，在他们行使公务时不对其施加影响。[4]

（2）地区反恐怖机构。2001 年 6 月 15 日签署的《打击恐怖主义、分裂主义和极端主义上海公约》确定地区反恐怖机构设在吉尔吉斯斯坦

---

〔1〕 参见《上海合作组织宪章》，载中国人大网，http：//www. npc. gov. cn/wxzl/gongbao/2002 – 10/22/content_5301223. htm。

〔2〕 参见《上海合作组织宪章》，载中国人大网，http：//www. npc. gov. cn/wxzl/gongbao/2002 – 10/22/content_5301223. htm。

〔3〕 参见《上海合作组织宪章》，载中国人大网，http：//www. npc. gov. cn/wxzl/gongbao/2002 – 10/22/content_ 5301223. htm。

〔4〕 参见《上海合作组织宪章》，载中国人大网，http：//www. npc. gov. cn/wxzl/gongbao/2002 – 10/22/content_ 5301223. htm。

比什凯克市。[1]但由于乌兹别克斯坦非常希望该机构能设立在乌兹别克斯坦，经过讨论研究，2004 年 6 月地区反恐怖机构最终设立在塔什干。该机构的设立对上海合作组织维护地区安全稳定、打击三股势力，增强成员国睦邻友好、贯彻上海合作组织安全理念具有重要意义。地区反恐怖机构的基本任务和职能是：①为上海合作组织有关机构，以及根据各方请求准备有关加强合作打击恐怖主义、分裂主义和极端主义的建议和意见。②根据一方请求，包括根据公约规定协助各方主管机关打击恐怖主义、分裂主义和极端主义。③收集和分析各方向地区反恐怖机构提供的有关打击恐怖主义、分裂主义和极端主义的信息。④建立地区反恐怖机构资料库，包括：国际恐怖、分裂和其他极端组织，其结构、头目和成员、参与上述组织活动的其他人员，以及资金来源和渠道的信息；涉及各方利益的有关恐怖主义、分裂主义和极端主义的现状、动态和蔓延趋势的信息；向恐怖主义、分裂主义和极端主义提供支持的非政府组织和人员的情况信息。⑤根据各方主管机关的请求提供信息。⑥根据有关方请求，协助准备和举行反恐指挥司令部演习及战役战术演习。⑦应各方请求，协助准备和进行打击恐怖主义、分裂主义和极端主义的侦查等活动。⑧协助对《打击恐怖主义、分裂主义和极端主义上海公约》第 1 条第 1 款所述行为的犯罪嫌疑人进行国际侦查以追究其刑事责任。⑨参与准备有关打击恐怖主义、分裂主义和极端主义问题的国际法律文件。⑩协助为反恐部队培训专家和教官。⑪参与筹备及举行科学实践会议、研讨会，协助就打击恐怖主义、分裂主义和极端主义问题进行经验交流。⑫与从事打击恐怖主义、分裂主义和极端主义的国际组织建立联系并保持工作接触。[2]

3. 上海合作组织非政府机构

上海合作组织非政府机构主要有上海合作组织实业家委员会和银行联合体。[3]

---

〔1〕 参见《上海合作组织宪章》，载中国人大网，http：//www. npc. gov. cn/wxzl/gongbao/2002 - 10/22/content_5301223. htm。

〔2〕 参见《上海合作组织成员国关于地区反恐怖机构的协定》，载中国人大网，http：//www. npc. gov. cn/wxzl/gongbao/2003 - 02/24/content_5307526. htm。

〔3〕 参见《上海合作组织机构》，载上海合作组织官网 2017 年 7 月 11 日，http：//chn. sectsco. org/structure/。

2006 年 6 月，根据组织元首峰会决议成立了上海合作组织实业家委员会，秘书处设在莫斯科。该委员会主要由各成员国实业家委员会组成，以开展组织内经济合作为主要目标，打造金融和实业两个团体之间的交流对话平台，促进、实现经贸合作。委员会年度总会确定委员会的主要工作方向，解决与其他国家实业界合作等重要问题。实业家委员会为独立组织，为上海合作组织成员国实业界代表参与上海合作组织框架内经贸、投资合作提出建议并进行专家评估。2006 年实业家委员会框架内成立了促进上海合作组织卫生、教育合作的专门工作组，并推动建立上海合作组织能源俱乐部工作。[1]

基于解决上海合作组织成员国开展经贸合作中融资难的问题，在 2005 年 10 月 26 日，相关代表签署了《上海合作组织银行间合作（联合体）协议》，正式成立上海合作组织银行联合体。[2] 银行联合体由哈萨克斯坦开发银行、中国国家开发银行、俄罗斯外经银行、塔吉克斯坦国家银行、乌兹别克斯坦对外经济活动银行及 2006 年加入的吉尔吉斯斯坦储蓄结算银行构成。[3] 银行联合体优先合作方向有：（1）重点为基础设施建设、基础产业、高新技术产业、经济出口导向型行业、社会项目融资；（2）依据国际银行通用惯例提供和获取贷款；（3）为促进上海合作组织成员国之间的经贸联系组织出口前融资；（4）在遵循必要保密条款情况下签署协议框架内交换潜在客户和合作项目信息；（5）人员培训、组织代表团交流和实习、举行商务研讨会；（6）符合共同利益的其他方向。[4]

4. 上海合作组织对外协作与对话机制

上海合作组织对外协作与对话关系主要有观察员机制和对话伙伴

---

〔1〕 参见《上海合作组织实业家委员会概述》，载上海合作组织官网 2017 年 7 月 12 日，http：//chn. sectsco. org/structure/。

〔2〕 参见王健：《上海合作组织发展进程研究——地区公共产品的视角》，上海社会科学院 2012 年博士学位论文，第 58 页。

〔3〕 参见阳晓霞：《架设金融桥梁 促进和平繁荣——上合组织北京峰会与成员国间金融合作侧记》，载《中国金融家》2012 年第 6 期。

〔4〕 参见《上海合作组织机构》，载上海合作组织官网 2017 年 7 月 11 日，http：//chn. sectsco. org/structure/。

机制。

（1）观察员机制。在《上海合作组织宪章》的基础上，《上海合作组织观察员条例》对观察员地位的国家和政府间国际组织作出了规定，条例共 17 条。条例中确定了申请程序，需要由元首或秘书长申请，由国家协调员理事会提交外交部长理事会审议。[1]先由外交部长理事会决议通过后再提交元首峰会，决定是否给予（取消）观察员地位。秘书长在一周内将元首理事会关于给予观察员地位的决议发给相关国家或组织，相关国家或组织一个月内以书面方式向本组织秘书长通报收到该决议。获得该地位的国家或组织在事先征得会议主席同意的情况下，参与各部门、机构的会议并讨论问题，但是没有表决权。观察员地位的国家或组织无权参与上海合作组织文件的起草和签署。观察员既不对各部门的决议负责，也不参与其决议的制定。如观察员违背相关规定，秘书处可根据该条例依照相关程序取消相关国家的观察员地位，由秘书处秘书长在一周内送交有关国家或组织，如无异议，通知送达之日即为地位取消日期。[2]

目前，上海合作组织观察员国有阿富汗伊斯兰共和国、白俄罗斯共和国、伊朗伊斯兰共和国、蒙古国四个国家。

（2）对话伙伴机制。根据 2002 年 6 月 7 日签署的《上海合作组织宪章》第 14 条规定，在 2008 年上海合作组织元首峰会通过了《上海合作组织对话伙伴条例》，针对对话伙伴地位制定了 5 条条款。首先，加入的国家或组织必须赞同上海合作组织的宗旨和原则，给予对话伙伴地位的国家需要在上海合作组织宪章和其他组织条约约定的具体领域开展合作。其次，对话伙伴地位的申请应有该国外交部长或组织执行机构负责人签字向秘书处秘书长申请，并在申请中明确要开展合作的具体领域。秘书长收到申请后，由国家协调员理事会提交外交部长会议对于该申请进行审议，最后由元首峰会根据外交部长会议的建议决定是否给予该地位。上海合作组织通过与国家或组织签署备忘录的形式确定其对话

---

〔1〕 参见徐晓天：《开放包容合作——上海合作组织对外交往回顾与展望》，载《国际观察》2011 年第 3 期。

〔2〕 参见《上海合作组织观察员条例》，载上海合作组织官网 2017 年 7 月 12 日，http：//chn. sectsco. org/documents/。

伙伴地位。具体内容包括可以参加规定的相关部门领导会议、相关工作组会议、高官委员会会议等其他机制会议。同时可参加组织内合作的专家论坛、文化日、体育、表演等。对话伙伴国可与成员国进行部长级会议，并形成纪要；有权获得规定内的组织相关文件和决议，无权参与组织的文件的签署和制定，也无权参与机构文件的签署与制定。如果对话伙伴国希望放弃该地位，应通知秘书长，秘书长收到该通知日期即为终止日期。[1]

目前，上海合作组织对话伙伴国有 6 个国家，分别是阿塞拜疆共和国、亚美尼亚共和国、柬埔寨王国、尼泊尔联邦民主共和国、土耳其共和国、斯里兰卡民主社会主义共和国。

5. 上海合作组织其他多元合作模式

（1）上海合作组织大学。上海合作组织签订了《上海合作组织成员国政府间教育合作协定》、《上海合作组织成员国教育部关于为成立上海合作组织大学采取进一步一致行动的意向书》和《哈萨克斯坦共和国、中华人民共和国、吉尔吉斯共和国、俄罗斯联邦和塔吉克斯坦共和国高等学校关于成立上海合作组织大学的合作备忘录》。在这三个法律文件基础上，2007 年上海合作组织元首峰会上普京第一次倡议成立上海合作组织大学，得到各成员国的赞同。上海合作组织大学的成立，为推动组织框架内的科技、人文教育等合作发挥了巨大作用，也为组织内相关国家的人员往来、学术交流、教育交流等提供了更多的机会，进一步为上海合作组织内的安全合作、经济合作奠定基础，使其更加富有成效。[2]

（2）上海合作组织论坛。上海合作组织论坛筹建于 2004 年，2006 年 5 月 22 日上海合作组织在莫斯科举行首次论坛。上海合作组织论坛是组织内建立的一个多边学术机制，由各成员国具有上海合作组织国家研究中心地位的权威研究机构组成，其主要职能是为上海合作组织的发

〔1〕 参见徐晓天：《开放包容合作——上海合作组织对外交往回顾与展望》，载《国际观察》2011 年第 3 期。

〔2〕 参见《上海合作组织大学简介》，载上海合作组织大学官网 2017 年 9 月 3 日，http：//www. usco. edu. cn/info/1068/1359. htm。

展提供支持。[1]

(3) 上海合作组织文化艺术节。《上海合作组织成员国 2005 至 2006 年多边文化合作计划》为组织框架下人文合作提供了法律支撑，首届上海合作组织文化艺术节在阿斯塔纳举行，艺术节上进行了盛大的音乐会，成员国艺术团体和著名演员悉数登台；同时，还举行了“孩子画笔下的童话”画展，得到了各方一致好评。2005 年 12 月，上海合作组织文化合作第一次专家工作组会议在上海合作组织秘书处举行，商谈推动人文合作，密切人文交流，组织未来文化活动应该定期化、机制化。

三、上海合作组织安全合作

上海合作组织以“安全合作”和“经济合作”两条腿作为组织合作的驱动力。安全合作是“上海五国”成立的基础，随着组织的发展，安全合作也成了上海合作组织发展的重要基石，是上海合作组织重中之重的合作领域，取得了历史罕见的成果。

第一，解决了历史遗留的约 3000 公里边界问题。通过签署《关于在边境地区加强军事领域信任的协定》和《关于在边境地区相互裁减军事力量的协定》，使中国、俄罗斯、塔吉克斯坦、吉尔吉斯斯坦、哈萨克斯坦、乌兹别克斯坦面临的国家分裂、边界冲突等传统安全问题得以逐渐消除，取得了举世瞩目的成就。

第二，系统建立了逐渐完善的安全合作机制。法律文件的签署为上海合作组织安全合同提供了法律基础。2001 年 6 月 15 日，上海合作组织元首峰会通过了《上海合作组织成立宣言》，签署了《打击恐怖主义、分裂主义和极端主义上海公约》。宣言中明确指出上海合作组织尤其重视并尽一切必要努力保障地区安全，在打击“三股势力”上各方紧密合作，建立组织内反恐怖机构。同时，加强在打击毒品、非法移民、武器扩散等方面的安全合作，推动上海合作组织从防务安全、执法安全、信息安全到反洗钱、禁毒、打击跨国犯罪等领域合作不断扩展，为

---

〔1〕 参见朱显平等：《上海合作组织框架下的区域经济一体化：进展与动力》，载《俄罗斯中亚东欧研究》2010 年第 3 期。

地区安全稳定做出了贡献。[1]2004 年 6 月，建立了上海合作组织成员国安全会议秘书会议机制，这是上海合作组织安全合作的协调和磋商机制，[2]同时签署了《上海合作组织成员国关于合作打击非法贩运麻醉药品、精神药物及其前体的协议》。上海合作组织地区反恐机构正式在乌兹别克斯坦首都塔什干启动。随后，上海合作组织签署或批准了一系列的文件，如《上海合作组织成员国打击恐怖主义、分裂主义和极端主义 2007 年至 2009 年合作纲要》《关于在上海合作组织成员国境内组织和举行联合反恐行动的程序协定》《关于查明和切断在上海合作组织成员国境内参与恐怖主义、分裂主义和极端主义活动人员渗透渠道的协定》《上海合作组织反恐怖主义公约》《上海合作组织成员国政府间合作打击犯罪协定》《上海合作组织成员国边防合作协定》《上海合作组织成员国打击恐怖主义、分裂主义和极端主义 2016 年至 2018 年合作纲要》。2017 年 6 月，上海合作组织通过《上海合作组织反极端主义公约》等。上海合作组织成立二十年来签署了一系列的安全合作文件，安全合作法律基础厚实，有法可依。

第三，联合军事演习促进上海合作组织安全合作的领域从军事互信到联合军演，利于提升上海合作组织安全防务与合作能力。2002 年 10 月，中国与吉尔吉斯斯坦军队在双方边境伊尔克什坦口岸附近举行双边联合反恐军演。这是上海合作组织框架内首次联合军演。2003 年 8 月，上海合作组织成员国中的中国、俄罗斯、哈萨克斯坦、塔吉克斯坦、吉尔吉斯斯坦五国在新疆伊宁举行首次多边联合反恐演习“联合 - 2003”。2005 年 8 月，中俄在俄罗斯符拉迪沃斯托克和山东半岛附近海域举行“和平使命 - 2005”联合军事演习，双方派出海陆空等部队近万人参加演习。2006 年 9 月，中塔举行“协作 - 2006”联合反恐军事演习，两国部队在塔吉克斯坦哈特隆州进行了联合火力打击、立体机动合围、武装解救“人质”的实兵演练。2007 年 8 月，举行“和平使命 - 2007”联合反恐军事演习。上海合作组织 6 个成员国部队在乌鲁木齐和俄罗斯车

---

〔1〕 参见石婧：《中国与中亚的安全合作》，载《新疆社科论坛》2002 年第 6 期。

〔2〕 参见《上海合作组织安全合作》，载新华网，http://news.xinhuanet.com/world/2017 - 06/07/c_1121101909.htm。

里雅宾斯克联合举行军演，参演部队近6000人；后来举行的“和平使命－2009”“和平使命－2010”“海上联合－2012”“和平使命－2014”“和平使命－2015”“和平使命－2016”等联合军事演习。从最初的连级建制的演习，不断升华到每年举行联合军事演习，参演部队和人数逐渐增多，演练项目不断丰富，演练效果日益增强。

四、上海合作组织经济合作

经济合作是上海合作组织三大合作领域之一。经过多年的发展，经济合作虽然取得了一定的成果，但相对于安全合作仍然滞后。

（一）上海合作组织推进机制性建设，签署了系列经济合作文件，有效推进了框架内的经济合作

早在“上海五国”机制下，经济合作就是各方重点探讨的课题。2001年上海合作组织成立后，经济合作更是成为推动上海合作组织发展的两大基础之一，签署了一系列具有法律效力的文件。2001年6月15日通过的《上海合作组织成立宣言》明确指出上海合作组织将利用各成员国之间在经贸领域互利合作的巨大潜力和广泛机遇，努力促进各成员国之间双边和多边合作的进一步发展以及合作的多元化。[1]《上海合作组织成立宣言》的发布为有效推进组织内经济合作和区域协调发展奠定了法律基础。

2001年9月14日，上海合作组织首次总理会晤建立总理定期会晤机制，建立了经贸部长会议机制。会议签署了《上海合作组织成员国政府间关于开展区域经济合作的基本目标和方向及启动贸易和投资便利化进程的备忘录》，对于组织内经济合作的目标、合作领域、实现途径等作出了相关规定。

2002年5月28日，上海合作组织首次经贸部长会议签署了《〈上海合作组织成员国政府间关于开展区域经济合作的基本目标和方向及启动贸易和投资便利化进程的备忘录〉的议定书》，该议定书提出要逐渐消

---

〔1〕 参见《上海合作组织宣言》，载上海合作组织官网2017年8月4日，http：//chn.sectsco.org/documents/。

除成员国间影响贸易与投资的各种障碍与规定，逐步推进资本、劳动力、商品等要素的流动便利化，发挥市场配置的作用。

2003 年 9 月 23 日，上海合作组织第二次总理会晤批准了《上海合作组织成员国多边经贸合作纲要》，该纲要旨在鼓励成员国的经贸合作，加深彼此经济关系，促进区域经济发展。同时，该纲要对《上海合作组织成员国政府间关于开展区域经济合作的基本目标和方向及启动贸易和投资便利化进程的备忘录》进行了细化，将能源、交通运输、电信、农业、旅游、银行信贷领域、水利和环境保护领域，以及促进中小企业实体间的直接交流作为合作的主要方向。[1]

2004 年 9 月 23 日，上海合作组织第三次总理会晤通过了《〈上海合作组织成员国多边经贸合作纲要〉落实措施计划》。2005 年 10 月 26 日，上海合作组织第四次总理会晤签署了《上海合作组织成员国〈多边经贸合作纲要落实措施计划〉实施机制》，具体化了相应的落实机制。会议签署了《上海合作组织银行间合作（联合体）协议》，成立了上海合作组织银行间联合体。同时签署的《上海合作组织实业家委员会理事会首次会议纪要》为实业家委员会成立奠定了基础等。

2006 年 6 月 15 日，上海合作组织第六次元首理事会通过了《上海合作组织实业家委员会决议》，成立了上海合作组织实业家委员会。批准了《上海合作组织银行联合体成员行关于支持区域经济合作的行动纲要》。同年 9 月举行总理会晤，会议明确了经济合作优先方向为能源、交通、电信。

2007 年 11 月 2 日，上海合作组织第六次总理会议在塔什干举行，签署了《上海合作组织成员国政府间海关合作和互助协定》。

2008 年 6 月，上海合作组织经贸高官会议在北京上海合作组织秘书处举行，各方探讨了落实经济领域合作的具体措施，并就上海合作组织银行联合体及实业家委员会等工作推进举行了研讨。10 月 30 日，上海合作组织第七次总理会议在阿斯塔纳举行。会议提出应大力推进推动金融机构的合作，加强监管，保障金融安全，促进贸易、投资、交

---

〔1〕 参见《上海合作组织成员国多边经贸合作纲要》。

通、能源、电信、海关、农业、科技、信息、环保、防灾救灾等领域合作。[1]会议修订了《〈上海合作组织成员国多边经贸合作纲要〉落实措施计划》。

2010年11月25日，上海合作组织第九次总理会议一致同意加强区域经济政策协调，促进区域经贸便利化，推进经济项目的合作。

2011年11月6日，上海合作组织第十次总理会议通过了《上海合作组织成员国政府首脑（总理）关于世界和上合组织地区经济形势的联合声明》，签署了《上合组织银联体中期发展战略（2012－2016）》。

2012年12月4日至5日，上海合作组织第十一次总理会议批准了《2012－2016年上海合作组织进一步推动项目合作的措施清单》。同时，建议上海合作组织银联体及实业家委员会更积极地参与实施在框架内经济金融合作方面有前景的联合项目。[2]

2013年11月28日，上海合作组织第十二次总理会议强调《〈上海合作组织成员国多边经贸合作纲要〉落实措施计划》和《2012－2016年上海合作组织进一步推动项目合作的措施清单》，并通过《关于成立上海合作组织开发银行和上海合作组织发展基金（专门账户）下一步工作的决议》《上海合作组织成员国政府首脑（总理）关于进一步开展交通领域合作的联合声明》，为进一步推进贸易发展创造了有利条件。

2014年12月14日，上海合作组织第十三次总理会议签署了《上海合作组织成员国海关关于发展应用风险管理系统合作的备忘录》和《上海合作组织成员国海关执法合作议定书》，有效推动各国海关工作的合作开展，推动贸易便利化建设。

2015年12月14日，上海合作组织第十四次总理会议在深化区域合作，为投资和营商创造便利条件，致力于促进各成员国和本地区的和平发展与繁荣稳定，加快世界经济复苏上达成共识。签署《上海合作组织成员国政府首脑（总理）关于区域经济合作的声明》，批准《上海合作组织秘

---

〔1〕 参见王作葵、米立公：《上海合作组织成员国第七次总理会议举行，温家宝出席并讲话》，载外交部官网2017年10月2日，http：//www. fmprc. gov. cn/ce/cgct/chn/xnyfgk/t520452. htm。

〔2〕 参见《上海合作组织成员国政府首脑（总理）理事会会议联合公报》。

书处关于〈上海合作组织成员国多边经贸合作纲要〉落实情况的报告》。

2016 年 11 月 2 日，上海合作组织第十五次总理会议批准了《上海合作组织成员国政府间科技合作协定》2016～2020 年落实措施计划和《上海合作组织科技伙伴计划》。

这些机制性组织框架内的经济文件的签署，为上海合作组织区域经济合作提供了法律基础，使经济合作有法可依、有章可循。

（二）建立了专门负责经济合作的机构与机制，推进组织框架内经济合作

从最初的“上海五国”开始，经济合作就是元首们重点探讨的议题。上海合作组织成立后，经济合作由 2001 年确立的总理会晤机制进行具体深度推进。上海合作组织总理会晤机制为落实六国元首关于上海合作组织框架内开展投资与贸易便利化谈判、制定长期经贸合作纲要，积极推动组织内经贸合作的要求，在上海合作组织总理会晤机制下成立了经济、农业、交通、科技、文化、外交、国防等部长会议以及央行行长会议机制。

2001 年 9 月，上海合作组织成员国总理首次会议决定在总理会晤机制下建立经贸部长会议机制，具体研究上海合作组织框架内经贸合作。2002 年 5 月，签署了《〈上海合作组织成员国政府间开展关于区域经济合作的基本目标和方向及启动贸易和投资便利化进程的备忘录〉的议定书》，研究并商定了《上海合作组织成员国多边经贸合作纲要》草案报当年总理会议审批通过。同时，成立工作组和联合高官委员会，签署了《经贸部长会议关于多边经贸合作纲要“措施计划”的决议》、《上海合作组织成员国多边经贸合作纲要》的“措施计划”草案及《关于建设“上海合作组织区域经济合作网站”问题的谅解备忘录》等一系列文件，促进了上海合作组织框架内能源、交通、金融、海关、信息等领域的合作。2002 年 11 月，首次交通部长会议在比什凯克举行，会议就发展国际运输通道建设、发展公共交通运输基础设施等问题达成共识。此后，交通部长会议讨论上海合作组织成员国加入《欧洲综合运输重要干线协定》，签订了《亚洲公路网政府间协定》，设立了上海合作组织国际道路运输便利化联合委员会，有效沟通连接上海合作组织国家的交通

发展。此外，上海合作组织还成立了实业家委员会和银行联合体两个专门机构，推动了该组织经贸务实合作。

（三）上海合作组织经济合作不断夯实

首先，上海合作组织进一步深化在能源方面的合作。上海合作组织国家能源丰富，随着中国经济的发展，对能源的依赖日益巨大，与邻近的上海合作组织国家开展能源合作成为我国切实可行的选择。《〈上海合作组织成员国多边经贸合作纲要〉落实措施计划》中确定的上海合作组织总共127项经贸合作项目中，能源多双边合作项目设立了19项。2005年，中国石油天然气集团公司收购了哈萨克斯坦石油公司。同年，中国与乌兹别克斯坦签署了石油开采协议。2006年中哈原油管道“阿塔苏－阿拉山口”石油管线一期竣工，二期工程肯基亚克－库姆克尔段于2009年正式建成并投入使用，是我国第一条具有战略意义的石油管道。2008年中乌两国就开采乌纳曼甘州明格布拉克油田达成协议。2008年中俄签署了《关于斯科沃罗季诺至中俄边境原油管道建设与运营的原则协议》，2009年签署了《中俄石油领域合作政府间协议》、《中国石油天然气集团公司与俄罗斯石油股份公司关于推进上下游项目合作的谅解备忘录》以及《关于俄罗斯向中国出口天然气的框架协议》。2011年，中俄原油管道起自俄罗斯远东管道斯科沃罗季诺分输站，途经中国黑龙江省和内蒙古自治区等，抵达大庆，全长999.04公里，俄罗斯境内72公里，中国境内927.04公里。2014年5月，中俄东线天然气管道项目达成协议，根据合同，从2018年起，俄罗斯开始通过中俄天然气管道东线向中国供气，输气量逐年增长，最终达到每年380亿立方米，累计合同期30年。[1]2015年中俄签署了《中俄煤炭领域合作路线图》，至2016年俄罗斯出口中国的煤炭达到1885万吨，成为中国煤炭第五大进口来源国。

其次，上海合作组织金融领域合作不断提高。2005年成立上海合作组织银行联合体（以下简称银联体），初步形成了上海合作组织金融合

［1］参见《中俄签署两项重要能源合作协议》，载新华网，http://news.xinhuanet.com/world/2014－05/21/c_1110798887.htm。

作框架。到2006年6月，银联体共吸收了6个成员国的开发银行或储蓄结算银行、对外经济银行等。《上海合作组织银行联合体成员行关于支持区域经济合作的行动纲要》确定上海合作组织金融未来合作领域与范围。2007年上海合作组织实业家委员会与银联体签订合作协议，将上海合作组织框架内金融和实业有机结合起来，开展经济合作。在本币结算业务上，中俄签署了《中国人民银行与俄罗斯联邦中央银行关于边境地区贸易的银行结算协定》，并在俄罗斯布拉戈维申斯克远东外贸股份商业银行与中国银行黑龙江黑河分行进行试点，随后全面铺开。2005年，中国人民银行与哈萨克斯坦中央银行签订了双边本币结算协议。2011年6月，中国人民银行与俄罗斯联邦中央银行在俄罗斯签订了新的双边本币结算协定，该协定将中俄本币结算从边境贸易扩大到一般贸易，并扩大了地域范围。[1]在上海合作组织国家内互设金融机构成为常态，截至2015年年底，共有6家中资银行在俄罗斯设立4家分行和2家代表处，俄罗斯共有9家银行在华设立1家分行和9家代表处。[2]中国共有2家银行在哈萨克斯坦设立2家分行，哈萨克斯坦共有2家分行在华设立2家代表处。[3]2004年原中国银行业监督管理委员会[4]（以下简称银监会）与吉尔吉斯斯坦国家银行签署谅解备忘录，2010年银监会与塔吉克斯坦国家银行签署谅解备忘录。中国人民银行与上海合作组织国家签署本币互换协议规模日益扩大，截至2017年7月，中国共与36个国家签订了本币互换协议，总金额高达33,437亿元人民币。其中，中国与白俄罗斯2009年3月签订200亿元人民币规模的本币互换协议，2015年续签了70亿元人民币本币互换协议。中国与乌兹别克斯坦2011年签署了7亿元人民币本币互换协议。中国与蒙古分别于2011年、2012年、2014年、2017年签订了50亿元、100亿元、150亿元、150亿元人民币的本

---

〔1〕 参见段秀芳：《中国对上海合作组织成员国直接投资研究》，社会科学文献出版社2013年版，第45页。

〔2〕 参见中国银监会国际部：《“一带一路”金融合作概览》，中国金融出版社2016年版，第9页。

〔3〕 参见中国银监会国际部：《“一带一路”金融合作概览》，中国金融出版社2016年版，第14页。

〔4〕 2018年中国银行业监督管理委员会与中国保险监督管理委员会合并为中国银行保险监督管理委员会。

币互换协议。中国与哈萨克斯坦2011年签订了70亿元人民币的本币互换协议，2014年续签了70亿元人民币的本币互换协议。中国与俄罗斯2014年签订了1500亿元人民币的本币互换协议。中国与塔吉克斯坦2015年签订了30亿元人民币的本币互换协议。[1]

最后，上海合作组织在投资贸易领域合作发展迅速。2001年中国实际使用外商投资金额468亿美元，对外贸易总额为5098亿美元，其中进口2436亿美元；出口2662亿美元。[2]2016年中国实际使用外商投资8132亿元人民币，对外直接投资达到11,299亿元人民币，制造业的对外直接投资增长了116.7%。[3]2016年货物进出口总额为243,386亿人民币，约合35,792亿美元，其中，出口138,455亿元人民币，约合20,361亿美元；进口104,932亿元人民币，约合15,431亿美元。[4]经过16年的努力，中国经济迅猛发展，上海合作组织投资贸易也经历了快速发展。2001年上海合作组织成立以来，中国对上海合作组织成员国贸易额由最初的126亿美元，增加到2015年的919.9亿美元。[5]其中，中俄贸易额达到680.6亿美元，中哈贸易额达143亿美元，中吉贸易额达43.42亿美元，中塔贸易额达18.49亿美元，中乌贸易额达34.97亿美元。中国利用来自上海合作组织成员国直接投资额也从2001年的3080万美元[6]增加到2015年的120.09亿美元。中国2015年对俄直接投资流量达29.61亿美元，截至2015年，中国对俄直接投资存量为140.2亿美元，投资主要集中在采矿业、制造业、农、林、牧、渔业等领域；[7]2015年中国对哈萨克斯坦直接投资－25.1亿美元，直接投资存量达到

〔1〕 参见中国人民银行：《中国人民银行和其他中央银行或货币当局双边本币互换一览表》，载中国人民银行官网，http://www.pbc.gov.cn/huobizhengceersi/214481/214511/214541/3353326/2017082115054924438.pdf。

〔2〕 参见《中华人民共和国2001年国民经济和社会发展统计公报》，载国家统计局官网，http://www.stats.gov.cn/tjsj/tjgb/ndtjgb/qgndtjgb/200203/t20020331_30015.html。

〔3〕 参见《2016年统计公报》，载国家统计局官网，http://data.stats.gov.cn/toIframe.htm?id=591。

〔4〕 参见《中华人民共和国2016年国民经济和社会发展统计公报》，载国家统计局官网，http://www.stats.gov.cn/tjsj/zxfb/201702/t20170228_1467424.html。

〔5〕 参见《2016中国统计年鉴》，载国家统计局官网，http://www.stats.gov.cn/yearbook2001/indexC.htm。

〔6〕 根据中国国家统计局《2002年中国统计年鉴》数据整理。

〔7〕 参见《对外投资合作国别（地区）指南——俄罗斯（2016年版）》。

50.95 亿美元;[1]2015 年中国对吉尔吉斯斯坦直接投资 1.52 亿美元，直接投资存量达 10.71 亿美元;[2]2015 年中国对塔吉克斯坦直接投资为 2.19 亿美元，直接投资存量为 9.09 亿美元;[3]2015 年中国对乌兹别克斯坦直接投资 1.28 亿美元，直接投资存量 8.82 亿美元。[4]如果没有 2008 年金融危机及乌克兰危机对上海合作组织国家的冲击，组织框架内的投资、贸易会发展得更为良好。

五、上海合作组织人文合作

从古至今，中亚属于多重文化融合的地域，俄罗斯东正教文化、汉儒文化、蒙藏佛教文化、印度文化在这一区域交融碰撞，逐渐形成现在中亚多元的民族文化。[5]上海合作组织成立后，文化合作非常广泛。《上海合作组织成立宣言》以及《上海合作组织宪章》明确要求在政治、经贸、科技、文化、教育、能源、交通、环保及其他领域开展有效合作。在安全与经济之外，文化也成为组织内开展合作的重要领域。

2002 年 4 月，上海合作组织首次文化部长会议在北京举行，各方就成员国间文化交流与合作感兴趣的问题达成共识，签署了《上海合作组织成员国文化部长联合声明》，强调将“上海精神”作为上海合作组织成员国间开展文化合作的基础。积极鼓励相关成员国举办成员国文化节，鼓励艺术团体、艺术家举办人文活动，组织艺术团体巡回演出，通过各类专家代表团互访，加强文化领域的信息合作，促进电影、电视、广播、出版、体育等领域的双边和多边交流与合作，支持各成员国地方之间、民间机构和组织之间的文化交流等系列文化交流活动。[6]

上海合作组织目前已签署《上海合作组织成员国政府间文化合作协

---

〔1〕 参见《对外投资合作国别（地区）指南——哈萨克斯坦（2016 年版）》。

〔2〕 参见《对外投资合作国别（地区）指南——吉尔吉斯斯坦（2016 年版）》。

〔3〕 参见《对外投资合作国别（地区）指南——塔吉克斯坦（2016 年版）》。

〔4〕 参见《对外投资合作国别（地区）指南——乌兹别克斯坦（2016 年版）》。

〔5〕 参见潘光：《欧亚陆上丝绸之路沿线的“文明断裂带”研究——兼论“文明冲突论”的双重性》，载《俄罗斯研究》2016 年第 6 期。

〔6〕 参见李胜先：《六国文化部长聚首北京，共同签署〈联合声明〉》，载《中外文化交流》2002 年第 5 期。

定》《上海合作组织成员国政府间科技合作协定》《上海合作组织成员国政府间教育合作协定》《关于加强在上海合作组织框架下国立科研机构科技合作宣言》《上海合作组织成员国传染病疫情通报方案》等法律文件。[1]这些法律文件的签署，推进了文化领域人员与信息的交流与合作，共同挖掘上海合作组织国家文化研究领域的深度，促进了组织内人文合作的蓬勃开展。

上海合作组织首次文化部长会议提出举行成员国文化艺术节，制定了文化艺术节的相应章程，对于举办时间、举办流程与规则都作了详细的规定。2004年6月，在乌兹别克斯坦举办了首次上海合作组织成员国联合文艺晚会，反响非常好。此后，成员国一致决定举办文化艺术节活动。上海合作组织文化活动多种多样，除了文化艺术节活动，还有“文化日”活动，其中，2002年在哈萨克斯坦举办过“中国文化日”活动，2005年5月在我国举办过“乌兹别克斯坦文化日”活动等。还有“文化周”活动，2004年在阿拉木图举办过“新疆文化周”活动。还有影响比较大的“国家年”活动，比较有代表性的是中俄“国家年”活动。2006年3月21日，中俄两国元首共同出席了中国“俄罗斯年”开幕式，“俄罗斯”年共举办了200多项活动，涉及两国多个部门与地区多个领域的合作，影响空前。2007年3月26日，在俄罗斯举办“中国年”活动，胡锦涛主席与普京共同出席在克里姆林宫举办的开幕式，将中国文化传播到俄罗斯，加深俄罗斯人民对中国的了解，促进民心相通。在国家年活动中，中俄双方互办“国家旅游年”活动深受两国民众的喜爱，大大促进了两国人民的文化交流与合作。

在教育合作方面，2005年胡锦涛在上海合作组织阿斯塔纳元首峰会上表示中方将为此拨出专项资金，在3年内为其他成员国培训1500名不同领域的管理和专业人才。[2]2013年，习近平主席在阿斯塔纳纳扎尔巴耶夫大学演讲时表示，为促进上海合作组织框架内的青年人才交流，中国将在未来10年向上海合作组织成员国提供3万个政府奖学金名额，

---

〔1〕 根据《上海合作组织成员国政府首脑（总理）理事会第十三次会议联合公报》整理。

〔2〕 参见胡锦涛：《加强团结合作 促进稳定发展》，载凤凰网，http：//news. ifeng. com/special/hjtsh/detail_2007_08/13/1434992_0. shtml。

邀请1万名孔子学院师生赴华研修。[1]同年，习近平主席邀请200名纳扎尔巴耶夫大学师生来中国交流。在《上海合作组织成员国政府间教育合作协定》下，开展相关国家学生、专家的交流合作，推进学历互认等机制，设立上海合作组织成员国教育专家工作组，就相关教育合作机制进行研究。2007年在普京的倡议下启动了上海合作组织大学项目，上海合作组织大学多边合作的法律层面有三个，第一，政府层面，以《上海合作组织成员国政府间教育合作协定》为依据；第二，政府教育主管部门层面，2008年10月23日签署《上海合作组织成员国教育部关于为成立上海合作组织大学采取进一步一致行动的意向书》；第三，具体大学层面，《哈萨克斯坦、中华人民共和国、吉尔吉斯共和国、俄罗斯联邦和塔吉克斯坦共和国高等学校关于成立上海合作组织大学的合作备忘录》。目前，上海合作组织大学遍布5个成员国，共82所，旨在促进成员国之间教育合作，培养人才。[2]

六、上海合作组织扩员影响

2017年6月，在阿斯塔纳举行的第十七次上海合作组织元首峰会上决定给予印度和巴基斯坦成员国地位。此次扩员秉持上海合作组织“上海精神”，深刻体现了上海合作组织的包容与开放，具有深远的历史意义。

上海合作组织源自“上海五国”机制，2001年乌兹别克斯坦正式加入。目前，包括成员国、观察员国和对话伙伴国共18个不同梯度的国家。印度、巴基斯坦成为上海合作组织成员国以后，上海合作组织成为世界上拥有人口最多、地域最广、经济最活跃的国际组织之一。印度、巴基斯坦的加入为上海合作组织未来发展带来了机遇也带来了挑战。

---

〔1〕 参见习近平：《弘扬人民友谊，共创美好未来——在纳扎尔巴耶夫大学的演讲》，载新华网，http：//news. xinhuanet. com/politics/2013－09/08/c_117273079. htm。

〔2〕 参见晋浩天、吴琳、鲍盛华、杜冰、练玉春：《上合组织大学：搭建心桥的民间大使》，载《光明日报》，2017年6月11日，第6版。

（一）上海合作组织扩员带来的机遇

首先，扩员有利于提升上海合作组织在国际上的影响力，有利于维护国际和地区和平、安全、稳定与发展。上海合作组织扩员后，其人口总量接近45亿，超过全世界人口的一半；地理上幅员辽阔，囊括欧亚大陆74%的地理空间。[1]中国、俄罗斯又是联合国安理会常任理事国，同时，中国、俄罗斯、印度皆为金砖国家、G20成员，中国、俄罗斯、印度、巴基斯坦都为有核国家，这使上海合作组织在政治、经济、安全、文化等方面拥有相当分量的话语权，也成为欧亚地区具有影响力，并与相关国家发展息息相关的区域国际组织。

其次，上海合作组织成员国中内陆国家与领海国家的比例达到4∶4，使上海合作组织从内陆特质向陆海兼备转变。俄罗斯东临太平洋，西接大西洋，北临北冰洋，拥有漫长的海岸线。中国东向太平洋，拥有渤海、黄海、东海、南海，四大海域连成一体直通太平洋，海岸线约有1.8万公里。印度西临阿拉伯海，东靠孟加拉湾，直插印度洋，三面靠海，具有众多天然海港，扼守印度洋通道，是连接大西洋与太平洋的重要通道，具有重要的海洋位置。巴基斯坦南临阿拉伯海，拥有卡拉奇、卡西姆、瓜达尔等优良海港，扼守波斯湾，具有重要战略地位。印度、巴基斯坦加入后，使上海合作组织北至北冰洋、南至印度洋，辐射太平洋和大西洋，打通了整个海洋通道。此外，哈萨克斯坦、吉尔吉斯斯坦、塔吉克斯坦、乌兹别克斯坦属于内陆国家，一直对出海口有着深刻的向往，印度、巴基斯坦加入后，上海合作组织在印度洋拥有出海口，其陆海兼备的特质将唤起中亚与相关国家的经贸海陆合作潜能。

最后，印度、巴基斯坦加入后，扩大了上海合作组织发展空间和范围。印度和巴基斯坦的加入，将上海合作组织从中亚区域延伸到南亚，从陆路延伸到海上，组织范围和空间横跨欧亚大陆，在海上将印度洋、波斯湾、南海、东海、黄海、渤海、鄂霍次克海、太平洋、北冰洋连成一体，陆上联通俄罗斯、哈萨克斯坦、乌兹别克斯坦、塔吉克斯坦、吉尔吉斯斯坦、中国、蒙古、土耳其、伊朗、阿富汗、巴基斯坦、印度、

---

〔1〕参见潘光主编：《稳步前进的上海合作组织》，时事出版社2014年版，第153页。

斯里兰卡，将中东与南亚、大西洋地区沟通连接，形成以东经45°至国际日期变更线，北纬10°～80°的“干字形”区域，并以此为核心辐射整个欧亚，影响全球。

（二）上海合作组织扩员面临的挑战

首先，管控分歧。增加上海合作组织内聚力是当前需要应对的挑战。上海合作组织内儒家文明、斯拉夫文明、佛教文明、伊斯兰文明等多种文明交流碰撞。不同国家制度、意识形态、经济发展状况错综交织。上海合作组织内部还没有形成共同认可的价值观、认同感还没有上升到一定高度，分歧不可避免。另外，印度和巴基斯坦加入上海合作组织，不可避免地将印度与巴基斯坦的矛盾也带入上海合作组织。由于历史的原因，印度与巴基斯坦的矛盾几乎不可调和。加之上海合作组织本身存在的塔吉克斯坦、乌兹别克斯坦、吉尔吉斯斯坦之间关于水资源、边界问题的矛盾，也影响上海合作组织的稳定发展。上海合作组织如何管控分歧，增加组织内聚力成为扩员后面临的挑战。

其次，扩员后的上海合作组织由原先中国、俄罗斯两国驱动变为现在中国、俄罗斯、印度三国驱动，协调成本增加。印度是世界上劳动力资源最为丰富的国家之一，拥有广阔的市场潜力，经济增长迅速，能源需求强烈。另外，由于其国内恐怖活动频发，安全问题成为困扰印度的重要问题。因此，印度希望借助上海合作组织改善国内安全形势，印度的加入必将有利于上海合作组织的安全合作和经济发展，有利于扩大上海合作组织的影响力。

由于乌克兰危机、通俄门等事件，西方世界对俄罗斯开展了一系列制裁，俄罗斯经济实力大幅下滑。虽然中国从高速增长调到高质量发展的新常态，但经济依然快速发展。随着中国在中亚影响力日益提高，俄罗斯产生疑虑，俄罗斯从自身利益及外部形势出发，积极支持传统上与其关系较好的印度加入上海合作组织。俄罗斯积极加强与印度合作，借助印度对中国的疑虑在组织框架内平衡中国，又利用巴基斯坦来减少中国对印度加入上海合作组织的阻力。因此，上海合作组织从中国、俄罗斯驱动扩充到中国、俄罗斯、印度三家驱动，在组织发展等重大事件上协调成本大幅增加。如何协调三方关系，同舟共济成为目前组织的又一挑战。

最后，上海合作组织协商一致原则受到挑战。《上海合作组织成立宣言》《上海合作组织宪章》均对组织框架下的协商一致原则进行了详细的解释与规定，为保障各国权益，只要一国不同意则不能通过。目前，在上海合作组织的成员国中，印度与巴基斯坦两国间有着不可调和的矛盾。涉及上海合作组织发展重要事项的表决时，印度、巴基斯坦两国因自身矛盾，其中一国不同意，则势必影响到组织的发展，但是要求印度、巴基斯坦两国不将自身矛盾带入上海合作组织又是不切实际的。因此，上海合作组织协商一致原则面临重大挑战，需要进一步学习欧盟等成熟国际组织的经验，完善协商一致原则。

第二节　新地缘经济观视角下的上海合作组织概述

一、上海合作组织地缘经济合作

上海合作组织自2001年成立以来，作为组织发展驱动力之一的经济合作始终受限，主要表现为实体经济合作薄弱、资源合作比重过大、贸易结构失衡等深层次问题。[1] 2013年习近平主席提出“一带一路”倡议，受到各方关注。当前，全球基础设施建设掀起新热潮，发展中国家工业化、城镇化进程加快，积极开展境外基础设施建设和产能投资合作契合当前趋势，将与我国装备和产能契合度高、合作愿望强烈、合作条件和基础好的发展中国家作为重点，并积极开拓发达国家市场，以点带面，逐步扩展合作。将钢铁、有色、建材、铁路、电力、化工、轻纺、汽车、通信、工程机械、航空航天、船舶和海洋工程等作为重点行业，分类实施，有序推进。[2] 其中，以高铁、核电、“互联网+”等作为突破口实施“走出去”战略。上海合作组织区域作为“一带一路”重要区域，各成员国间地缘经济合作进一步深入。

---

〔1〕 参见潘光主编：《稳步前进的上海合作组织》，时事出版社2014年版，第97页。

〔2〕 参见《国务院关于推进国际产能和装备制造合作的指导意见》，国发〔2015〕30号，载中国政府网，http：//www.gov.cn/zhengce/content/2015-05/16/content_9771.htm。

（一）上海合作组织基础设施建设领域合作

中国经过了改革开放四十多年的建设，在基础设施建设方面积累了大量的经验，拥有了世界一流的技术。基础设施建设领域成为中国最优先输出的优势技术和产业。相对“一带一路”沿线国家落后的基础设施技术与强烈的需求，中国基础设施建设技术和产业资源成为上海合作组织相关国家急需品。基于此，“一带一路”对外投资合作产业中优选新兴优势产业，如交通基础设施等；富余产能产业，如钢铁、建材等；配套性支持产业，如金融、商务服务等（见表3）。

表3　“一带一路”对外投资合作产业筛选结果

筛选产业领域	具体领域				
新兴优势产业	交通基础设施	电力工程建设	信息通信工程与服务	农业	高科技创新
富余产能产业	钢铁	建材	房屋建筑	矿产资源开发	石油化工天然气能源
配套性支持产业	金融	商务服务	交通运输网络和商贸物流中心		

在交通基础设施上，中巴经济走廊项目巴基斯坦喀喇昆仑公路二期、卡拉奇高速公路开工建设，拉合尔轨道交通橙线完成融资。中国—中亚—西亚经济走廊项目中吉乌铁路乌兹别克斯坦境内安格连—帕普铁路隧道通车，塔乌公路2014年竣工通车，中哈铁路顺利对接。中国—中南半岛经济走廊项目雅万高铁、中老铁路启动建设。孟中印缅经济走廊项目中国已经中标缅甸皎漂特别经济区相关项目。中蒙俄经济走廊项目中蒙俄三国签署口岸合作框架协定，中蒙边境乌力吉口岸对外开放。

电力工程建设上，中国、法国联手建设英国核电项目。此外，巴基斯坦恰希玛和卡拉奇核电项目、默蒂亚里—拉合尔输变电项目、卡洛特水电站、卡西姆港火电项目顺利进行。中方承建塔吉克斯坦HUZHAND燃煤电站、吉尔吉斯斯坦比什凯克热电项目等顺利进行。

在信息通信建设上，中巴经济走廊项目中巴跨境光缆2016年5月顺利开工，亚欧5号海缆（SMW5）、亚非欧1号海缆（AAE－1）等国际海缆项目陆续于2017年1月、11月建成，作为亚非欧高容量信息通道，发挥重要作用。中国、吉尔吉斯斯坦、塔吉克斯坦、阿富汗签署了《丝路光缆合作协议》，启动了“丝路光缆项目”。我国正集中在云计算、大数据、物联网、智慧城市等领域积极推进信息领域建设。

2015年，中国承包俄罗斯工程共132项，主要有俄罗斯电信工程建设、俄罗斯国家超算中心工程建设等；承包印度工程共128项，主要有古德洛尔燃煤电站工程、印度电信建设工程、印度JSW钢铁公司300万吨焦化项目等；承包哈萨克斯坦工程共204项，主要有奇姆肯特炼油厂改造、哈萨克斯坦拉干达综合合金厂铁合金炉项目、哈萨克斯坦国扎纳诺尔、肯基亚克油田钻井项目等；承包塔吉克斯坦工程共35项，主要有中塔石油丹加拉炼油厂项目、瓦赫达特—亚旺铁路项目、HUZHAND燃煤电站等；承包乌兹别克斯坦工程共24项，主要包括油气勘探开发、天然气管道建设和运营、煤矿、电站、铁路、电信网改造等项目；承包巴基斯坦喀喇昆仑公路升级改造二期项目、卡拉奇—拉合尔高速公路建设项目、曼格拉大坝加高项目、南迪普联合循环电站项目、中巴友谊中心项目等；承包吉尔吉斯斯坦南北第二条公路建设项目二期、吉尔吉斯斯坦奥什医院等（见表4）。

表4 2015年度中国承包上海合作组织成员国工程汇总

序号	国家	签署工程合同（份）	签署合同金额（亿美元）	备注
1	俄罗斯	132	20.8	/
2	印度	128	18.11	/
3	哈萨克斯坦	204	26.13	/
4	塔吉克斯坦	35	5.97	/
5	乌兹别克斯坦	24	2.64	/
6	巴基斯坦	/	121.8	/
7	吉尔吉斯斯坦	25	4.5143	/
总计		548	199.9643	/

数据来源：根据中国商务部2016年对外投资合作国别（地区）指南整理。

（二）上海合作组织成员国经贸合作

“一带一路”倡议提出后，上海合作组织成员国间经贸合作也都有了不同程度的发展。表5～表12将上海合作组织成员国货物贸易（2011～2016年）进行了汇总。

表5　2011～2016年中国全球货物贸易汇总

类别	年份					
	2011	2012	2013	2014	2015	2016
贸易总额（亿美元）	36, 421	38, 667	41, 600	42, 809	39, 392	36, 641
进口额（亿美元）	17, 435	18, 178	19, 504	19, 549	16, 574	15, 703
出口额（亿美元）	18, 986	20, 489	22, 096	23, 260	22, 818	20, 938
顺差（亿美元）	1551	2311	2592	3711	6244	5235
贸易额占GDP比例（%）	48. 09	45. 17	43. 29	41. 04	35. 73	32. 91
GDP（亿美元）	75, 730	85, 610	96, 070	104, 820	110, 650	111, 990

资料来源：根据中国国家统计局年度统计公报、世界银行贸易数据整理，载世界银行官网2021年4月14日，https：//data. worldbank. org. cn/topic/%E8% B4% B8% E6% 98% 93？locations = CN&view = chart。

表6　2011～2016年俄罗斯全球货物贸易汇总

类别	年份					
	2011	2012	2013	2014	2015	2016
贸易总额（亿美元）	8324	8641	8647	8089	5367	4732
进口额（亿美元）	3181	3362	3430	3112	1943	1914
出口额（亿美元）	5143	5279	5217	4977	3424	2818
顺差（亿美元）	1962	1917	1787	1865	1481	904
贸易额占GDP比例（%）	40. 96	39. 82	38. 76	39. 19	39. 29	36. 88
GDP（亿美元）	20, 320	21, 700	22, 310	20, 640	13, 660	12, 830

资料来源：根据世界银行贸易数据整理，载世界银行官网2021年4月14日，https：//data. worldbank. org. cn/topic/% E8% B4% B8% E6% 98% 93？locations = RU&view = chart。

表 7　2011～2016 年印度全球货物贸易汇总

类别	年份					
	2011	2012	2013	2014	2015	2016
贸易总额（亿美元）	7674	7865	7802	7856	6603	6231
进口额（亿美元）	4645	4897	4654	4629	3929	3591
出口额（亿美元）	3029	2968	3148	3227	2674	2640
顺差（亿美元）	－1616	－1929	－1497	－1402	－1255	－951
贸易额占 GDP 比例（%）	42.09	43.03	42.01	38.60	31.26	27.52
GDP（亿美元）	18,230	18,280	18,570	20,350	21,120	22,640

资料来源：根据世界银行贸易数据整理，载世界银行官网 2021 年 4 月 14 日，https://data.worldbank.org.cn/topic/%E8%B4%B8%E6%98%93?locations=IN&view=chart。

表 8　2011～2016 年哈萨克斯坦全球货物贸易汇总

类别	年份					
	2011	2012	2013	2014	2015	2016
贸易总额（亿美元）	1212	1328	1335	1208	766	620
进口额（亿美元）	369	464	488	413	306	252
出口额（亿美元）	843	864	847	795	460	368
顺差（亿美元）	474	400	359	382	154	116
贸易额占 GDP 比例（%）	62.92	63.85	56.42	54.56	41.54	46.39
GDP（亿美元）	1926.27	2079.99	2366.35	2214.16	1843.88	1336.57

资料来源：根据世界银行贸易数据整理，载世界银行官网 2021 年 4 月 14 日，https://data.worldbank.org.cn/topic/%E8%B4%B8%E6%98%93?locations=KZ&view=chart。

表 9　2011～2016 年乌兹别克斯坦全球货物贸易汇总

类别	年份					
	2011	2012	2013	2014	2015	2016
贸易总额（亿美元）	238	232	251	245	215	215
进口额（亿美元）	105	120	131	130	115	115
出口额（亿美元）	133	112	120	115	100	100
顺差（亿美元）	28	－8	－11	－15	－15	－15
贸易额占 GDP 比例（%）	51.83	44.77	43.51	38.85	32.14	31.98
GDP（亿美元）	459.15	518.22	576.9	630.67	669.04	672.2

资料来源：根据世界银行贸易数据整理，载世界银行官网 2021 年 4 月 14 日，https：//data.worldbank.org.cn/topic/%E8%B4%B8%E6%98%93？locations=UZ&view=chart。

表 10　2011～2016 年塔吉克斯坦全球货物贸易汇总

类别	年份					
	2011	2012	2013	2014	2015	2016
贸易总额（亿美元）	44.63	51.38	53.13	52.74	43.27	40
进口额（亿美元）	32.06	37.78	41.51	42.97	34.36	31
出口额（亿美元）	12.57	13.6	11.62	9.77	8.91	9
顺差（亿美元）	－19.49	－24.18	－29.89	－33.2	－25.45	－22
贸易额占 GDP 比例（%）	68.42	67.31	62.45	57.10	55.10	57.54
GDP（亿美元）	65.23	76.33	85.07	92.36	78.53	69.52

资料来源：根据世界银行贸易数据整理，载世界银行官网 2021 年 4 月 14 日，https：//data.worldbank.org.cn/topic/%E8%B4%B8%E6%98%93？locations=TJ&view=chart。

表 11　2011～2016 年吉尔吉斯斯坦全球货物贸易汇总

类别	年份					
	2011	2012	2013	2014	2015	2016
贸易总额（亿美元）	62.4	72.68	81.28	76.29	55.39	54.64
进口额（亿美元）	42.61	53.74	60.7	57.32	40.69	39.19
出口额（亿美元）	19.79	18.94	20.58	18.97	14.7	15.45
顺差（亿美元）	-22.82	34.8	-40.12	-38.35	-25.99	-23.74
贸易额占 GDP 比例（%）	100.68	110.04	110.81	102.16	82.95	83.41
GDP（亿美元）	61.98	66.05	73.35	74.68	66.78	65.51

资料来源：根据世界银行贸易数据整理，载世界银行官网 2021 年 4 月 14 日，https：//data. worldbank. org. cn/topic/% E8% B4% B8% E6% 98% 93？ locations = KG&view = chart。

表 12　2011～2016 年巴基斯坦全球货物贸易汇总

类别	年份					
	2011	2012	2013	2014	2015	2016
贸易总额（亿美元）	465.4	465.6	470.6	498.7	460.1	492.4
进口额（亿美元）	440	441	446	474	438	472
出口额（亿美元）	25.4	24.6	24.6	24.7	22.1	20.4
顺差（亿美元）	-414.6	-416.4	-421.4	-449.3	-415.9	-451.6
贸易额占 GDP 比例（%）	21.79	20.75	20.35	20.41	16.97	17.36
GDP（亿美元）	2135.87	2243.84	2312.19	2443.61	2710.5	2836.6

资料来源：根据世界银行贸易数据整理，载世界银行官网 2021 年 4 月 14 日，https：//data. worldbank. org. cn/topic/% E8% B4% B8% E6% 98% 93？ locations = PK&view = chart。

从表 5～表 12 中可知，中国的贸易额和经济总量远超其他上海合作组织成员国国家货物贸易之和。中国 2016 年贸易额为 36,641 亿美元，上海合作组织其他 7 国贸易额为 12,385.04 亿美元，仅占中国贸易额的 33.8%。中国出口额 20,938 亿美元，其余 7 个上海合作组织国家的出口总额为 5970.85 亿美元，仅占中国出口额的 28.5%。[1] 2014 年乌克兰危机引发欧美对俄罗斯制裁，俄罗斯经济下滑，导致卢布大幅贬值，2015 年贸易额大幅萎缩。中亚四国在经济上对俄罗斯较为依赖，受俄罗斯的拖累，2015 年、2016 年贸易也相应下滑。印度 2014 年经济触底反弹，2015 年经济增速达到了 7.6%，首次超过了中国，但在经济总量上与中国仍有很大差距，中国经济总量近乎是印度的 5 倍（见图 2）。

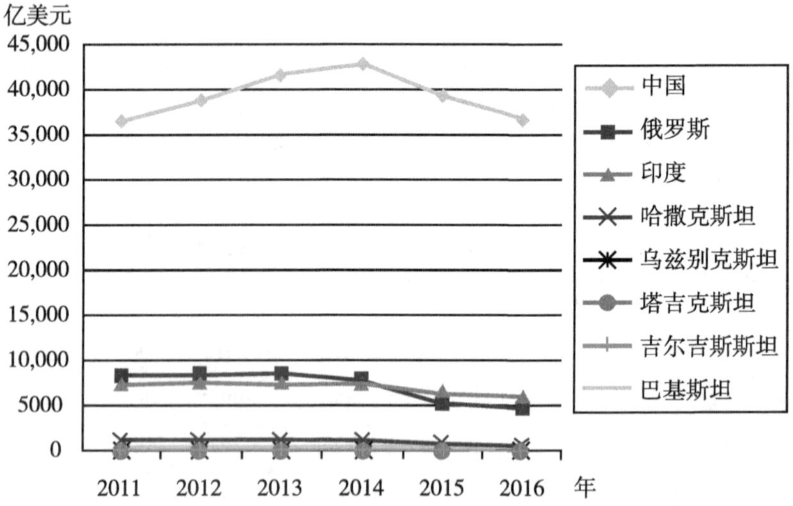

图 2　上海合作组织成员国贸易情况趋势

资料来源：根据世界银行贸易数据整理，载世界银行官网 2017 年 9 月 10 日，https：//data. worldbank. org. cn/。

中国贸易总量远远超过其他上海合作组织成员国。俄罗斯和印度贸易总量相对于其他国家相对较高，哈萨克斯坦略高于乌兹别克斯坦、塔吉克斯坦、吉尔吉斯斯坦和巴基斯坦，乌兹别克斯坦、塔吉克斯坦、吉尔吉斯斯坦、巴基斯坦四国贸易总量较小。

[1] 2017 年印度、巴基斯坦加入上海合作组织，成为成员国，此处 2016 年数据将印巴也统计在内，一方面反映上海合作组织成员国的经济状况，另一方面展现未来上海合作组织经济发展方向与格局。

表13中数据显示，中国对上海合作组织7个成员国的贸易总额超过俄罗斯、印度与上海合作组织其他成员国的贸易额。2013年习近平主席提出“一带一路”，改变了以往完全依靠贸易的模式，更多的是资本走出去，这也是2015年、2016年中国对上海合作组织其他成员国贸易额下降的主要原因之一。

“一带一路”倡议提出后，中国、俄罗斯在石油贸易、天然气项目上的合作不断扩大，中国在俄罗斯跨西伯利亚铁路改造、高铁项目建设、公路建设等基础设施领域发挥作用。同时，与俄罗斯在航空航天、核能应用等高科技领域展开合作。中国对印度出口商品主要集中在电机、电气、锅炉、机械、化学品、贵金属及其制品、钢铁等，进口集中在矿产品、珠宝、化工产品、纺织品及原料、塑料橡胶等。

2013年，中国对上海合作组织成员国的贸易总额达到约1293.67亿美元，2014年为1297.40亿美元，2015年为919.1亿美元，2016年为937.18亿美元。中国自2013年提出“一带一路”倡议以来，深化改革投资政策、认真遴选投资项目，2015年贸易总额虽有下降，但是2016年逐步调整到位，开始回升。俄罗斯2016年对其他上海合作组织成员国贸易额约为840亿美元。2016年，印度对上海合作组织其他7国的投资额为790.93亿美元。未来在“一带一路”框架下，六大经济走廊逐渐发挥作用，中国与其他上海合作组织成员国的经贸合作将会进一步扩大。

表13 2011～2016年上海合作组织主要成员国与其他成员国贸易情况汇总

单位：亿美元

国家	2011年	2012年	2013年	2014年	2015年	2016年
中国	1120.30	1235.67	1293.67	1297.40	919.10	937.18
俄罗斯	784.07	813.13	1193.05	1167.30	841.71	840.00
印度*	828.07	771.88	755.36	822.53	802.61	790.93

*印度2017年前并非上海合作组织成员国，此处仅作为参考。

资料来源：Global Trade Atlas全球数据库整理。

（三）上海合作组织成员国投资合作

中国在“一带一路”沿线国家FDI存量接近6万亿美元。位于“一带一路”核心区域的中亚国家，吸引了越来越多的中国投资。中国的FDI在哈萨克斯坦和土库曼斯坦等国家的采掘业中占据了很大比重。当前中国资本主要集中在基础设施建设中的交通和电力两个方面。如中国公司与卡塔尔Al-Mirqab Capital联手在巴基斯坦卡西姆港投资建设发电厂、中国国家电力投资公司与巴基斯坦地方中心电力公司合作建设一个20亿美元的燃煤电厂。在农业上，中国拟向哈萨克斯坦投资19亿美元的番茄加工项目等。

“一带一路”倡议发出后，中国对外投资实现持续性增长。2014年中国对外直接投资流量1231.2亿美元，同比增长14.2%，连续3年位列全球第三。截至2014年年末，中国对外投资存量为8826.4亿美元。[1] 2015年，中国对外投资流量为1456.7亿美元，同比增长18.3%，远高于全球6.5%的增幅，成为世界对外投资流量第二大国家。[2]2016年中国对外直接投资1961.5亿美元，同比增长34.7%，截至2016年年底，中国对外直接投资存量13,573.9亿美元。[3]

根据联合国《世界投资报告2017》，2016年吸引FDI情况，中国为1337亿美元，俄罗斯为376.68亿美元，印度为444.86亿美元，哈萨克斯坦为90.69亿美元，乌兹别克斯坦估测为6700万美元，塔吉克斯坦为4.34亿美元，吉尔吉斯斯坦为4.67亿美元（见表14）。

上海合作组织成员国吸收FDI存量，2000年，中国达1933.48亿美元，俄罗斯为297.38亿美元，印度为163.39亿美元，哈萨克斯坦为100.78亿美元。2016年，中国达13,544.06亿美元，俄罗斯为3790.35亿美元，印度为3185.02亿美元，哈萨克斯坦为1297.73亿美元（见表15）。

---

〔1〕参见中国商务部《中国对外投资合作发展报告2015》。

〔2〕参见中国商务部《中国对外投资合作发展报告2016》。

〔3〕参见中国商务部、国家统计局、外汇管理局《2016年度中国对外直接投资统计公报》。

表 14　2011 ~ 2016 年上海合作组织成员国吸收 FDI 情况①

单位：百万美元

国别	2011 年	2012 年	2013 年	2014 年	2015 年	2016 年
中国	123, 985	121, 080	123, 911	128, 500	135, 610	133, 700
俄罗斯	36, 868	30, 188	53, 397	29, 152	11, 858	37, 668
印度	36, 190	24, 196	28, 199	34, 582	44, 064	44, 486
哈萨克斯坦	13, 973	13, 337	10, 321	8406	4012	9069
乌兹别克斯坦	1635[b]	563[b]	629[b]	632[b]	65[b]	67[b]
塔吉克斯坦	227	262	168	408	545	434
吉尔吉斯斯坦	694	293	626	248	1142	467
巴基斯坦	1162	859	1333	1867	1289	2006

注：b 为估测值。

表 15　上海合作组织成员国 FDI 存量②

单位：百万美元

国别	2000 年	2010 年	2016 年
中国	193, 348	587, 817[b]	1, 354, 404[b]
俄罗斯	29, 738	464, 228	379, 035
印度	16, 339	205, 580	318, 502
哈萨克斯坦	10, 078	82, 648	129, 773
乌兹别克斯坦	698[b]	5366[b]	8957[b]
塔吉克斯坦	136	1165	2399
吉尔吉斯斯坦	432	1698	5102
巴基斯坦	6919	19, 828	39, 017

注：b 为估测值。

①See Unctad, *World Investment Report 2017*, http：//unctad. org/en/pages/PublicationWebflyer. aspx？ publicationid = 1782.

②See Unctad, *World Investment Report 2017*, http：//unctad. org/en/pages/Publication Webflyer. aspx？ publicationid = 1782.

中国依然是上海合作组织成员国乃至世界上最吸引外资的国家之一，2011～2016 年 FDI 逐年稳步提升。俄罗斯 2013 年吸引外资投资 522.97 亿美元，乌克兰危机后，FDI 急剧下滑，2015 年降至 118.58 亿美元。其中，中国资本 29.6086 亿美元。2016 年升至 376.68 亿美元，其中 12.9307 亿美元是中国投资。印度 2014 年吸收 FDI 为 345.82 亿美元，中国投资 3.1718 亿美元；2015 年吸收 FDI 为 440.64 亿美元，中国投资 7.0525 亿美元；2016 年吸收 FDI 为 444.86 亿美元，中国投资 9293 万美元。巴基斯坦 2014 年吸引 FDI 为 18.67 亿美元，中国投资 10.1426 亿美元，占其吸引外资总额的 54.3%；2015 年吸引 FDI 共 12.89 亿美元，中国投资 3.2074 亿美元；2016 年吸引 FDI 共 20.06 亿美元，中国投资 6.3294 亿美元。中国对哈萨克斯坦 2016 年投资了 4.877 亿美元，占其吸引总投资 90.69 亿美元的 5.3%。塔吉克斯坦 2016 年吸引外资投资 4.34 亿美元，其中，中国投资 2.7241 亿美元，占 62.7%。吉尔吉斯斯坦 2016 年吸引外资直接投资 4.67 亿美元，中国投资 1.5874 亿美元，占 34%（见表 16）。

表 16　2011～2016 年中国对上海合作组织国家直接投资流量

单位：万美元

国别	2011 年	2012 年	2013 年	2014 年	2015 年	2016 年
俄罗斯	71,581	78,462	102,225	63,356	296,086	129,307
印度	18,008	27,681	14,857	31,718	70,525	9293
巴基斯坦	33,328	8893	16,357	101,426	32,074	63,294
哈萨克斯坦	58,160	299,599	81,149	-4007	-251,027	48,770
乌兹别克斯坦	8825	-2679	4417	18,059	12,789	17,887
塔吉克斯坦	2210	23,411	7233	10,720	21,931	27,241
吉尔吉斯斯坦	14,507	16,140	20,339	10,783	15,155	15,874

资料来源：参见中国商务部、国家统计局、外汇管理局《2016 年度中国对外直接投资统计公报》。

二、上海合作组织面临的挑战与机遇

（一）“一带一路”与上海合作组织的关系

“一带一路”倡议提出后，由于“一带一路”核心区域与上海合作组织区域高度重合，因此有人认为“一带一路”与上海合作组织是互为支撑的战略组合。事实上，上海合作组织与“一带一路”有共通点，但也有根本区别。

“一带一路”与上海合作组织共通点主要体现在以下几个方面：首先，两者的理念共通。由中方提炼的“上海精神”，为各成员国所接受，成为上海合作组织的理念和思想基础。“一带一路”倡议以和平合作、开放包容、互学互鉴、互利共赢为理念，两者都强调互利合作、开放包容、共同发展。其次，两者目标趋同。在上海合作组织各成员国的共同努力下，维护地区安全稳定，促进地区良好合作，从而实现地区共同发展。“一带一路”同样是在沿线国家的主动参与下，发挥各自优势，打造命运共同体、利益共同体，实现共同发展。最后，合作路径与贡献相通。上海合作组织促进组织框架内的多双边经贸合作，推动组织贸易便利化，最终实现区域经济一体化。“一带一路”提出要实现“五通”，“五通”中的道路相通、贸易相通、资金融通等都有助于促进贸易便利化。两者都重视自上而下的战略对接，从经贸、人文、能源、金融、交通等领域开展合作，打造开放的合作平台，实现地区共同发展的目标。“一带一路”与上海合作组织在未来区域发展方面扮演的角色和发挥的作用相通。上海合作组织成立后，为地区的安定、繁荣、发展发挥了重要作用，打造了众多的多双边的合作项目。“一带一路”提出后也取得了许多重大合作项目成果，如在高铁等基础设施建设、产能合作、工业园区建设等方面，促进了东道国经济的发展，推动了地区经济的繁荣。

区别主要体现在以下几个方面：首先，两者的性质不同。上海合作组织是区域性国际组织，而“一带一路”是倡议。其次，两者的主体不同。上海合作组织的主体是区域内各个政府，是以政府间合作为主体的区域合作机制。“一带一路”倡议的主体相对较为丰富，既有政府也有企业，既有国际组织也有社会团体。最后，两者的合作内容不同。上海合作组织的合作内容涉及安全、经济、文化、人文、政治等，不同时期，工作内容也有所侧重。“一带一路”倡议是以经济合作为主要内容，工作内容相对单一。

（二）上海合作组织面临的挑战

“一带一路”对上海合作组织带来的挑战既有来自内部的，也有来自外部的。从内部来看，挑战主要来自以下几个方面：

首先，上海合作组织扩员带来内部协调、整合的挑战。上海合作组织扩容，将印度、巴基斯坦纳入框架内，地域从中亚扩展到南亚，有效扩大了影响范围。但是印度、巴基斯坦的加入，由于双方历史上的恩怨，给上海合作组织内部的协调、沟通带来了巨大的挑战。

其次，印度对“一带一路”的疑虑态度。“一带一路”提出之后，印度对“一带一路”一直持疑虑与担忧的态度，尤其是对21世纪海上丝绸之路与中巴经济走廊。印度一直将印度洋视为自己的势力范围，海上丝绸之路将合作带到印度洋，印度觉得中国的海上丝绸之路是对其所谓“珍珠链”战略的一种反制，并认为中国的影响力延伸进印度洋，挑战了印度的地位。

目前中国已投入约130亿美元建设中巴经济走廊，但中巴经济走廊穿过印度、巴基斯坦争议的克什米尔，虽然是由巴基斯坦控制，但印度认为巴控克什米尔是印度领土，因此印度对中巴经济走廊表示坚决反对。化解印度对中国的疑虑，使其参与进来是一个艰巨的挑战。

再次，经贸合作发展缓慢是又一挑战。经贸合作相对于安全合作远远落后。经贸合作虽然有一系列文件，但由于种种原因很多都没有完全落到实处，导致经贸合作步履维艰，尤其在投资贸易便利化方面。在“一带一路”背景下，进一步促进上海合作组织框架下的投资贸易便利化是上海合作组织面临的挑战。

最后，上海合作组织安全合作也面临挑战。由于“一带一路”倡议得到沿线国家的肯定与支持，在核心区域启动了众多合作项目。而作为“一带一路”核心区域的中亚和南亚同时也是恐怖主义、宗教极端主义活动的重要区域。随着“伊斯兰国”的溃败，在中东的这些恐怖分子逐渐向周边扩散，“一带一路”核心区域正成为恐怖分子扩散的重灾区。

溃散的恐怖分子与地方势力重新分化组合，形成了新的恐怖组织，活动渐趋猖獗。如何进一步加强安全合作机制建设，提升应对反应能力、情报沟通能力，成为新时期上海合作组织面临的挑战。

从上海合作组织外部挑战来看，目前，中亚国家有一种声音认为"一带一路"是中国资本输出、过剩产能输出的一条途径，进而在这种声音下演化为"中国威胁论"。实际上中国提出"一带一路"确有产能过剩、资本过剩的背景，但是中国走的不是西方发达国家资本输出、产能输出的老路，而是绿色输出、可持续的输出。部分中亚国家认为中国的"一带一路"利用廉价的商品和优势的技术攫取了他们的油气资源，冲击其国内产业，引起他们对"一带一路"的误解。通过政策沟通、民心相通消除这些误解是一项巨大的挑战。

（三）上海合作组织面临的发展契机

"一带一路"为上海合作组织的发展带来了巨大的机遇。

第一，"一带一路"增强上海合作组织凝聚力，扩大国际影响力。以和平合作、开放包容、互学互鉴、互利共赢为核心的丝路精神[1]与上海合作组织的"上海精神"在理念上一脉相承，激发了上海合作组织国家合作的动力，进一步凝聚了各成员国的向心力。"一带一路"的建设扩大了上海合作组织与联合国、欧盟、东盟等组织的沟通与联系，扩大了其国际影响。

第二，为组织注入动力，促进经济发展。"一带一路"倡议是经济上的合作，以项目合作为核心，这为上海合作组织目前发展缓慢的经贸合作困局带来了切入点和增长点。"一带一路"经济合作如火如荼地开展，在基础设施建设、产能合作、金融合作等方面的大项目纷纷落地，有效地促进了上海合作组织框架下的经贸合作。

第三，促进上海合作组织经济合作机制改革，促进新发展。"一带一路"建设下的欧亚货运大通道的通行，解决了困扰上海合作组织运输便利化的问题，进一步促进贸易便利化制度改革。随着"一带一路"互

---

〔1〕参见习近平：《携手推进"一带一路"建设——在"一带一路"国际合作高峰论坛开幕式上的演讲》，载新华网，http：//news. xinhuanet. com/world/2017 - 05/14/c_1120969677. htm。

联互通的建设，上海合作组织国家间产能合作、高新技术合作、融资便利化等都提上了上海合作组织框架下的经贸合作议程，通过“一带一路”的快速推进，上海合作组织多双边经贸合作迎来大发展契机。

第四，上海合作组织人文合作得到进一步加强。“一带一路”所带来的上海合作组织国家间基础设施合作、金融合作等经贸合作的繁荣，进一步刺激上海合作组织框架下的人文合作。为上海合作组织框架下的学术交流、教育合作、文化合作带来了巨大机遇。

第五章 “一带一路”与上海合作组织功能互动

“一带一路”核心区域与上海合作组织区域高度重合，尤其是印度、巴基斯坦加入上海合作组织后，上海合作组织版图从中亚扩展到南亚，与陆上丝绸之路和海上丝绸之路的核心区域高度重叠。上海合作组织与“一带一路”频繁互动，两者在各个领域不可避免地发生密切关系。“一带一路”的建设促进了上海合作组织框架内的多双边合作的开展，上海合作组织的发展有望成为“一带一路”的经济增长点，为“一带一路”建设提供支持。

第一节 “一带一路”下上海合作组织的功能与角色

一、“一带一路”下上海合作组织联通枢纽价值

（一）上海合作组织的交通联通枢纽作用

“一带一路”建设在于深化亚洲与欧洲的连接与合作，从陆上与海上两条线路跨越亚欧非大陆。陆路有三个走向：从中国经中亚、俄罗斯至欧洲；中国经中亚、西亚至波斯湾、地中海；中国至东南亚、南亚、

印度洋。海路有两个走向：从中国沿海经南海到印度洋、延伸至欧洲；经南海到达南太平洋。在陆上依托国际大通道，以沿线中心城市为支撑，以重点经贸产业园区为合作平台。在海上以重点港口为节点，建设安全高效的运输大通道。[1]《推动共建丝绸之路经济带和21世纪海上丝绸之路的愿景与行动》中明确阐述了“一带一路”海陆两线的国际大通道的线路及支撑点。上海合作组织刚好位于“一带一路”海陆两线的核心区域，成为“一带一路”连接东亚经济圈与欧洲经济圈中最为重要的交通枢纽地带，发挥了重要的交通枢纽作用。

上海合作组织区域铁路线主要基于中国、哈萨克斯坦两个铁路联网和中亚—伊朗两个铁路网接轨。中哈铁路联网使第二欧亚大陆桥正式贯通，而中亚铁路与伊朗铁路相连的捷詹—萨拉赫斯—马什哈德铁路干线的建成，构建了中亚地区跨国铁路网基本骨架。[2]目前，在建主要有“三横两纵”，横向除了新亚欧大陆桥之外，主要包括杰兹卡兹甘—别伊涅乌铁路、土—阿—塔铁路等；纵向主要有俄—哈—吉—塔铁路，以及国际“北-南”运输走廊等，[3]以及目前前景不太明朗的中吉乌铁路等。

“一带一路”建设工作领导小组发布了《中欧班列建设发展规划(2016-2020年)》，提出发展规划至2020年中欧班列实现开行5000列左右，形成东、中、西三大通道，西通道一是由新疆阿拉山口（霍尔果斯）口岸出境，经哈萨克斯坦与俄罗斯西伯利亚铁路相连，途经白俄罗斯、波兰、德国等，通达欧洲其他各国。二是由霍尔果斯（阿拉山口）口岸出境，经哈萨克斯坦、土库曼斯坦、伊朗、土耳其等国，通达欧洲各国；或经哈萨克斯坦跨里海，进入阿塞拜疆、格鲁吉亚、保加利亚等国，通达欧洲各国。三是由吐尔尕特（伊尔克什坦），与规划中的中吉乌铁路等连接，通向吉尔吉斯斯坦、乌兹别克斯坦、土库曼斯坦、伊朗、土耳其等国，通达欧洲各国。中通道由内蒙古二连浩特口岸出境，

---

[1] 参见许立祥等：《“一带一路”与中国航运》，载《珠江水运》2017年第10期。

[2] 参见杨雷：《中亚新跨国铁路的建设及其利益协调》，载《欧亚经济》2016年第1期。

[3] 参见吕昱江：《中亚或将形成“三横两纵”国际通道》，载中国经济导报，http://www.chinadevelopment.com.cn/zj/2015/05/908104.shtml。

途经蒙古国与俄罗斯西伯利亚铁路相连，通达欧洲各国。[1]东通道由内蒙古满洲里（黑龙江绥芬河）口岸出境，接入俄罗斯西伯利亚铁路，通达欧洲各国。[2]2017 年 4 月 20 日，中国、白俄罗斯、哈萨克斯坦、蒙古、俄罗斯等七国铁路部门正式签署《关于深化中欧班列合作协议》。进一步突出了上海合作组织区域在“一带一路”建设中交通枢纽的重要作用。

（二）上海合作组织的金融联通枢纽作用

“一带一路”建设的重中之重是融资功能，利用成熟国际市场的金融力量融资支持“一带一路”建设。上海合作组织金融合作是“一带一路”倡议中的重要组成，推进了“一带一路”投资贸易便利化工作，是重要的金融联通枢纽。

第一，上海合作组织区域金融合作机构为“一带一路”提供了金融支持。上海合作组织金融合作逐渐从贸易转变为投资等金融资本的流动，而保障金融顺畅流动，促进区域经济合作基础是区域性金融机构。上海合作组织已经拥有了不同种类的金融机构，为“一带一路”提供了金融保障。

2005 年上海合作组织正式成立了银联体，2006 年在《上海合作组织银行联合体成员行关于支持区域经济合作的行动纲要》中规划了银联体未来战略和工作目标。银联体在贸易、能源、电力、交通等基础设施、通信、铁路、公路等领域提供了数百亿美元的授信与项目融资，[3]成绩斐然。2006 年银联体支持完成了中石油、中石化、中化、中信海外重大并购项目，完成了中信集团收购加拿大内森斯能源有限公司、中国化工集团公司收购法国安迪苏公司等重大项目，成功地促成了哈萨克斯坦和中国合作修建的马伊纳克水电站项目，[4]中国国家开发银行支持中

---

〔1〕 参见罗永宏：《积极推动中欧班列开行，促进内蒙古经济发展》，载《北方经济》2016 年第 11 期。

〔2〕 参见推进“一带一路”建设工作领导小组办公室印发的《中欧班列建设发展规划(2016－2020 年)》。

〔3〕 参见李进峰等主编：《上海合作组织发展报告 2016》，社会科学文献出版社 2016 年版，第115 页。

〔4〕 参见徐雅雯：《上海合作组织贸易投资便利化问题研究》，山东大学出版社 2015 年版，第 87～88 页。

俄、中哈的“贷款换石油”“贷款换煤炭”等合作项目。2011年，中国国家开发银行与乌兹别克斯坦国家对外经济活动银行签署5亿美元融资框架合作协议，用于促进中国企业对纳沃伊特区投资、支持乌中小企业发展及乌航空公司2012~2013年采购飞机等项目。[1]中国国家开发银行投资中亚能源有限责任公司吉尔吉斯斯坦年产80万吨炼油厂项目，项目总投资4.31亿美元，截至2015年年底，已累计投资3亿美元。

2014年，为支撑“一带一路”沿线国家基础设施建设、资源开发、产业合作，中国成立了400亿美元的丝路基金，“一带一路”国际合作高峰论坛时习近平主席宣布新增资金1000亿元人民币。2017年6月8日，丝路基金与上海合作组织银联体签署关于伙伴关系基础的备忘录，进一步促进银联体在“一带一路”建设中发挥金融联通枢纽作用。

2005年，上海合作组织提出建立上海合作组织发展基金（专门账户）的动议，2013年、2014年、2015年上海合作组织总理会议上都强调要认真研究上海合作组织发展基金（专门账户）的建立。

2010年时任国务院总理温家宝提出建立上海合作组织开发银行，经过多轮的讨论和研究，上海合作组织开发银行已被各成员国充分认可。上海合作组织发展基金（专门账户）和上海合作组织开发银行将进一步在“一带一路”金融合作上发挥作用。

2014年习近平主席出席上海合作组织杜尚别元首峰会时表示，中方在2013年上海合作组织总理会议上宣布成立的中国－欧亚经济合作基金已经正式启动。基金前期规模为10亿美元，最终规模将扩大至50亿美元。[2]该基金投资主要面向上海合作组织国家，为其经济发展提供助力。该基金主要用于提升中国与欧亚地区经贸合作，同时也将服务“一带一路”沿线国家的金融需求。

第二，上海合作组织区域本币结算范围不断扩大，货币互换迅速发

---

〔1〕 参见郭晓琼：《上海合作组织金融合作及中国的利益诉求》，载《俄罗斯东欧中亚研究》2015年第2期。

〔2〕 参见习近平：《凝心聚力　精诚协作　推动上海合作组织再上新台阶——在上海合作组织成员国元首理事会第十四次会议上的讲话》，载新华网，http：//news. xinhuanet. com/world/2014－09/12/c_1112464703. htm。

展。中国人民银行《人民币国际化报告（2017 年）》显示，截至 2016 年年末，中国人民银行已与 36 个国家和地区的中央银行或货币当局签署了双边本币互换协议，协议总金额超过 3.3 万亿元人民币。[1]其中，与上海合作组织国家签署的协议：在 2011 年，中国央行与乌兹别克斯坦央行签署规模为 7 亿元人民币/1670 亿乌兹别克斯坦苏姆的双边本币互换协议，与蒙古央行签署规模 50 亿元人民币的双边本币互换协议，与哈萨克斯坦央行签署规模为 70 亿元人民币的双边本币互换协议，与巴基斯坦央行签署规模为 100 亿元人民币的双边本币互换协议。2014 年与俄罗斯央行签署规模为 1500 亿元人民币的双边本币互换协议，2015 年与白俄罗斯央行签署规模为 70 亿元人民币的双边本币互换协议等。2016 年中国央行与俄罗斯央行签署了建立人民币清算安排的合作备忘录，在俄罗斯制定了清算行。在组织区域内本币互换协议范围不断扩大、规模逐步增长的情况下，上海合作组织设立了清算行等有效规避了"一带一路"经贸活动中的汇率风险，降低了汇兑费用，提高了贸易投资便利化程度。

（三）上海合作组织的文化联通枢纽作用

"一带一路"沿线是世界上多种文明交流碰撞最为频繁与复杂的区域之一。2017 年年初，文化部[2]印发了《文化部"一带一路"文化发展行动计划（2016—2020 年）》，重点要求完善文化交流合作机制，形成文化交流合作平台，显现文化交流品牌效应。上海合作组织人文交流合作在这方面已经有坚实的基础，可以充分发挥上海合作组织文化交流合作的重要作用。

上海合作组织签署一系列人文合作文件，从法律上确定了机制，搭建了平台，并打造了一些文化品牌。上海合作组织建立了本组织特色的上海合作组织文化艺术节活动。在上海合作组织元首峰会期间展现上海合作组织国家的特色文化活动，首次活动就得到了成员国的一致肯定。同时，旅游是推进国家间民心相通的重要通道，上海合作组织非常重视

---

[1] 参见中国人民银行《人民币国际化报告（2017 年）》。

[2] 2018 年文化部改为文化和旅游部。

旅游年活动的举办。上海合作组织国家间已经多次举办俄罗斯旅游年、中国旅游年、哈萨克斯坦旅游年等活动，有效促进了上海合作组织区域的文化交流，并辐射到“一带一路”沿线国家，刺激了“一带一路”沿线国家间的文化交流与联通。

在学术交流上，上海合作组织创建了上海合作组织论坛，进一步促进了组织框架内学术机构、知名学者的交流与合作，进一步为上海合作组织的发展提供智力支持。在此基础上，学者们积极研究“一带一路”。这些研究成为“一带一路”研究的一个重要基础。

上海合作组织大学已成为组织框架下的人文合作品牌。目前，上海合作组织大学共82家，成为上海合作组织区域内知名教育品牌。此外，上海合作组织建立起青少年交流机制。胡锦涛和习近平都曾邀请上海合作组织国家青少年来华研修。习近平主席在纳扎尔巴耶夫大学演讲时承诺中国将在未来10年向上海合作组织成员国提供3万个政府奖学金名额，邀请1万名孔子学院师生赴华研修。[1]2008年中国汶川地震后，俄罗斯领导人邀请在地震中失去亲人的中国青少年去俄罗斯疗养。[2]上海合作组织在人文交流与合作中的既有机制、品牌及影响力，可以在“一带一路”人文交流中发挥重要联通枢纽作用。

二、推动上海合作组织框架内各领域多双边合作

(一)“一带一路”与上海合作组织多双边安全合作

当前，恐怖主义浪潮从中东蔓延至全球，由于全球经济增长乏力，一些地区不稳定因素，如卡塔尔断交事件、美国宣布耶路撒冷是以色列首都等，又加剧了全球安全形势紧张的局面。“一带一路”沿线国家正处在恐怖主义形势比较严峻的区域，“伊斯兰国”在叙利亚溃败以后，在西边极力向中亚国家渗透，向南逐步侵蚀东南亚相关国家，而这些区域恰好又是上海合作组织的核心区域。“一带一路”从经济上将沿线国

---

〔1〕 参见习近平：《弘扬人民友谊，共创美好未来——在纳扎尔巴耶夫大学的演讲》，载新华网，http：//news. xinhuanet. com/politics/2013 -09/08/c_117273079. htm。

〔2〕 参见潘光主编：《稳步前进的上海合作组织》，时事出版社2014年版，第117～118页。

家连在一起，成为命运共同体和利益共同体；也进一步将沿线国家的安全连在了一起，成为安全共同体。

上海合作组织安全合作是其最初成立及顺畅运行的主要动力。经过多年的发展，上海合作组织在安全领域成果丰硕，签订了《打击恐怖主义、分裂主义和极端主义上海公约》《上海合作组织反恐怖主义公约》《上海合作组织成员国打击恐怖主义、分裂主义和极端主义 2013 年至 2015 年合作纲要》《2011—2016 年上海合作组织成员国禁毒战略》《上海合作组织成员国关于合作打击非法贩运麻醉药品、精神药物及其前体的协议》等一系列法律文件。建立了元首峰会、部长会议等不同层级的交流机制。安全合作的领域从军事互信发展到情报共享、联合开展反恐军事演习，并成立了地区反恐怖机构。范围从军事合作到打击“三股势力”，再到建立禁毒国际合作，如“反毒带”国际合作等安全合作。

“一带一路”倡议的提出，得到上海合作组织国家的高度赞同，上海合作组织的安全合作也提高到一个新的高度。上海合作组织也成为进一步促进多双边安全合作、共同维护地区安全稳定的重要平台。

2017 年上海合作组织阿斯塔纳元首峰会时，习近平主席在发言中强调安全是发展的基石。没有安全，就谈不上发展。打击“三股势力”斗争任重道远，我们要一如既往将维护地区安全稳定作为上海合作组织工作的优先方向，中方支持落实本次峰会将签署的《上海合作组织反极端主义公约》。[1]《上海合作组织反极端主义公约》将与《打击恐怖主义、分裂主义和极端主义上海公约》、《上海合作组织反恐怖主义公约》、《上海合作组织成员国打击恐怖主义、分裂主义和极端主义 2016 年至 2018 年合作纲要》以及《联合国全球反恐战略》、联合国安理会相关决议等联合国有关文件一道，成为巩固应对新威胁和新挑战领域的国际法律基础。[2]

阿富汗恐怖主义问题是世界难题，上海合作组织 - 阿富汗联络组将

---

〔1〕 参见习近平：《团结协作 开放包容 建设安全稳定、发展繁荣的共同家园——在上海合作组织成员国元首理事会第十七次会议上的讲话》，载《光明日报》2017 年 6 月 10 日，第 3 版。

〔2〕 参见《上海合作组织第十七次元首理事会会议新闻公报》，载新华网，http://news.xinhuanet.com/world/2017-06/10/c_1121118784.htm。

进一步在上海合作组织框架下开展工作，促进阿富汗的稳定与发展。2017 年 10 月，在莫斯科举行了上海合作组织 - 阿富汗联络组副外长级会议，各方一致认同联络组将有助于阿富汗在民族和解、和平重建和地区安全稳定中发挥建设性作用。

当前，互联网及相关媒体正逐渐成为恐怖分子及其组织的重要宣传媒介和平台，严重损害世界的安全，需要各方加强国际合作，打击网络恐怖主义，建造网络空间命运共同体。2014 年上海合作组织元首峰会上，各国元首一致认为网络安全威胁依然是影响上海合作组织地区安全稳定的不利因素。[1]2016 年上海合作组织塔什干元首峰会上强调要继续落实 2009 年上海合作组织成员国签署的《上海合作组织成员国保障国际信息安全政府间合作协定》，深化落实实际合作。[2]除此之外，上海合作组织还开展了网络反恐演习。2013 年 9 月，在地区反恐怖机构理事会上成立了上海合作组织地区反恐怖机构执委会和成员国主管机关预防和阻止使用或威胁使用电脑网络进行恐怖主义、分裂主义和极端主义活动的联合专家工作组，该工作组由各国强力部门主管网络安全的专家组成，旨在促进上海合作组织成员国在打击"三股势力"网上活动等方面展开务实合作。[3]随后在厦门举办了组织框架下首次网络反恐演习"厦门 - 2015"，2017 年"厦门 - 2017"网络反恐演习是上海合作组织 8 个成员国首次共同参与的网络反恐演习，增强了各方合作打击网络恐怖主义的协作能力。同时，中俄两国在信息安全上的合作也为上海合作组织其他成员国间信息安全的合作提供了经验。

（二）"一带一路"与上海合作组织多双边经济合作

"一带一路"是联通亚洲经济圈和欧洲经济圈的气势恢宏的经济合作项目，上海合作组织区域也被包含在"一带一路"区域。上海合作组织内多双边合作不可避免地被"一带一路"所带动。目前，上海合作组

---

〔1〕 参见《上海合作组织第十四次元首理事会会议新闻公报》，载中国政府网，http://www.gov.cn/xinwen/2014-09/13/content_2749843.htm。

〔2〕 参见《上海合作组织第十六次元首理事会会议新闻公报》，载中华网，http://news.china.com/domesticgd/10000159/20160625/22936998_1.html。

〔3〕 参见张文伟：《上海合作组织信息安全合作：必要性、现状及前景》，载《俄罗斯东欧中亚研究》2016 年第 3 期。

织框架内经济合作形成主要是双边，多边合作相对较少。

第一，“一带一路”促进上海合作组织能源深入合作。上海合作组织扩员以后，中国、印度都是能源需求大国，俄罗斯、哈萨克斯坦、乌兹别克斯坦等都蕴藏着丰富的石油、天然气等能源。由于美国页岩油气技术的发展，俄罗斯第一供油国地位被美国超越，成为世界上第二大供应国。同时，中亚北部是俄罗斯、南部是印度、东部是全球经济最活跃的中国、西部是欧洲，其优越的地缘位置进一步促进了组织内能源的多双边合作。中亚地区的地缘地位加上自身的能源储蓄，使中亚国家既作为能源通道主要通过国，又作为重要能源供应国。

“一带一路”提出以来，上海合作组织国家能源合作上升到一个新的阶段。2016 年，俄罗斯已成为中国第一大原油供应国。中国原油进口量达到 5248 万吨，增长达 1005 万吨。同时，中国减少了从非洲的石油进口，[1]更多地转为向上海合作组织国家进口油气资源。中国从天然气供应大国土库曼斯坦的进口比例逐步降低，从哈萨克斯坦、乌兹别克斯坦、缅甸进口管道天然气比例大大提高，达到 22.6%。[2]

2014 年，中俄两国签署了总价约 4000 亿美元，每年供气 380 亿立方米，累计 30 年的史上最大天然气合同。2017 年，总投资 270 亿美元的中俄亚马尔液化天然气项目正式投产，中国向俄罗斯提供 120 亿美元贷款，丝路基金投资 14 亿美元，拥有该项目 9.9% 的股份。2015 年 8 月，中国、哈萨克斯坦两国签订《中华人民共和国和哈萨克斯坦共和国关于全面战略伙伴关系新阶段的联合宣言》，双方同意扩建中哈原油管道，建设中哈天然气管道从别伊涅乌—博佐伊—奇姆肯特的二期工程等。2016 年年底，中国华信集团收购哈萨克斯坦国家石油天然气公司 51% 的股份，进一步推进了中哈能源合作。2016 年 6 月，中国与乌兹别克斯坦签订《中华人民共和国和乌兹别克斯坦共和国联合声明》，双方将在能源领域深化合作；2017 年两国政府签订《中华人民

---

〔1〕 参见林卫斌等：《“一带一路”倡议下中国能源国际合作新格局》，载《中国井冈山干部学院学报》2017 年第 5 期。

〔2〕 参见林卫斌等：《“一带一路”倡议下中国能源国际合作新格局》，载《中国井冈山干部学院学报》2017 年第 5 期。

共和国和乌兹别克斯坦共和国关于进一步深化全面战略伙伴关系的联合声明》，中方将在能源领域项目提供融资支持。2016 年 11 月，中国与吉尔吉斯斯坦发布的《中华人民共和国政府和吉尔吉斯共和国政府联合公报》显示，两国将进一步推进中国—中亚天然气管道 D 线项目建设。

第二，“一带一路”促进上海合作组织框架内的交通基础设施建设。2014 年上海合作组织杜尚别元首峰会上，各成员国签署了《上海合作组织成员国政府间国际道路运输便利化协定》，成员国商定的 6 条连接中国、俄罗斯、塔吉克斯坦、吉尔吉斯斯坦、乌兹别克斯坦、哈萨克斯坦的运输线路最晚 2020 年全部贯通。届时，上海合作组织区域内交通运输能力将极大提高。作为“一带一路”项目合作的重大项目中国—哈萨克斯坦—俄罗斯跨境公路总长近 8500 公里，东起中国连云港，西抵俄罗斯的圣彼得堡。在中国境内为 3425 公里，在俄罗斯境内为 2233 公里，在哈萨克斯坦境内为 2787 公里。该公路的建成将大大改善“一带一路”沿线的交通运输状况。纵贯东南亚的泛亚高铁中段中老铁路的开工建设，南端的隆新高铁根据计划延期至 2020 年 12 月 31 日开启项目建设。连接乌鲁木齐、哈萨克斯坦、乌兹别克斯坦、土库曼斯坦、伊朗、土耳其至德国，南线延伸到巴基斯坦和印度的中亚高铁，中国境内段已经开始修建。乌兹别克斯坦境内塔撒高铁已经开始运营，其他线路正在积极推进。欧亚高铁中国经俄罗斯、哈萨克斯坦、贯通欧洲抵达英国伦敦，国外段正在积极谈判中，中国境内段已经开工建设。当前，我国将郑新欧、蓉欧、渝新欧、义新欧等高铁线路进行融合，建立了中欧班列统一品牌，分别从郑州、成都、武汉、义乌等地发车，经过哈萨克斯坦等中亚国家、俄罗斯抵达欧洲。随着未来“一带一路”互联互通项目不断建设，尤其是高铁等高新技术运输系统建设的不断加强，现有交通运输能力将得到大大改善。

第三，“一带一路”有助于上海合作组织开发银行和发展基金（专门账户）的建立与自贸区的形成。上海合作组织开发银行是 2010 年时任国务院总理温家宝出席上海合作组织政府首脑（总理）第九次会议时提出的建议，成立基金达 100 亿美元，中方愿出资 80 亿美元。上海合作组织开发银行主要支持组织框架内多双边能源、资源开发，交通、基础设施建设，油气管道的建设等重大项目。2015 年，习近平主席表示成立上海合作组织开发银行是促进本组织多边合作的战略举措，对组织未来发展意义深远。我们应该坚持这一方向，争取早日建成本组织自有融资平台，为多边普惠项目和各国经济发展服务。[1]2016 年李克强总理出席上海合作组织政府首脑（总理）第十五次理事会，成员国领导人共同发表联合公报批准《关于成立上海合作组织开发银行和发展基金（专门账户）下一步工作》，积极推进上海合作组织金融领域的合作。目前，据亚洲开发银行估算，2016～2030 年，亚洲发展中国家若继续保持现有增长势头，其基础设施建设需投资 26 万亿美元，即每年 1.7 万亿美元。当前的金融机构远远不能满足“一带一路”沿线国家发展的需求。这使上海合作组织开发银行和上海合作组织发展基金（专门账户）的资金需求日益提高。同时，上海合作组织拥有自己的金融合作平台，也为未来应对金融危机提供保障。

据世界贸易组织等多家国际机构统计，2003～2012 年，上海合作组织成员国的 GDP 和对外贸易均增长了 36 倍，超过同期全球经济平均 1.9 倍和全球对外贸易平均 2.4 倍的增幅。区域整体吸引外资规模增长了 3 倍，也高于全球同期吸引外资平均 2.4 倍的水平。[2]如建立上海合作组织自贸区将为整个区域 GDP 带来近 1000 亿美元的增长，带动进出口贸易增加近 1300 亿美元。[3]“一带一路”互联互通下，上海合作组织框架内油气管道建设、中吉乌公路、中塔公路等基础设施的建设及金融平台的搭建，为上海合作组织投资贸易便利化提供了优越的经济环境，促使组织区域内成立上海合作组织自贸区成为可能。

---

〔1〕 参见《团结互助 共迎挑战，推动上海合作组织实现新跨越》，2015 年 7 月 10 日，习近平主席出席上海合作组织乌法峰会时的讲话。

〔2〕 参见王轶辰等：《商务部：尽快建立上合组织自由贸易区》，载中国经济网 2017 年 9 月 10 日，http：//www. ce. cn/xwzx/gnsz/gdxw/201610/20/t20161020_1692590. shtml。

〔3〕 参见《李克强开启“上合时间”聚焦区域经济合作》，载中央人民政府网：http：//www. gov. cn/xinwen/2016 – 11/05/content_5128914. htm。

第四，“一带一路”有助于促进上海合作组织旅游业发展。“一带一路”国际合作高峰论坛上，世界旅游城市联合会与上海合作组织签订了《世界旅游城市联合会秘书处和上海合作组织秘书处旅游合作框架协议》，共同打造宣传上海合作组织国家、“一带一路”的历史文化旅游产品。2017 年 6 月，上海合作组织阿斯塔纳元首峰会上，各国旅游部门代表签署了《2017 - 2018 年落实〈上海合作组织成员国旅游合作纲要〉联合行动计划》，该计划主要打造上海合作组织共同旅游空间，挖掘上海合作组织旅游潜力，充分吸引全球游客，既进一步促进民心相通，又使组织内旅游业得到发展。上海合作组织国家都是具有不同文化特色、民族特色和地域特色的国家，并且具有丰富多彩的历史文化，势必吸引众多的游客前来旅游。“一带一路”建设必将促进上海合作组织旅游业的蓬勃发展。

三、上海合作组织有助于培育“一带一路”经济增长点

（一）上海合作组织国家巨大的基础设施建设需求

上海合作组织成员国整体经济水平不高，基础设施相对落后。随着“一带一路”相关大项目的落地，沿线国家对本国基础设施建设提出了更高的需求。

俄罗斯幅员辽阔，基础设施建设相对老化、落后，尤其在交通运输基础设施上。2011 年普京宣布，俄罗斯要全面提升铁路、公路、机场、港口等基础设施。2015 年俄罗斯斥资 80 亿美元改善全国道路基础设施，仅在公路基础设施建设上就投入了约 59 亿美元。俄罗斯准备在未来 10 年对全境公路进行现代化改造。截至 2014 年，俄罗斯公路总里程 142.4 万公里，超过半数的公路不符合国际标准；且公路大多是通向欧洲，连接亚洲的公路少之又少。在《2015 - 2016 年全球竞争力报告》中，俄罗斯在 140 个被调查国家中排名第 123 名。铁路方面，俄罗斯专门成立了高铁项目部，未来建设国内大城市的高铁网络。

在能源合作方面，俄罗斯加快油气管道的建设。例如，亚历山德鲁波利斯—布尔加斯石油管道、波罗的海石油管道、南溪天然气管道、北

溪天然气管道、中俄原油管道及中俄天然气管道东线等，西线天然气管道的建设正在洽谈中。在通信网络上，俄罗斯的网络主要集中在一些大城市，近年来中小城市需求不断提高，通信网络市场逐步扩大。未来，俄罗斯在交通领域计划投资3.22万亿美元改善国内交通状况，投资1.73万亿美元促进航空工业发展，投资140亿美元建设莫斯科—喀山高铁等。[1]

哈萨克斯坦交通运输主要是铁路和公路系统，铁路网络仅次于俄罗斯和乌克兰，总里程达1.51万公里。已建成的别伊涅乌—沙尔卡尔、热兹卡兹甘—萨克萨乌利斯卡娅铁路，大大提高了哈萨克斯坦铁路电气化程度。公路是哈萨克斯坦最主要的运输方式，《哈萨克斯坦交通基础设施发展规划（2010—2014年）》《到2020年哈萨克斯坦发展规划》中明确规划了哈萨克斯坦欧洲西部—中国西部国际交通走廊改造、改造和建设其国内整个公路网。在电力规划上，到2020年全面实现国内发电自给自足。[2]印度“十二五”（2012—2017年）发展规划中，投入10,000亿美元进行基础设施建设，重点投资在东西走廊、东北部公路开发计划、边境公路等公路建设，铁路方面的重要线路的升级改造。电力建设上将投资116亿美元建设9条跨区域大容量电力通道。[3]

2015年乌兹别克斯坦出台《2015—2019年道路运输基础设施发展纲要》，计划新建和改造1227.8公里公路，计划采购大批道路保养和维修机械设备，投资89亿美元新建和改造水电站等。[4]

巴基斯坦《2030年远景规划》中计划建造多座水电站、燃煤电站和核电项目的扩建，计划将铁路建成国家主要交通运输形式，建造8条高速公路，4条国道等。[5]

---

〔1〕 根据《对外投资合作国别（地区）指南——俄罗斯（2016年版）》整理。
〔2〕 根据《对外投资合作国别（地区）指南——哈萨克斯坦（2016年版）》整理。
〔3〕 根据《对外投资合作国别（地区）指南——印度（2016年版）》整理。
〔4〕 根据《对外投资合作国别（地区）指南——乌兹别克斯坦（2016年版）》整理。
〔5〕 根据《对外投资合作国别（地区）指南——巴基斯坦（2016年版）》整理。

塔吉克斯坦未来在公路运输领域将投资 3.46 亿美元，铁路领域投资 58.92 亿美元，航空领域投资 2.43 亿美元，公路建设和改造投资 23.34 亿美元。[1]

吉尔吉斯斯坦未来修复 5 条国际走廊，养护境内现有公路，推进中吉乌铁路建设，开发水电项目。[2]

此外，蒙古、白俄罗斯、柬埔寨等上海合作组织相关国家在对接"一带一路"项目时，也激发了国内基础设施建设的旺盛需求。

（二）上海合作组织区域吸引了大量"一带一路"投资

2013 年，中国提出的"一带一路"倡议，涉及了 60 多个国家和地区。中国与相关国家、地区、国际组织等签订了 50 多份协议共建"一带一路"。与"一带一路"沿线国家合作主要集中在六大经济走廊投资建设上，而这六大投资走廊几乎都与上海合作组织国家息息相关。仅 2016 年上海合作组织成员国就吸收 FDI 2278.97 亿美元。[3]2015 年，中国对"一带一路"沿线国家的投资存量为 1156.8 亿美元。2016 年，中国对"一带一路"沿线国家的投资存量为 1294.1 亿美元。仅 2016 年中国对"一带一路"沿线国家的投资就达到 137.3 亿美元。而 2016 年上海合作组织国家，除中国外，共吸引了 941.97 亿美元投资，且大量投资集中在上海合作组织国家的油气管道建设、公路、铁路、电力、航空、水运等基础设施上，为该区域的经济发展创造条件。

中国对"一带一路"沿线国家的投资随着"一带一路"的提出量能飞涨。2011 年中国对俄罗斯的投资约 7.2 亿美元，2016 年达到约 13 亿美元，几乎翻了一番。"一带一路"是习近平主席最早在哈萨克斯坦提出，因此哈萨克斯坦也成为最早与中国对接"一带一路"的国家。2014 年，中国、哈萨克斯坦签署《中华人民共和国国家发展和改革委员会与哈萨克斯坦共和国国民经济部关于共同推进丝绸之路经济带建设的谅解备忘录》，双方合作项目金额超过 250 亿美元。2015 年，中哈双

---

[1] 根据《对外投资合作国别（地区）指南——塔吉克斯坦（2016 年版）》整理。

[2] 根据《对外投资合作国别（地区）指南——吉尔吉斯斯坦（2016 年版）》整理。

[3] 根据中国商务部《中国对外投资合作发展报告 2016》和联合国贸发会议 *World Investment Report* 2017 整理。

方在产能合作和投资方面继续加强，合作金额达236亿美元。截至2017年5月，中国对哈萨克斯坦累计投资接近430亿美元。[1]2011年中国对乌兹别克斯坦投资8825万美元，2016年投资约1.8亿美元。截至2016年，中国在乌兹别克斯坦已经有中资企业651家，独资企业90家，其中有75家在乌兹别克斯坦开设代表处。[2]中国对塔吉克斯坦投资：2011年为2210万美元，2016年投资达2.7亿美元，整整翻了10倍。

在供给侧改革的前提下对“一带一路”沿线国家的投资，不仅在东道国沉淀了大量资金、技术，也带来了巨量需求，为地区经济发展打下了基础，同时推动了基础设施建设、能源合作、经贸合作等，并成为当地经济的增长点。

四、上海合作组织扩员与“一带一路”海洋合作

海上丝绸之路在中国有着非常辉煌的历史，对中国古代的经济发展、对外交往、贸易、人文交流起过非常重要的作用。2013年习近平主席提出“一带一路”倡议，使21世纪海上丝绸之路成为吸引世界目光的一条海上之路。2015年中国发布《推动共建丝绸之路经济带和21世纪海上丝绸之路的愿景与行动》，明确了21世纪海上丝绸之路重点方向是从中国沿海港口过南海到印度洋，延伸至欧洲；从中国沿海港口过南海到南太平洋。[3]以中国沿海经济带为支撑，密切与沿线国的合作，连接中国—中南半岛经济走廊，经南海向西进入印度洋，衔接中巴、孟中印缅经济走廊，共同建设中国—印度洋—非洲—地中海蓝色经济通道；经南海向南进入太平洋，共建中国—大洋洲—南太平洋蓝色经济通道；积极推动共建经北冰洋连接欧洲的蓝色经济通道。[4]21世纪海上丝绸之

〔1〕 参见吴宏伟：《“一带一路”视域下中国与中亚国家的经贸合作》，载《新疆师范大学学报（哲学社会科学版）》2018年第3期。

〔2〕 参见李春霞、李垂发：《乌兹别克斯坦驻华大使库尔班洛夫：“一带一路”丰富中乌合作新内涵》，载中国经济网，http://www.ce.cn/xwzx/gnsz/gdxw/201705/04/t20170504_22521248.shtml。

〔3〕 祖立超：《俄罗斯对21世纪海上丝绸之路的战略认知与政策选择》，载《太平洋学报》2015年第11期。

〔4〕 参见中国国家发展和改革委员会、国家海洋局：《“一带一路”建设海上合作设想》，载中国“一带一路”网2017年7月5日，https://www.yidaiyilu.gov.cn/zchj/jggg/16621.htm。

路是以港口为支点，在共商、共建、共享的原则下，开展经贸活动，共建海上合作大通道，为沿线国家谋得利益。

上海合作组织成立之初主要是为了解决中国与前苏联国家遗留下来的边境问题，其区域主要集中在中亚。2014 年上海合作组织杜尚别元首峰会上修订了相关扩员程序。2015 年正式启动接收印度、巴基斯坦加入的程序，2016 年上海合作组织签署了扩员备忘录，2017 年印度和巴基斯坦正式被上海合作组织接纳为成员国。至此，上海合作组织的区域从中亚延伸到南亚，在海上与"一带一路"核心区域重合。同时，也将上海合作组织成立时的安全、经济两大功能辐射至 21 世纪海上丝绸之路。

（一）上海合作组织需推进海洋安全合作机制的建立，为 21 世纪海上丝绸之路保驾护航

当前，21 世纪海上丝绸之路的推进遇到众多威胁。首先，域内大国的疑惧。印度非常疑惧中国提出的 21 世纪海上丝绸之路。印度作为南亚次大陆最有影响力的国家，在印度洋有着决定性的作用。冷战结束后，印度的国家战略就倾向于海洋，并将印度洋作为其势力范围。中国提出的海上丝绸之路从南海经马六甲海峡通达印度洋，这让印度非常疑惧，认为这是印度洋域外国家进入印度洋，冲击了印度在印度洋的势力范围。为制衡中国的 21 世纪海上丝绸之路，印度提出"季风计划"，该计划覆盖 39 个国家，从印度洋到中国南海。"季风计划"名义上是文化的交流与传播，实际上是以不易觉察的方式使印度洋国家形成对印度经贸的依赖，强化其在印度洋上的软实力。此外，印度组织了印度洋海军论坛。2014 年，论坛各国通过了《印度洋海军论坛章程》,[1]中国多次申请加入成为观察员，均被印度拒绝。再加上东南亚国家如越南、菲律宾在南海问题上的搅局，日本与中国在东海钓鱼岛问题上拉锯，对"一带一路"海上丝绸之路的安全推进带来了威胁。

其次，域外大国的干涉。美国对中国海上丝绸之路的推进重重干

---

〔1〕 参见陶亮：《"季节计划"、印度海洋战略与"21 世纪海上丝绸之路"》，载《南亚研究》2015 年第 3 期。

涉。希拉里推出“新丝绸之路”计划，将印度作为一个中心和出发点，穿越阿富汗和中亚地区，连接欧洲。依靠印度庞大的能源等需求构建一条经济发展之路，弱化中国的“一带一路”。但是由于美国和印度无法提供承载这一计划的庞大资金，加上沿途安全形势异常复杂，恐怖主义盛行，该计划已然失败。美国发布的2017年国家安全战略报告中将班农主义尽数吸收。

最后，域内恐怖主义形势日益严峻。“伊斯兰国”溃败之后，恐怖分子四散逃逸，中亚和东南亚成为恐怖分子的主要目的地。而印度和巴基斯坦历来是恐怖分子的根据地，尤其是克什米尔，很多恐怖组织的总部都设置在这个区域。阿富汗更是世界恐怖主义的重要源头，基地组织制造了多起恐怖主义袭击。仅巴基斯坦2013年就发生恐怖事件355起，2014年发生恐怖事件402起。[1]印度也是恐怖主义肆虐的重灾区。2008年孟买恐怖袭击事件160余人死亡，300余人受伤；2011年7月13日，孟买遭受连环恐袭，20余人死亡，130余人受伤，恐怖活动逐年增多，攻击次数也逐渐增多，恐怖主义威胁印度全境。同时遭受恐怖主义威胁的还有东南亚国家——恐怖组织制造了骇人听闻的一系列恐怖袭击。2016年，在印尼雅加达连环爆炸恐怖袭击中7人死亡，17人受伤。2017年5月，穆特组织袭击马拉维，大批城市难民向外涌出。

此外，从亚丁湾至马六甲海峡至南海这条线路又是海盗最为猖獗的“震荡弧”地区。根据国际海事组织统计，每年发生在亚洲公海的海盗及劫船事件占到世界同类事件的70%以上，其中发生在马六甲等海峡的事件就占世界的30%～60%，每年超过1000起。[2]海上恐怖主义和陆上恐怖主义的猖獗已经严重威胁到21世纪海上丝绸之路的顺利推进。

上海合作组织自2001年成立至今，在安全合作上取得了令世界瞩目的成就。2017年上海合作组织扩员至南亚，必然在安全上与南亚相关

---

〔1〕 参见李丽等：《巴基斯坦的恐怖主义及其对“一带一路”战略的影响》，载《西华师范大学学报（哲学社会科学版）》2015年第6期。

〔2〕 参见杜德斌等：《中国海上通道安全及保障思路研究》，载《世界地理研究》2015年第2期。

国家展开合作，共同打击“三股势力”。通过在组织框架内的反恐情报分享、反恐演习等一系列合作，将有效加强印度、巴基斯坦、斯里兰卡等上海合作组织国家的安全，为“一带一路”海上丝绸之路保驾护航。

目前，上海合作组织成员国、观察员国、对话伙伴国中临海国家有8个，约占上海合作组织国家的一半。但是在海洋安全合作方面，上海合作组织至今没有签署相关的法律文件，也没有成立相关的海洋合作机构。基于此，上海合作组织亟须在上海合作组织框架内，仿照地区反恐怖机构建立海洋安全合作机制，为上海合作组织国家海洋安全合作提供保障。

上海合作组织将印度、巴基斯坦接纳为成员国后，成员国中海洋国家由原来的中国、俄罗斯，变为中国、俄罗斯、印度、巴基斯坦，组织框架内的海洋国家与陆地国家的比例从原来的2∶4变为现在的4∶4，上海合作组织也从原来的内陆特质转变为陆海兼备。再加上观察员国中南靠波斯湾和阿拉伯海的伊朗，对话伙伴国中的斯里兰卡、土耳其、柬埔寨，上海合作组织18个国家中就有8个国家是海洋国家，且这些海洋国家都具有战略意义的海洋通道和重要港口。但是从目前上海合作组织签署的系列文件来看，几乎没有相关建立海洋合作的法律文本，这与当前上海合作组织的新形势不相符。

21世纪海上丝绸之路沿线有很多国家存在投资保护等法律不齐全、政治安全不稳定、国际融资评级低等一系列不利条件。因此，21世纪海上丝绸之路建立投资、贸易、安全、金融等的海洋多双边合作机制是经贸合作顺利推进的关键，上海合作组织恰好就有这样的平台。因此，在上海合作组织平台建立海洋合作机制有助于组织框架内各国经贸发展与合作。

（二）上海合作组织扩员对“一带一路”海洋经济合作的影响

2001年上海合作组织成立时，中国与上海合作组织其他成员国贸易额为121亿美元，到2011年贸易额已经高达1134.2亿美元，增长了约9倍。[1]而2020年中国与上海合作组织成员国贸易额达到了2450亿美元。上海合作组织框架内的经贸合作迎来大发展。印度、巴基斯坦加入后，上海合作组织GDP总额在全球的占比将增加到24%，面积将占全

〔1〕参见潘光主编：《稳步前进的上海合作组织》，时事出版社2014年版，第10页。

世界陆地面积的43%。[1]印度作为金砖国家之一，近年来经济发展迅速，甚至2014年印度GDP增长率达到了7.4%，一度超过了中国7.3%。2016年，印度经济总量首次超过了英国，已经发展成为继美国、中国、日本、德国之后的世界第5大经济体，且发展势头依旧强劲。巴基斯坦经济得益于中巴经济走廊，2015～2016财年，GDP增长率达到4.7%，经济稳步增长。2017财年，巴基斯坦GDP增长5.3%，人均收入从2013财年的1334美元上涨为1629美元，外汇储备达到214亿美元，[2]经济发展稳中向好。印度、巴基斯坦的加入为上海合作组织的经济合作带来了新动力，也为21世纪海上丝绸之路发展提供了机遇。

第一，印度、巴基斯坦成为上海合作组织成员国为上海合作组织提供了出海口，将“一带一路”陆路和海路紧密联系。上海合作组织在印度、巴基斯坦加入前，主要是内陆特质，成员国中仅有中国、俄罗斯为海洋国家，其他国家都是内陆国家，有的甚至是双内陆国家。但是组织内仅有的海洋国家中俄罗斯大部分港口受季节影响较大，仅有少数港口为不冻港。而印度、巴基斯坦身处热带，面靠印度洋、阿拉伯海，扼守波斯湾和马六甲海峡，拥有众多优良港口，常年通畅，且具有重要的战略地位。印度、巴基斯坦加入上海合作组织，除了安全考量之外，利用上海合作组织平台发展本国经济是其加入的另一大动力。加入后，印度、巴基斯坦可以充分与中亚国家开展能源、贸易等方面的合作。一方面为本国获得能源供给，缓解国内能源缺口现状；另一方面融入上海合作组织区域经济发展的大平台，更好地开展区域内经贸合作。虽然印度一直疑惧中国与巴基斯坦的中巴经济走廊建设，但是印度深知搭上“一带一路”的便车非常有助于国内经济的发展。因此，印度对“一带一路”的某些项目也表现出兴趣，如孟中印缅经济走廊建设。巴基斯坦则是“一带一路”坚定的支持者，中巴经济走廊为巴基斯坦近年来的经济发展做出了重大贡献。上海合作组织扩员为组织内其他成员国在南亚获

---

〔1〕 参见孙壮志：《印巴加入后上海合作组织经贸合作的新契机》，载《欧亚经济》2017年第5期。

〔2〕 参见《巴基斯坦2016－17财年GDP增长5.3%，创十年新高》，载商务部官网2017年9月10日，http：//www. mofcom. gov. cn/article/i/jyjl/j/201709/20170902637746. shtml。

得了出海口，将极大刺激上海合作组织对外贸易的发展，加速中亚国家经济结构改革，刺激中亚国家经济转型发展的步伐。同时，由于印度、巴基斯坦也是陆上重要的枢纽国家，印度、巴基斯坦成为上海合作组织成员国把“一带一路”陆海空间连接，将整个南亚整合进“一带一路”发展框架，将陆海丝绸之路连接，形成纵横交错的海陆网络。

第二，印度、巴基斯坦成为上海合作组织成员国，为21世纪海上丝绸之路的海上大通道的通畅提供保障。印度、巴基斯坦拥有21世纪海上丝绸之路至关重要的城市和港口，上海合作组织扩员将印度、巴基斯坦纳入进来，是“一带一路”建设发展一次重要机遇。首先，印度和巴基斯坦是21世纪海上丝绸之路的重要节点和支撑。印度和巴基斯坦是21世纪海上丝绸之路的必经之路，且拥有众多优良港口。21世纪海上丝绸之路的核心内容之一就是打通亚非欧的国际大通道，而印度、巴基斯坦所在的地理位置恰好是经南海出马六甲海峡的第一道战略咽喉。印度、巴基斯坦的加入为在上海合作组织平台下充分协调各方矛盾、构建组织框架内的国际运输大通道网络、保障海上丝绸之路国际大通道安全具有重要意义。

第二节 “一带一路”下上海合作组织合作新成果

一、“一带一路”与上海合作组织对接新成果

“一带一路”的提出，为世界的发展、繁荣提供了一种新的方案，也为沿线国家的发展提供了一个共同发展的机遇。习近平主席出访波兰时发表了署名文章《推动中波友谊航船全速前进》，文中提到要加强战略对接、共商发展大计。[1]建议双方尽快推进“一带一路”与“琥珀之路”战略对接。除了与“琥珀之路”战略对接外，“一带一路”自2013年提出以来，已经与众多国家进行了战略对接。例如，越南的“两廊一

[1] 参见习近平：《推动中波友谊航船全速前进》，载人民日报网2017年9月10日，http：//paper. people. com. cn/rmrbhwb/html/2016－06/18/content_1688395. htm。

圈”、印度尼西亚的“全球海洋支点”、柬埔寨的“四角战略”、韩国的“欧亚计划”、欧盟的“容克计划”、俄罗斯主导的“欧亚经济联盟”、蒙古的“草原之路”、哈萨克斯坦的“光明之路”计划等。对接上海合作组织国家的战略目前最主要的是俄罗斯的“欧亚经济联盟”、哈萨克斯坦的“光明之路”经济计划以及蒙古国的“草原之路”等。

（一）“一带一路”与“欧亚经济联盟”战略对接

欧亚经济联盟的前身是俄罗斯、白俄罗斯、哈萨克斯坦三国建立的关税同盟。2011 年，普京提出建立欧亚联盟设想。2014 年 5 月，三国总统签署《欧亚经济联盟条约》，条约规定欧亚经济联盟的目标是在 2025 年前实现联盟内部商品、服务、资本和劳动力的自由流动，以及推行协调一致的经济政策。[1]2015 年 1 月 1 日，欧亚经济联盟正式启动。启动后的欧亚经济联盟主要由俄罗斯主导，在俄罗斯、白俄罗斯、哈萨克斯坦的基础上吸收了亚美尼亚和吉尔吉斯斯坦。[2]2015 年 5 月 8 日，中国与俄罗斯在莫斯科发表《中华人民共和国与俄罗斯联邦关于丝绸之路经济带建设和欧亚经济联盟建设对接合作的联合声明》，从战略高度确定了“一带一盟”对接的目标与实现路径。[3]声明中强调双方将共同协商，努力将丝绸之路经济带建设和欧亚经济联盟建设对接，确保地区经济持续稳定增长，加强区域经济一体化，维护地区和平与发展。[4]“一带一盟”的对接具有重要战略意义，既可以消除中亚国家对“一带一路”的担心，也可以为中俄及相关国家的国家发展战略提供支撑。更为主要的是积极推进世界秩序的合理发展，打破欧美对中国、俄罗斯的遏制与封锁。

乌克兰危机之后，石油价格暴跌，卢布受到巨大冲击大幅度贬值，升值缓慢，俄罗斯经济遭受重创。在俄罗斯的拖累下，欧亚经济联盟国

---

〔1〕 参见《“一带一路”与欧亚经济联盟对接前景广阔》，载新华网，http：//news.xinhuanet.com/city/2015-06/29/c_127963846.htm。

〔2〕 参见苑听雷：《中俄关系迈向新高度》，载《中国报道》2015 年第 6 期。

〔3〕 参见孙龙德等：《中俄油气合作 20 年》，载《国际石油经济》2015 年第 11 期。

〔4〕 参见《中华人民共和国与俄罗斯联邦关于丝绸之路经济带建设和欧亚经济联盟建设对接合作的联合声明》，载中国“一带一路”网 2017 年 9 月 12 日，https：//www.yidaiyilu.gov.cn/zchj/sbwj/2427.htm。

家本就脆弱的经济发展更加缓慢。中国“一带一路”提出后，其庞大的投资计划、产能合作的需求，和“一盟”国家的发展形成互补，为“一带一盟”对接提供了基础。

首先，当前“一带一盟”对接成果丰富。在能源领域合作方面，优选了一些重大的能源项目。中俄签署了价值4000亿美元的天然气合同，建设中俄天然气管道东线。中俄天然气西线管道项目双方正积极谈判中，一旦西线项目实施，中俄在能源领域合作将更加有利于两国的经济发展。2016年，俄罗斯同意中俄两国合作开发亚马尔液化气项目。该项目由中国石油天然气集团公司、中国丝路基金与俄罗斯诺瓦泰克公司和法国道达尔公司共同实施。中国石油天然气集团公司参股20%，丝路基金参股9.9%，法国道达尔公司参股20%，俄罗斯诺瓦泰克公司控股50.1%。[1]该项目国际融资190亿美元，中国提供了120亿美元，丝路基金出资14亿美元。项目建成后，可年产1650万吨液化天然气、100万吨凝析油。2018年1月1日，中俄原油管道二线工程正式运营，年输油量从1500吨增至3000吨。2016年，中国三峡集团与俄罗斯水电公司签订了《关于双方成立合资公司开发俄罗斯下布列亚水电项目的合作意向协议》，总装机容量达320兆瓦。2013年9月，习近平主席与纳扎尔巴耶夫总统出席了中哈共同合作的中哈天然气管道二期工程开通仪式。中国—中亚天然气管道A、B、C三线共约有1300公里通过哈萨克斯坦，惠及我国近5亿人。中国与“一盟”国家能源合作深入开展，未来将继续扩大合作范围。

在基础设施领域，中国与“一盟”联合推进互联互通。将蓉欧、郑新欧、渝新欧、义新欧等线路统一以中欧班列品牌运行。2017年，中欧班列共开行3600列，超过2011～2016年开行数量的总和。累计开通57条线路，连接国内35个城市，抵达欧洲12个国家，34个城市。[2]其中，2016年，中国过境哈萨克斯坦的中欧班列就超过1200列，中哈铁

---

〔1〕参见《中俄重大能源合作项目亚马尔液化天然气项目正式投产》，载央广网2017年12月30日，http://china.cnr.cn/yaowen/20171209/t20171209_524055590.shtml。

〔2〕参见李果：《2018年中欧班列将达4000列，开辟新线路缓解“堵车”》，载中国“一带一路”网2017年12月30日，https://www.yidaiyilu.gov.cn/xwzx/gnxw/41397.htm。

路运输量达820多万吨，集装箱运量大幅增长2倍多。[1]2016年6月25日，中国铁路总公司与俄罗斯签署了高铁合作协议，共同建设莫斯科—喀山高铁项目。该段是莫斯科—北京高铁项目的一段，其建成将加快欧亚铁路项目的推进。俄罗斯也正在打造“滨海1号”“滨海2号”两条交通国际走廊对接“一带一路”，两条走廊开通，2030年将会吸引中国4500万吨货物中转。

在产能合作方面，中哈两国总理签署了51个双边产能合作项目，总金额超过260亿美元。目前，中国对哈萨克斯坦累计投资已达428亿美元，哈萨克斯坦成为中国在“一带一路”最大的投资对象国。2014年，中国有色金属股份有限公司与哈萨克斯坦签订了5.3亿美元的合作合同。江淮汽车落地哈萨克斯坦库斯塔奈等。在中俄产能合作上，双方2016年6月确定的总金额达900多亿美元的66个联合投资项目中包括一系列产能合作项目。[2]中国铁建23亿元中标莫斯科地铁项目，海尔2014年投资5500万美元在俄罗斯建工厂、中国石油等投资亚马尔液化天然气项目等。

其次，上海合作组织为“一带一盟”对接提供平台。丝绸之路经济带以中国为主导，欧亚经济联盟是俄罗斯主导。中国、俄罗斯都是上海合作组织重要国家，中国并不在欧亚经济联盟中，如何有效实现“一带一盟”对接？最佳的选择是借助于其他平台，上海合作组织恰好是最佳选择。一是欧亚经济联盟除了亚美尼亚是上海合作组织对话伙伴国之外，其他成员国都是上海合作组织成员国。二是“一带一盟”对接项目往往超出“一盟”所在的国家，上海合作组织区域全覆盖欧亚经济联盟，当超出时上海合作组织平台可以发挥协调作用。三是丝绸之路经济带与欧亚经济联盟是经济合作机制，丝绸之路经济带面积大、内容多、成员广，致力于互联互通的建设；欧亚经济联盟成员少、联系紧、面积小，合作模式相对简单，致力于紧密的区域经济一体化建设。上海合作

---

〔1〕 参见周翰博、谢亚宏：《习近平在哈萨克斯坦媒体发表署名文章：为中哈关系插上梦想的翅膀》，载中国“一带一路”网2017年6月8日，https://www.yidaiyilu.gov.cn/xwzx/xgcdt/15537.htm。

〔2〕 参见王海滨：《论“一带一盟”对接的现实与未来》，载《东北亚论坛》2017年第2期。

组织经济合作机制推进区域经济一体化建设的特殊性在“一带一盟”中将发挥重要的平台作用，并提供相应的保障。

最后，“一带一盟”重点对接领域。一是金融领域。《中华人民共和国与俄罗斯联邦关于丝绸之路经济带建设和欧亚经济联盟建设对接合作的联合声明》中强调要促进扩大贸易、直接投资和贷款领域的本币结算，实现货币互换，深化在出口信贷、保险、项目和贸易融资、银行卡领域的合作。通过丝路基金、亚洲基础设施投资银行、上海合作组织银联体等金融机构，加强金融合作。[1]通过合作进一步减少区域内对美元的依赖，进一步建设项目融资的平台，拓宽融资渠道，发挥现有亚投行、丝路基金、银联体等金融机构的作用，为“一带一盟”的对接提供便利的金融支持。二是基础设施建设领域。“一带一盟”联合声明中提出在物流、交通基础设施、多式联运等领域加强互联互通，实施基础设施共同开发项目，以扩大并优化区域生产网络。基础设施建设中以交通物流建设为重点，2016 年中欧班列开行 1702 列，其中 1200 列过境哈萨克斯坦等欧亚经济联盟国家，过境运输潜力巨大。同时，欧亚经济联盟计划到 2020 年前实施 142 个交通运输项目，进一步扩大基础设施建设，释放潜能。“一带一盟”对接需加强海关合作，完善相关过境运输手续，推进便利化通关。三是能源领域。欧亚经济联盟国家都是能源输出大国，资源非常丰富，并且中国与“一盟”国家的经济互补性明显。俄罗斯、哈萨克斯坦在出口方面以原油、天然气为主，而在进口方面俄罗斯与白俄罗斯都是以机械、运输设备为主，哈萨克斯坦和吉尔吉斯斯坦则以纺织服装、皮革制品为主。[2]中国是能源需求大国，在机械设备、运输设备、纺织等工业方面又是出口大国，双方经济互补性强。四是投资贸易领域。“一带一盟”对接声明中指出双方要扩大投资贸易合作，优化贸易结构，为经济增长和扩大就业培育新的增长点。促进相互投资便

---

〔1〕 参见《中华人民共和国与俄罗斯联邦关于丝绸之路经济带建设和欧亚经济联盟建设对接合作的联合声明》，载新华网，http://news.xinhuanet.com/world/2015-05/09/c_127780866.htm。

〔2〕 参见向洁等：《区域经济一体化：“一带一盟”对接之基础、困境、模式与路径探讨》，载《俄罗斯东欧中亚研究》2017 年第 2 期。

利化和产能合作，实施大型投资合作项目，共同打造产业园区和跨境经济合作区。[1]投资贸易领域将是“一带一盟”对接的一个重点领域。随着“一带一路”建设的开展，未来中国对沿线相关国家的投资将急速增长，双方如何安全、有效、透明落实投资与贸易合作是下一步“一带一盟”对接的重点。

（二）“一带一路”与哈萨克斯坦“光明之路”经济计划对接

2014年，国际油价暴跌，为应对急转的国际经济形势，哈萨克斯坦于2014年11月11日在国情咨文中提出实施“光明之路”经济计划。该计划主要投资基础设施领域，哈萨克斯坦国家基金投资5000亿坚戈用于“光明之路”经济计划，以促进哈萨克斯坦经济结构改革，促进经济增长。丝绸之路经济带与“光明之路”经济计划在目标上都是致力于基础设施、投资贸易、人文等领域的合作。双方在经济上互补性较强，“光明之路”经济计划的开展有利于丝绸之路经济带的顺利建设。2016年9月2日，中国、哈萨克斯坦在杭州签署了《中华人民共和国政府和哈萨克斯坦共和国政府关于“丝绸之路经济带”建设与“光明之路”新经济政策对接合作规划》，规划明确了在交通基础设施领域、贸易领域、制造业领域及证券业、环保、跨界水资源合理利用等领域展开合作。[2]

（三）“一带一路”与蒙古“草原之路”战略对接

2014年，蒙古国推出“草原之路”计划，该计划以交通基础设施建设为核心内容，总投资约500亿美元，计划建设长达997公里的高速公路直通中俄，建设1100公里的电气铁路，扩建蒙古国现有铁路，对天然气和石油管道进行扩建等。[3]该计划将直接利好蒙古国的能源、矿业产业，据估计，通过经营中俄间天然气和石油的过境运输，蒙古国将

---

〔1〕 参见《中华人民共和国与俄罗斯联邦关于丝绸之路经济带建设和欧亚经济联盟建设对接合作的联合声明》，载新华网，http://news.xinhuanet.com/world/2015-05/09/c_127780866.htm。

〔2〕 参见《中华人民共和国政府和哈萨克斯坦共和国政府关于“丝绸之路经济带”建设与“光明之路”新经济政策对接合作规划》，载中华人民共和国国家发展和改革委员会官网，http://www.ndrc.gov.cn/xzggw/jgsj/kfs/sidt/za610/tza61013_1086130.html。

〔3〕 参见傅勇：《蒙古国推“草原之路”，助亚欧互联互通》，载《世界知识》2016年第14期。

在2020年获得2000亿蒙图的收益。[1]

蒙古国"草原之路"计划与"一带一路"对接已经具备一定的基础。《关于蒙古国经济社会2014年发展计划》中确定建设连接中蒙俄三国的铁路、公路、石油、天然气、电力五大通道。[2]蒙古国交通设施落后，公路覆盖率较低，铁路几乎都是苏联时期遗留下来的铁路设施，且为宽轨。2014年蒙古国国家大呼拉尔（议会）通过决议，中国、蒙古国两国边界的塔温陶勒盖—嘎顺苏海图、霍特—毕其格图新铁路将使用与中国相同的轨道标准。[3]这在中国、蒙古国互联互通中具有开创性的意义。矿业是蒙古国的支柱产业。2015年蒙古国矿业产值占其GDP的比重为17.1%，2016年矿业占GDP的比重则达到20%。中国现在是蒙古国第一大贸易国和第一大投资国，蒙古国90%的出口面向中国，尤其是矿业。中蒙两国签署的《关于在矿产能源领域开展合作的协议》，2014年从蒙古进口煤炭达3亿吨，未来20年蒙古国将向中国进口10亿吨煤炭等。

2017年5月，"一带一路"国际合作高峰论坛上，中国与蒙古国签署了两国政府间"一带一路"合作备忘录，并在金融、贸易、高铁、工业园区等领域签署相关具体协议。2017年12月，王毅外长与蒙古外长朝格特巴特尔会谈联合发表落实"一带一路"同"发展之路"对接的新闻稿，双方进一步强调加强未来在互联互通基础设施领域、矿业、金融等方面的合作。

二、上海合作组织对接"一带一路"经济走廊新成果

（一）上海合作组织对接中巴经济走廊

中巴经济走廊连接喀什与瓜达尔港，是"一带一路"六大经济走廊中唯一的双边经济走廊，中国、巴基斯坦两国都为上海合作组织成员

---

[1] 参见驻蒙古经商参处：《蒙古国启动"草原之路"计划以振兴经济》，载商务部官网：http：//www. mofcom. gov. cn/article/i/jyjl/j/201409/20140900746042. shtml。

[2] 参见张秀杰：《"一带一路"倡议与"发展之路"计划对接——基于蒙古国国家安全战略影响因素分析》，载《内蒙古社会科学（汉文版）》2017年第5期。

[3] 参见李艳红：《"一带一路"倡议与蒙古国"草原之路"合作》，载《商》2015年第24期。

国。2015 年 4 月 20 日，中国、巴基斯坦两国政府正式启动该项目，签署了一系列以巴基斯坦能源和基础设施建设为重点的谅解备忘录和项目协议，总金额达 460 亿美元。其中，至少 350 亿美元用于能源领域。2015 年中巴经济走廊进出口贸易额达 4 万亿美元，中巴经济走廊国家间贸易额达 320 亿美元，相较 2005 年中国、巴基斯坦间贸易额增长 353%。[1]中巴经济走廊为中国、巴基斯坦经济发展带来了机遇，也取得了巨大成果。

第一，中国、巴基斯坦批准发布《中巴经济走廊远景规划》。2017 年 12 月 18 日，巴基斯坦在首都伊斯兰堡发布了《中巴经济走廊远景规划》，为中巴经济走廊未来发展实施路径提供了明确方向。规划将中国国家发展规划与“巴基斯坦 2025 发展愿景”进行对接。中巴经济走廊以中国、巴基斯坦两国的综合运输通道及产业合作为主轴，以两国经贸务实合作、人文领域往来为引擎，以重大基础设施建设、产业及民生领域合作项目等为依托，以促进两国经济社会发展、繁荣、安宁为目标，是优势互补、互利共赢、共同发展的增长轴和发展带。[2]

第二，多领域合作新成果。在能源合作领域，电力短缺是巴基斯坦经济发展的一个短板，发电主要依靠化石燃料，风力、水力、太阳能、核能等新能源方面没有得到规模化发展。中巴经济走廊提出以后，电力建设发展迅速，投资 16.5 亿美元的装机容量 720 兆瓦的卡洛特水电站项目于 2016 年 1 月 10 日奠基开工，这是中巴经济走廊首个水电投资项目，也是丝路基金首单项目。投资 24 亿美元的 1100 兆瓦科哈拉水电站，计划 2023 年投入运营。此外还有旁遮普省 1000 兆瓦的太阳能发电项目、870 兆瓦的 Suki Kanari 水电站项目、总容量 100 兆瓦的巴基斯坦联合能源三个风电项目和 50 兆瓦的 Sachal 风电项目，[3]以及萨西瓦尔

---

〔1〕 See Ramasamy Bala, Yeung Matthew, Utoktham Chorthip and Duval Yann, *Trade and Trade Facilitation along the Belt and Road Initiative Corridors*, 172 ARTNeT Working Paper Series Bangkok, ESCAP 21 (2017).

〔2〕 参见《中巴经济走廊远景规划》，载中国“一带一路”网 2018 年 1 月 10 日，https://www.yidaiyilu.gov.cn/xwzx/hwxw/40856.htm。

〔3〕 See Dhrubajyoti Bhattacharjee, *China Pakistan Economic Corridor* (CPEC), 5 Indian Council of World Affairs 7 (2015).

燃煤电站和卡西姆燃煤电站等项目的积极推进。到 2017 年，价值 155 亿美元的煤炭、风能、太阳能和水能项目将并网上线，为巴基斯坦增加 10,400 兆瓦的电力能源。[1]同时，两国未来还将修筑一条连接瓜达尔港和喀什的石油管线以运输波斯湾和伊朗的石油，[2]2017 年开工，预计 2021 年完工。

在交通基础设施领域方面。2015 年 4 月 20 日，习近平主席访问巴基斯坦时，双方签署了 51 项合作协议，积极推进卡拉奇—拉合尔高速公路（木尔坦到苏库尔）、喀喇昆仑公路（赫韦利扬到塔科特）二期项目、瓜达尔港东湾高速公路、瓜达尔港国际机场、拉合尔轨道交通橙线项目等项目，并为巴基斯坦提供优惠贷款与融资。

在产能合作领域，中巴经济走廊具有代表性的瓜达尔港港区建设向工业园区建设扩展。2016 年，正式启动瓜达尔自由区，于 2018 年 1 月正式开园，同期举办首届瓜达尔国际商品展览会。

（二）上海合作组织对接中蒙俄经济走廊

中国、蒙古国、俄罗斯三国中，中国、俄罗斯是上海合作组织成员国，蒙古国是上海合作组织观察员国。2015 年中蒙俄经济走廊总贸易额约为 4.5 万亿美元，中蒙俄经济走廊间贸易额约为 1440 亿美元，是 2005 年的 155%。[3]中国是蒙古和俄罗斯重要的出口目的地，也是蒙古和俄罗斯进口的重要来源国。2016 年上海合作组织塔什干元首峰会期间，中国、蒙古国、俄罗斯三国签署了《建设中蒙俄经济走廊规划纲要》《中华人民共和国海关总署、蒙古国海关与税务总局和俄罗斯联邦海关署关于特定商品海关监管结果互认的协定》等系列协议，具体推进中蒙俄经济走廊的建设。

《建设中蒙俄经济走廊规划纲要》明确指出中蒙俄经济走廊要重点

---

〔1〕 See Dhrubajyoti Bhattacharjee, *China Pakistan Economic Corridor* (*CPEC*), 5 Indian Council of World Affairs 2 (2015).

〔2〕 See Fawad Yousafzai, *China to Build Mega Oil Pipeline from Gwadar to Kashgar*, 6 The Nation (Islamabad), 13 June 2016.

〔3〕 See Ramasamy Bala, Yeung Matthew, Utoktham Chorthip and Duval Yann, *Trade and Trade Facilitation along the Belt and Road Initiative Corridors*, 172 ARTNeT Working Paper Series Bangkok, ESCAP 16 (2017).

促进交通基础设施发展和互联互通、加强口岸建设和海关、检验检疫监管、加强产能与投资合作、深化经贸合作、拓展人文交流合作以及加强生态保护合作,[1]将蒙古国、俄罗斯两国经济计划有机结合，并取得一定成果。

在交通基础设施互联互通上。中国在原来中蒙俄欧亚铁路大通道基础上确定了两条国际大通道建设线路——华北通道和东北通道。华北通道从京津冀出发，经呼和浩特、乌兰巴托、俄罗斯至欧洲。东北通道从大连出发，经沈阳、长春、哈尔滨、满洲里、俄罗斯至欧洲。中国是三国中交通基础设施建设最好、最为完善的国家。俄罗斯拥有贯穿欧亚的西伯利亚大铁路，以及运输便利的港口。蒙古国交通基础设施建设落后，主要依靠铁路和公路运输，蒙古国交通基础设施成为中蒙俄经济走廊的短板。蒙古国近年不断推出铁路建设计划，以联通中国、俄罗斯，比较有代表性的是打通中国阿尔山至蒙古乔巴山的“两山”铁路，抵达出海口珲春，全长 1763 公里，蒙古国境内 443 公里。塔温陶勒盖—嘎顺苏海图铁路、霍特—毕其格图铁路作为呼应中国提出的华北、东北通道,[2]经 2014 年蒙古大呼拉尔议会通过，这两条铁路采用标准轨道，这对于未来中国、蒙古国、俄罗斯三国铁路的畅通有着非常重要的意义。

2016 年，策克口岸跨境铁路开工，该铁路东联北京至俄罗斯莫斯科铁路，北接西伯利亚欧洲铁路抵达欧洲。二连浩特—扎门乌德铁路宽轨联络二线开通，满洲里—伊尔施铁路开工建设，满洲里—赤塔电气化铁路改造即将完工，二连浩特—乌兰巴托—乌兰乌德铁路复线电气化改造、蒙古国南部矿区通往中国境内的南向铁路等正在积极推进。[3]

在产能合作方面。中国在满洲里和二连浩特建设重点开发开放试验区。将满洲里打造成为国际物流产业园区、国际货场、进出口加工园区，铁路年换装能力从 3000 万吨提升为 7000 万吨。将二连浩特打造成

---

〔1〕 参见中蒙俄签署的《建设中蒙俄经济走廊规划纲要》，载中华人民共和国国家发展和改革委员会官网，http://www.ndrc.gov.cn/zcfb/zcfbghwb/201609/t20160912_818326.html。

〔2〕 参见李艳红:《“一带一路”倡议与蒙古国“草原之路”合作》，载《商》，2015 年第 24 期。

〔3〕 参见《内蒙古自治区参与“一带一路”、中蒙俄经济走廊建设推进情况》，载内蒙古新闻网，http://inews.nmgnews.com.cn/system/2017/09/27/012401335.shtml。

为包括粮食、肉类、大型机械等不同类型商品 12 个专业市场和 9 个进出口物流园区。打造二连浩特—扎门乌德中蒙跨境经济合作区，该区是集国际贸易、仓储物流、电子商务、进出口贸易、加工等为一体的经济合作区。打造满洲里综合保税区，该区集国际贸易、保税加工、仓储物流等功能为一体，2016 年 12 月已经开始运营。

（三）上海合作组织对接新亚欧大陆桥经济走廊

新亚欧大陆桥经济走廊从中国连云港出发，经哈萨克斯坦、俄罗斯、白俄罗斯、波兰、德国抵达荷兰鹿特丹。其中，中国、哈萨克斯坦、俄罗斯都是上海合作组织成员国。中国是新亚欧大陆桥经济走廊的出发点，哈萨克斯坦是新亚欧大陆桥经济走廊最重要的换装过境国家，俄罗斯亦是重要过境国家。

新亚欧大陆桥经济走廊连接欧亚大陆，是将太平洋和大西洋联通的最短国际大通道。目前，新亚欧大陆桥经济走廊取得了一定成果。主要表现在交通领域，新亚欧大陆桥经济走廊以较为成熟的新亚欧大陆桥为基础，铁路运力逐年提高，中欧班列成为重要运输载体。2014 年中欧班列已经开行 308 列，发送集装箱 2.6 万余箱。2016 年，仅通过阿拉山口通关的中欧货运班列就达 1727 列，货运量 133.9 万吨。[1]2019 年中欧班列开行 8225 列，发运 72.5 万标箱。在园区与口岸建设领域，中哈在连云港建立了中哈物流合作基地，项目总投资约 30 亿元人民币。该物流合作基地将全面开展国际多式联运，仓储、国际运输等业务，该物流合作基地第一期已经建成运行，第二期正在积极建设中。中国、哈萨克斯坦两国共同承建中哈霍尔果斯国际边境合作中心，面积共 5.28 平方公里，中方 3.43 平方公里，哈方 1.85 平方公里。该合作中心集贸易洽谈、商品展示和销售、仓储运输、宾馆饭店、商业服务设施、金融服务等为一体。

虽然取得了一些成绩，但新亚欧大陆桥经济走廊的发展面临着一些问题。首先，新亚欧大陆桥的运输距离远小于西伯利亚大陆桥，但是运

---

〔1〕 参见王彩娜：《新亚欧大陆桥共享通道经济》，载《中国经济时报》2017 年 4 月 26 日，第 7 版。

输时间要比西伯利亚大陆桥长。主要原因在于宽轨依然是俄罗斯、中亚国家的主要选择。哈萨克斯坦换装能力有限是另一个原因，阿拉山口通关及运输能力限制了该线路的运输力是另外一个原因。此外，新亚欧大陆桥运行费用比西伯利亚大陆桥要昂贵，也限制了新亚欧大陆桥的发展。

（四）上海合作组织对接中国—中亚—西亚经济走廊

中国—中亚—西亚经济走廊横跨整个亚洲，从中国出发，途经中亚抵达阿拉伯半岛，将整个亚洲囊括在内，是“一带一路”重要的经济走廊。其中，中国、大部分中亚国家、俄罗斯为上海合作组织成员国，其他国家如阿富汗、土耳其、伊朗等为上海合作组织观察员国或对话伙伴国。中国—中亚—西亚经济走廊的发展对上海合作组织经济合作具有重要意义。2015 年，中国—中亚—西亚经济走廊总贸易额 4.6 万亿美元，经济走廊间贸易额达 2180 亿美元，相对于 2005 年经济走廊间贸易额增长了 194%。[1] 自“一带一路”提出以来，中国—中亚—西亚经济走廊建设取得了一定的进展。在能源基础设施领域，中国在中亚能源基础设施方面投入了大量资金，有效促进了能源基础设施的优化。2004 年的中哈原油管道开工，2006 年一期完工，2009 年二期完工。2018 年中国—中亚天然气管道 A、B、C 线建成通气，D 线正在积极建设中。2018 年中俄原油管道二期建设成功，年输送原油量从 1500 万吨增加了一倍，达 3000 万吨。同时，中国、俄罗斯签署天然气协议，中俄天然气管道加速建设。

在交通运输领域，中国—中亚—西亚经济走廊交通系统在原有“丝绸之风”项目和中国、哈萨克斯坦、乌兹别克斯坦、土耳其、伊朗铁路的基础上积极开辟新通道。中国积极承接土耳其安卡拉—伊斯坦布尔高铁二期工程项目，2014 年建成通车。筹划中的中国—中亚—西亚国际新

---

〔1〕 See Ramasamy Bala, Yeung Matthew, Utoktham Chorthip and Duval Yann, *Trade and Trade Facilitation along the Belt and Road Initiative Corridors*, 172 ARTNeT Working Paper Series Bangkok, ESCAP 12 (2017).

铁路经过中亚，将中国铁路与伊朗和土耳其的准轨铁路连接起来。[1]目前，中吉乌铁路和中吉塔阿伊铁路正在积极谈判中，一旦达成共识，这两条铁路将为该经济走廊的国际运输提供巨大的运力。

在金融合作领域，中国在新疆进行金融试点工作，新疆成为继俄罗斯卢布之后第二个坚戈现汇、现钞双挂牌的地方。2016 年，新疆华凌集团签署了并购法国兴业银行在格鲁吉亚的子公司共和银行多数股权的协议，签署了一系列的本币双边互换协议和结算协议等。中国—中亚—西亚经济走廊的发展受到中亚国家政治不稳定，国家间发展程度不一，要素流动不畅等方面的困扰。需要在机制上促进各方达成共识，以法律为保障，开展跨境的优势互补型产业合作。

（五）上海合作组织对接孟中印缅经济走廊

孟中印缅经济走廊是“一带一路”下的又一个多边合作经济走廊。其中，印度和中国都为上海合作组织成员国。孟中印缅经济走廊的建设将为中国打通通向印度洋的大门，具有重要意义。虽然印度对于“一带一路”经济走廊心存疑惧，但是对于孟中印缅经济走廊，又表现出极大的兴趣。缅甸和孟加拉国对于该经济走廊均表示支持。2015 年，孟中印缅经济走廊总贸易额达 47, 120 亿美元，走廊间贸易达 2050 亿美元，中国是其他三国非常重要的贸易伙伴。[2]在交通领域，昆明—曼谷公路已全线通车，连接印度德穆至葛里瓦的印缅友谊路早已通车，腾冲至缅甸密支那的中缅友谊路通车，昆明至瑞丽的公路全线通车。然而在铁路上，除了印度与孟加拉国连通外，其他几国还无铁路连通，目前泛亚铁路正在积极建设中，交通成为制约孟中印缅经济走廊的重要问题。

在人文交流领域。2014 年，中国外交部主办了“BCIM 青年外交官友好交流考察活动”，增加了四国青年的交流。2015 年，云南举办四国医疗疾控合作论坛，促进医疗合作交流。2017 年，举办跨喜马拉雅论

---

〔1〕 参见杨雷：《中国—中亚—西亚国际运输走廊建设的现状与挑战》，载《新疆师范大学学报（哲学社会科学版）》2017 年第 1 期。

〔2〕 See Ramasamy Bala, Yeung Matthew, Utoktham Chorthip and Duval Yann, *Trade and Trade Facilitation along the Belt and Road Initiative Corridors*, 172 ARTNeT Working Paper Series Bangkok, ESCAP 10（2017）.

坛，以及中国、南亚和东南亚国际艺术周、中国、南亚和东南亚作家昆明论坛等活动，[1]促进了人文交流。

在园区合作领域。中国在孟加拉国建立中国经济工业园区，在印度投资设立中国中小企业工业园区、古吉拉特邦电力产业园区等，在缅甸皎漂建立皎漂特区工业园区等。孟中印缅经济走廊相对于其他经济走廊进展较慢，主要原因有以下几点：第一，孟中印缅交通设施互联非常落后，目前没有一条贯通的公路或铁路；第二，印度既对孟中印缅经济走廊有疑惧，又怕错过搭上此次发展的便车，三心二意，导致四方对接项目进展缓慢；第三，中国、印度都是发展中大国，经济上互补性弱，双方存在较强的同质性竞争。

（六）上海合作组织对接中国—中南半岛经济走廊

中国—中南半岛经济走廊是从中国出发，跨越南、老挝、柬埔寨等东南亚国家抵达新加坡。其中，中国是上海合作组织成员国。在基础设施领域，投资51亿美元，由中方承建的雅万高铁正在积极建设中；作为泛亚铁路重要路段的中老铁路2016年年底开工建设，总投资约500亿元人民币，全长508公里。

在园区建设领域，2016年7月，磨憨—磨丁跨境积极合作区正式开工建设，占地21.23平方公里。

在交通领域，云南省昆明经磨憨至曼谷、昆明经河口至河内、昆明经瑞丽至皎漂、昆明经清水河至皎漂的“四出境”公路通道全面建成。中越国际铁路通道已成功开行集装箱国际联运，中老国际铁路通道境内段（玉溪—磨憨）和境外段（磨丁—万象）开工建设，中老国际铁路有望2021年底竣工通车。中缅、中缅印国际铁路境内段（广通—大理）双线铁路建设已完成设计总量的88%以上，中缅国际铁路通道境内段（大理—临沧、大理—瑞丽）全线控制性工程开工建设。[2]

---

〔1〕 参见刘真等：《“一带一路”背景下孟中印缅经济走廊建设进展、问题与对策研究》，载《边界与海洋研究》2017年第6期。

〔2〕 参见卢伟等：《中国—中南半岛经济走廊建设的主要任务及推进策略》，载《经济纵横》2017年第2期。

第六章　上海合作组织功能创新发展

“一带一路”的提出对地缘经济传统概念和理论进行了一定的丰富与突破，创新形成了新地缘经济观。“一带一路”与上海合作组织在地域上高度重叠，在功能上互动频繁，在项目上彼此合作。“一带一路”的提出给上海合作组织发挥、提升自身功能创造了机遇。在新地缘经济观下，上海合作组织安全合作、经济合作、人文合作、环保合作等功能创新面临更高的发展挑战。

第一节　上海合作组织安全合作功能创新发展

一、新地缘经济观下平衡安全转向合作安全理论

当前主流国际关系流派对于安全有不同的观点。现实主义认为在无政府状态下，国家之间缺乏信任，国际体系处于无政府状态，自救（self-help）是国家保障安全的途径，同时，也导致国家对于权力的追求。约翰·米尔斯海默（John J. Mearsheimer）认为确保自己生存的最佳方式就是成为体系中最强大的国家。一国的势力越是强于对手，对手攻击或威胁其生存的可

能性就越小。[1]但是国家对权力的追求导致陷入一国所得即是另一国所失的“安全困境”。如摩根索所说无论国际政治的最终目的是什么，权力即是其直接目的。[2]由于无法从根本上解决“安全困境”，均势被看作是解决因权力追逐带来的国际冲突最有效的途径。摩根索认为：“若干向往强权的国家，各自试图维持现状或推翻现状，最后必然会导致一种称为均势的格局及旨在维持这种结构的政策。”“均势和旨在维持均势的政策不仅是不可避免的，而且在由主权国家组成的大家庭中，它是必不可少的稳定因素。”[3]沃尔兹（Kenneth Waltz）认为，如果一国增强其权力，另外一国也必然效仿。[4]均势如果被破坏或者推翻，迟早会以新的形式重建起来。[5]自由主义同样认为国际体系在无政府状态下，但是已经有了秩序。

除了国家，国际组织等非国家行为体越来越受到重视。自由主义强调国家、非国家行为体的综合合作；强调行为体建立的国际制度、规范等来约束相关行为体的国际行为；强调行为体之间的彼此融合，相互依赖，通过合作、制度等协调、平衡机制，建立集体安全模式、大国协调模式、多边安全模式，有助于国际关系达到一个相对稳定的状态。

建构主义更加强调了人的能动性，认为安全关系是一种社会关系。社会关系不是自然法则，而是人类行动的偶然产物，并永远潜在地为重新建构敞开着大门。[6]建构主义将社会关系纳入了国际体系，认为安全就是规范、文化与认同的结合。其中，规范为有着特定认同的行为者的适当行为描绘了共同的期望，文化为社会主体的相互联系提出认知与评

---

〔1〕 参见［美］约翰·米尔斯海默：《大国政治的悲剧》，王义桅、唐小松译，上海人民出版社2008年版，第46页。

〔2〕 See Hans Morgenthau, *Politics among Nations: the Struggle for Power and Peace*, 6th ed., New York, Alfred a. Knopf, 1985, p. 31.

〔3〕 ［美］汉斯·摩根索：《国际纵横策论——争强权，求和平》，卢明华等译，上海译文出版社1995年版，第222~223页。

〔4〕 参见宋德星：《国际关系三大理论流派对国际安全的思考》，载《国际论坛》2000年第4期。

〔5〕 See Kenneth Waltz, *Theory of International Politics*, New York, Mc Graw Hill Publishing Company, 1979, p. 90–150.

〔6〕 参见［美］巴瑞·布赞等：《新安全论》，朱宁译，浙江人民出版社2003年版，第272页。

价标准，认同则作为一个特定的标签揭示着行为者、民族和国家的建构过程。[1]建构主义提出最理想的安全模式应该是“安全共同体”。认为在相同的认知和价值观下，行为体之间能够进行多方位、直接的互动及表现出一定程度的互惠和利他主义的“安全共同体”，[2]可以减少“安全困境”，保障安全。

基于三大国际关系流派对于安全的大辩论，现行主流的西方安全理论框架，尤其是盎格鲁-撒克逊主导的安全理论框架认为安全的基础保障在于平衡。平衡主要有两种，一种是绝对平衡，即一极独霸，因为霸权可以保障国际体系的稳定，并提供诸如秩序、合作、安全、汇率稳定等公共产品。[3]霸权国家主导了国际秩序，掌握话语权，制定国际机制的运行规则，其他国家要依赖霸权国家开展相关国际活动。领导或霸主有助于国际合作，并且通过利用间接开支（贿赂）、制裁和其他手段，可以防止有人违背机制规则。[4]这一特定的稳定态势在苏联解体后短时间内存在过，即美国一极独霸。由于其他国家的快速发展与崛起，而美国经济萎缩，增长乏力，对外战争的拖累导致自身实力的下降，加之世界朝着多元多极化方向发展的大趋势，美国一极独霸的平衡不复存在。另一种平衡是相对平衡，是指在发展过程中几个大国保持了一种力量的平衡，这种力量的平衡导致了结盟需求的产生。通过结盟控制自己的盟国，使盟国的力量能为己所用，同时遏制自己的对手。如美国主导下的结盟。结盟的达成也伴随着新的对抗的产生，对抗的目的依然是寻求再平衡，形成了所谓的“零和（Zero-sum）游戏”，这也就是西方国家所认为的安全模式。欧美国家认为中国快速发展，其迅速崛起打破了原有的平衡，即后进大国挑战守成大国的地位，陷入所谓的修昔底德陷阱，结果必然是爆发战争。这也是西方提出“中国威胁论”和进行

---

〔1〕 See Peter J. Katzenstein, *The Culture of National Security: Norms and Identity in World Politics*, New York, Columbia University Press, 1996, p. 2-5.

〔2〕 参见郭树永：《建构主义的“共同体和平论”》，载《欧洲》2001年第2期。

〔3〕 参见苏长和：《安全困境、安全机制与国际安全的未来》，载《世界经济与政治》1998年第5期。

〔4〕 参见［美］罗伯特·吉尔平：《全球政治经济学——解读国际经济秩序》，杨宇光、杨炯译，上海人民出版社2006年版，第85页。

“亚太再平衡”的理论基础之一。

2013年，习近平主席提出“一带一路”，秉持开放包容、和平合作、互利共赢、互学互鉴的理念，以共商、共建、共享为原则，以区域发展为目标的地缘经济大平台。“一带一路”触发下的新地缘经济观中的安全理论，是不同于西方现行主流平衡安全理论的另外一个理论框架。这也是新地缘经济观下一种全新的安全理论——合作安全理论。

第一，“一带一路”区域不存在平衡安全。在“一带一路”区域，不可能也不会有哪一个国家能达到绝对平衡的高度。俄罗斯、印度、美国、中国等都不可能在该区域获得绝对霸权。而由于“一带一路”沿线国家力量差距非常悬殊，相对平衡也难以取得。

第二，合作安全理论打破了西方没有平衡没有和平、就没有安全的论断。2014年，习近平主席出席亚信峰会时倡议树立共同、综合、合作、可持续的亚洲安全观。走出一条共建共享共赢的亚洲安全之路。[1] 2016年，习近平主席出席亚信第五次外长会议时提出，当今世界，合作潮流浩浩荡荡，包容理念深入人心。亚洲国家和人民有能力更有需要通过对话和合作维护亚洲安全和发展环境。[2]“一带一路”建设中，中国始终强调促进安全的出发点与立足点是经济发展中的合作，合作也是当今世界的大潮。通过合作最大限度在整个地区甚至是整个世界的经济发展中发挥自己的经济优势，包括中国发展模式上的优势，中国金融资源的优势以及中国多年积累形成的基础设施建设、管理和技术上的巨大优势。通过优势输出，带动“一带一路”区域经济的共同发展。每个加入“一带一路”的成员方都能有利可图，都能在经济上迅速进入快速发展的通道，借鉴或仿照中国通过基础设施建设拉动实体经济的发展思路，通过合作发展实现互联互通，这也成为“一带一路”区域经济共同发展的基础。这里互联互通主要体现在三个方面：一是实体经济的互联互

---

〔1〕 参见王宏伟：《总体国家安全观下的公共安全与应急管理》，载《社会治理》2015年第4期。

〔2〕 参见习近平：《凝聚共识 促进对话 共创亚洲和平与繁荣的美好未来——在亚信第五次外长会议开幕式上的讲话》，载人民网，http：//politics. people. com. cn/n1/2016/0429/c1024－28313030. html。

通，包括制造业、运输业、电信业、服务业等领域；二是法制建设的互联互通；三是政治安全的互联互通。

由于经济合作的互联互通使大家有了共同的经济利益，在经济发展上同船共渡，彼此认识到任何一个国家的发展、安全与其他国家都是紧密相关的。由此，产生了合作的必要性和合作的可行性。必要性是因为大家在经济上同船共渡，可行性是由于在经济合作发展中形成了法律、规则、文化等方面的合作磋商机制。在这个基础上，开始真正形成了一种新的合作安全理论。该合作安全理论打破了，没有平衡就没有和平、没有安全的西方理论，也打破了所谓和平要依靠霸权的独控，颠覆了要么一极独霸，要么平衡的安全理论。新地缘经济观下的合作安全理论中，安全不再需要大家长，更不需要国家间实力平衡。

第三，新地缘经济观下的合作安全理论与平衡安全有着本质的不同。平衡安全中的同盟机制在政治上具有对抗性，在组织上具有排他性，在内容上具有封闭性。合作安全在政治上具有合作性；在组织上具有开放性，是不排他的；在内容上，由于合作不是由意识形态推动，而是通过利益驱使，因此具有包容性。“一带一路”触发的新地缘经济观下一种全新行为与机制的合作安全理论逐渐形成。

二、合作安全理论对上海合作组织安全合作功能的影响

（一）合作安全理论内涵与特征

“一带一路”的提出，将中国一直倡导的安全观念融入“一带一路”建设中，在新地缘经济观下形成了一种区别于以往的全新的安全理论。

第一，合作安全理论起源于中国倡导的安全观。现行主流的安全理论起源于欧美，并且由欧美国家掌握话语权。不同于以往，合作安全理论是发源于中国的安全观。1997 年 4 月，时任国家主席的江泽民在莫斯科发表了《为建立公正合理的国际新秩序而共同努力》的演讲，在演讲中提出了新的安全观。主张以和平方式解决国家之间的一切分歧或争端，通过多边、双边协调合作逐步解决彼此间的矛盾和问题。通过

对话协商增进相互了解和信任。[1]2001 年，时任国家主席的江泽民在上海合作组织成立大会的发言中进一步阐述了以相互信任、裁军与合作安全为内涵的新型安全观。[2]

2009 年，时任国家主席的胡锦涛出席联合国第 64 届大会并发表讲话，在讲话中提出要以更广阔的视野审视安全，维护世界和平稳定。我们应该坚持互信、互利、平等、协作的新安全观。坚持反对一切形式的恐怖主义、分裂主义、极端主义，不断深化国际安全合作。[3]胡锦涛从更为宽广的角度阐释了中国提倡的新安全观念。

2014 年上海亚信峰会期间，习近平主席在演讲中提出应该积极倡导共同、综合、合作、可持续的亚洲安全观，创新安全理念，搭建地区安全和合作新架构，努力走出一条共建、共享、共赢的亚洲安全之路。[4]2014 年，提出总体国家安全观，以人民安全为宗旨，以政治安全为根本，以经济安全为基础，以军事、文化、社会安全为保障，以促进国际安全为依托，走出一条中国特色国家安全道路。[5]习近平主席从国际、国内两个大局安全进行分析，国内以总体国家安全观统筹，对外则以亚洲新安全观开展对外相关工作，两者相辅相成，合作理念贯穿其中。“一带一路”提出以后，合作理念更是融入了“一带一路”的发展理念与建设原则。通过“一带一路”的建设，区域各国在经济上同舟共济，一荣俱荣、一损俱损。通过经济合作，达成共同认识和价值观，形成公认的并共同遵守的制度和机制，从而共同保障地区的安全与稳定。

第二，新地缘经济观下，合作安全理论的基础是经济合作。习近平主席多次在各种场合下表示“一带一路”是经济合作的大项目；而合作

---

〔1〕 参见江泽民：《为建立公正合理的国际新秩序而共同努力》，载中国网，http：//www. china. com. cn/guoqing/2012 - 09/10/content_26748240. htm. 。

〔2〕 参见江泽民：《深化团结协作，共创美好世纪——在“上海合作组织”成立大会上的讲话》，载新浪网 2001 年 6 月 15 日，http：//news. sina. com. cn/c/277991. html。

〔3〕 参见胡锦涛：《同舟共济，共创未来》，载腾讯网，http：//news. qq. com/a/20090924/000239. htm。

〔4〕 参见《积极树立亚洲安全观，共创安全合作新局面》，习近平主席出席亚信第四次峰会的讲话，载人民网，http：//politics. people. com. cn/n/2014/0522/c1024 - 25048258. html。

〔5〕 参见习近平：《坚持总体国家安全观，走中国特色国家安全道路》，载人民网，http：//politics. people. com. cn/n/2014/0416/c1024 - 24900227. html。

安全理论是以“一带一路”经济合作，共同发展为基础，促进共同安全的一种状态的理论。关于经济与安全的关系，目前有两种主流观点，一种观点认为安全先行，有了安全才能发展经济。另一种观点认为经济合作，共同发展为先，通过经济的关联将各方利益捆绑在一起，一荣俱荣，一损俱损，从而促进安全。“一带一路”区域，文明碰撞激烈，经济发展参差不齐，安全错综复杂，宗教信仰复杂混乱，是世界上形势最为复杂的区域之一，在这样的区域如何进行安全治理？中国给出了自己的答案。通过“一带一路”建设，各方齐心协力，共同抵御威胁，通过经济的合作、通过对共同利益的追求，促进区域的安全。同时，也为全球安全治理提供可供参考的方案。

第三，合作安全理论的行为主体更加多元、更加开放。新地缘经济观相对地缘经济理论传统观念的一个巨大的区别在于行为主体发生了变化。行为体由原本的单个国家变成了区域内的国家组，将国际组织以及跨国公司等纳入了行为主体范围。合作安全理论的主体发生了相同的变化。合作安全理论中的行为体也从一个国家变为一系列国家组成的国家组、国际组织以及跨国公司，形成了一个跨国家、跨领域、跨文化的综合交叉的体系。同时，各主体之间的关系也不再是平衡安全体系下一方得益即是另一方所失的零和博弈。各方都是合作关系，相互依赖。不像平衡安全下同盟机制那样对加入者有严格的门槛限制，认同合作理念并积极践行的国家都可以加入，对于行为主体持开放态度。

第四，实力因素不再具有决定性，议事规则不再由强权国家制定。合作安全理论将各方紧密连接在一起，一国的实力强弱不再成为其安全合作中地位的标签。各国在和平合作、开放包容、互利共赢、互学互鉴的理念下，坚持共商、共建、共享的原则，在平等的基础上制定相关议事日程与规则。

第五，非传统安全成为需应对的主要威胁。上海合作组织的存在，解决了相关国家的边界争端问题，传统安全的威胁基本得到解决，政治互信和安全互信成为主流，非传统安全领域的问题成为当前需要面对的主要威胁。

（二）合作安全理论对上海合作组织安全合作的指导

随着国际与地区形势的变化，上海合作组织安全合作功能也面临着优化转型的需求。“一带一路”的提出带来的合作安全理论为上海合作组织安全合作转型提供了理论指导。主要体现在以下几个方面，即安全合作的模式、内容与手段、主体。

第一，在安全合作模式方面，合作应成为首要基础。上海合作组织以“上海精神”为指导，在上海合作组织成立初期就解决了困扰成员国多年的边界争端问题，建立了军事互信。由于组织内建立了互信基础，上海合作组织各成员国才有可能在安全合作理念上达成一致，在行动上实现相互理解、包容和配合。在一些重大地区和国际问题上及时磋商、交流看法并达成一致意见，有效维护了组织的团结一致，提高了组织的影响力。[1]在互利、互信、平等、协商的安全理念指引下，上海合作组织在安全合作、经济合作、人文合作中，强包容性的安全合作理念贯彻始终。告别了西方国家通过结盟，以零和博弈谋求安全的模式。上海合作组织国家对于安全有不同的追求，一些国家的政权稳定性差、各国综合国力差距悬殊，组织框架内国家对于经济发展的渴求以及上海合作组织扩员后，中国、俄罗斯、印度三个主要大国间的互信产生危机等问题，影响了上海合作组织安全合作的开展。

“一带一路”提出后，合作成为时代最有震撼力和渲染力的词汇。通过合作将上海合作组织国家紧密联系在一起。同时，也为上海合作组织与域外大国或组织在深度和广度上扩大合作提供了机遇。这里的合作指的是“一带一路”下的互联互通——包括制造业、金融业、基础设施、服务业等方面的经济互联互通，也包括安全的互联互通和文化的互联互通。通过合作，各国同舟共济，在共同协商制定的规则和机制下，促进组织框架内安全合作的转型升级。

第二，安全合作的内容贯穿上海合作组织传统安全与非传统安全各个领域。合作安全理论中，安全合作的内容除了传统军事安全之外，文

〔1〕 参见吴恩远主编：《俄罗斯东欧中亚国家发展报告（2010）》，社会科学文献出版社2010年版，第301页。

化、教育等非传统安全领域的合作都成为构建安全的重要因素。由于上海合作组织基本解决了边界问题，达成了军事互信，传统安全已经不是上海合作组织面临的主要威胁，非传统安全逐步成为上海合作组织面临的共同威胁。新地缘经济观下的合作安全理论是在“一带一路”政策沟通、设施联通、贸易畅通、资金融通、民心相通的互联互通合作下的安全理论，以合作为抓手，将各国安全紧密联通。

第三，安全合作主体更为多样化。新地缘经济观下，行为主体更加多样，除了国家外，国家组、国际组织、跨国公司等行为主体更多地参与到安全合作中来。与上海合作组织传统的安全合作的国家个体比较而言，合作安全理论主体更为多元，对话交流的平台更加开阔，有助于问题的解决，为区域安全提供有效的保障。

三、上海合作组织安全合作功能创新发展趋势与方向

第一，经济合作成为安全合作的基础，上海合作组织经济合作功能应该作为组织框架下首要功能加以建设。“一带一路”提出以后，经济合作成为各方关注的焦点。“一带一路”沿线与上海合作组织区域高度重叠，上海合作组织区域成为“一带一路”最核心的区域。普京多次表示俄罗斯支持“一带一路”建设，并积极推进“一带一盟”的战略对接。同时，“一带一路”与哈萨克斯坦“光明之路”、蒙古“草原之路”经济计划等进行战略对接，与塔吉克斯坦、吉尔吉斯斯坦、乌兹别克斯坦、巴基斯坦、白俄罗斯、柬埔寨、阿塞拜疆等国家签订合作协议，成立了亚投行、丝路基金、中国—欧亚经济合作基金等，推进“一带一路”与上海合作组织的建设。在上海合作组织框架内同舟共济，共商、共建、共享建设“一带一路”已经达成共识。

上海合作组织成立时确定的安全合作与经济合作双轮驱动，成为上海合作组织最重要的两大动力。但是发展至今，由于成员国之间对于势力范围划分的不同看法，出于各自国家安全的考虑，中亚局势的严峻以及对于中国经济迅速发展的疑惧等原因，上海合作组织经济合作成就远低于安全合作。现在“一带一路”已成为大势所趋，是各国谋求发展的极好机遇，经济合作已经成为未来上海合作组织的一个重要推动力与增

长点，成为合作安全理论出发的基础。未来上海合作组织的安全合作需要围绕上海合作组织的经济合作展开，共同应对来自相关领域的威胁。

第二，打击“三股势力”，经济合作要成为有效武器。上海合作组织区域特殊的地理位置，与恐怖主义最为猖獗的叙利亚、伊拉克等中东国家相连，受恐怖主义渗透威胁较大。阿富汗是恐怖主义的温床，诞生了基地组织，并在全球建立了众多分支。巴基斯坦、印度等国是恐怖主义频发的国家，克什米尔更是众多恐怖组织的总部所在地。因此，打击以恐怖主义为代表的“三股势力”，从上海合作组织成立的那一刻起就成为组织内安全合作的重中之重。2001 年，上海合作组织成员国即签署《打击恐怖主义、分裂主义和极端主义上海公约》等一系列打击“三股势力”的法律文本。

在行动上，上海合作组织举行了联合反恐演习，如“联合 -2003”“协作 -2006”，以及和平使命系列反恐军事演习，并在 2015 年首次针对网络恐怖主义，举办了“厦门 -2015”联合演习。上海合作组织通过签署一系列安全合作文件，开展的多种多样反恐演习以及组织内反恐情报交换机制的建设，组织框架内安全合作在深度与广度上有很大的扩展。但是随着当前国际形势的变化和上海合作组织区域国家发展的渴求，组织框架内的安全合作功能需要转型升级。

合作安全理论中，经济合作发展促安全，是推进安全的重要基础。当前对于恐怖主义的防范采取“一刀切”，从经济上、政治上、文化上都对恐怖组织保持了高度戒备。恐怖主义的消除有其自身的规律，通过武力打击、经济封锁等无法从根本上消除恐怖主义。消除恐怖主义的根本途径仍然是文明对话，将恐怖组织区域纳入现代文明体系，进行对话、交流、磋商，建立相关机制，最终达成共识，消除恐怖主义。而开展文明对话，促进交流，经济合作是最合适的选择。通过经济合作，将恐怖组织的利益绑到经济发展的大潮中，由经济合作逐步过渡到安全、政治、文化等各领域的合作，从而达到遏制、消除恐怖主义的目的。

第二节 上海合作组织经济合作功能创新发展

一、新地缘经济观对上海合作组织经济合作功能的理论指导

经济合作是上海合作组织顺畅运行，保障各国间多元合作的重要基础与支撑。通过经济合作，一方面加强各国间的紧密联系，促进经济发展；另一方面保护组织内国家的经济安全，增强其共同抵御经济风险的抵抗力。上海合作组织经济合作的总体目标是顺应经济全球化和区域经济一体化趋势，发展上海合作组织框架内的区域经济合作，增强本地区经济实力，提高本地区在世界政治、经济格局中的地位。[1]

"一带一路"是以经济合作为核心的大战略，从外部来说，为上海合作组织经济合作带来了难得的机遇，其所产生的新地缘经济观也为上海合作组织经济合作带来了理论上的指导，为上海合作组织经济合作功能创新发展提供了理论支持。

（一）对上海合作组织经济合作的影响与指导

首先，新地缘经济观有利于上海合作组织国家改变经济合作的观念。上海合作组织经济合作的步伐远远落后于组织内安全合作，其主要原因之一在于观念的保守。

2001 年，《上海合作组织成立宣言》第 9 条明确规定，为促进组织内经济合作，将在上海合作组织框架内启动贸易和投资便利化谈判进程，制定长期多边经贸合作纲要，并签署有关文件。[2]2003 年，上海合作组织成员国首脑（总理）会议中，各方批准《上海合作组织成员国多边经贸合作纲要》，该纲要在互惠、平等的基础上进一步推进组织间的经贸合作，但是该纲要在实际操作中落实不到位。2004 年，上海合作组织成员国进一步签署了《〈上海合作组织成员国多边经贸合作纲要〉

〔1〕 参见外交部欧亚司编：《顺应时代潮流　弘扬"上海精神"上海合作组织文献选编》，世界知识出版社 2002 年版，第 277 页。

〔2〕 参见《上海合作组织成立宣言》，载央视网 2017 年 12 月 5 日，http：//www.cctv.com/special/1037/－1/88231.html。

落实措施计划》，以及随后出台的一系列经济合作的法律文本，都是为了实质性推进组织内经济合作。

虽然组织内签署了大量文件，但很大程度上是用文件落实文件，经济合作推进仍然异常困难，其原因主要有以下几个方面：一是俄罗斯认为中亚国家是其传统的势力范围，中国经济发展迅速，经济合作的展开会影响其在中亚国家的影响力，俄罗斯不积极的态度导致经济合作困难重重。二是中亚国家自身经济结构相对单一，发展水平落后，害怕本国经济受到冲击，本国经济大权被别国控制。因而，在经济合作上不积极。三是加入上海合作组织的印度，一直将中国视为对手，担心经济上的合作会削弱其在中亚的影响力。这些因素导致上海合作组织框架下的经济合作踌躇不前。

新地缘经济观是在“一带一路”和平合作、开放包容、互利共赢、互学互鉴的理念下，在共商、共建、共享的原则下提出的新观念，突破了排他、控制、中心－边缘等传统地缘经济观念，将合作深入人心。另外，“一带一路”的经济合作是以项目为核心，聚焦基础设施建设，包括铁路、电力、网络、高铁、公路、油气管道等方面，以及工业园区等。这些项目往往是跨国家、跨区域的，需要多个国家的共同参与。由于这些基础设施项目的建设可以为相关国家经济发展打下良好的基础，获得了上海合作组织国家的广泛认可。在观念上，上海合作组织国家也一改在经济合作中的陈旧疑虑，积极争取在“一带一路”中获得合作项目。这些经济合作项目的开展，进一步将相关国家通过经济纽带联系在一起，促进上海合作组织投资与贸易便利化的推进。

其次，投资超越贸易，未来将成为上海合作组织经济合作中的主要形式。在世界向多元多极化发展的大趋势下，经济全球化不可逆转。经济全球化下，由于市场对要素配置更加优化的需求及跨国公司的大发展，世界经济特征从以商品交换为主的国际贸易逐渐向以要素国际流动为主的国际投资过渡，投资超越贸易将成为世界经济的大趋势。

2011 年，中国与上海合作组织其他成员国的贸易总额为 1120.30 亿美元，到 2016 年下降为 937.18 亿美元。在贸易方面，7 年里几乎没有增长，到2016年反而减少了。2011年中国对上海合作组织国家的直接投资约为15.5亿美元，2016年达到23.9亿美元，投资增长了近35%。俄罗斯2011年对成员国贸易额为784.07亿美元，到2016年为840亿美元，增长了约6%。而2011年俄罗斯对上海合作组织成员国投资额约为7.2亿美元，2016年约为12.9亿美元，增长了约44%。中国、俄罗斯作为上海合作组织两个主要国家，虽然投资额相对于贸易额在数量上有差距，但是投资正以飞快的速度增加，中俄投资增长速度远远超越了贸易增长速度。

“一带一路”带来的巨大机遇，促使上海合作组织国家积极进行相关改革，吸引投资，以期促进本国经济发展。在“一带一路”下，上海合作组织经济合作投资正成为主要的合作形式，改善了上海合作组织内部经济合作动力不足的现象。同时，由于“一带一路”中的很多项目，如交通设施建设、油气管道项目等，要跨越多个国家，只有在多边合作的基础上才能完成，改变了上海合作组织多边合作困难的状况，促进了区域经济发展。

最后，上海合作组织要重视跨国公司在组织框架下经济合作中的作用。在新地缘经济观下，行为主体变得越来越多元，从传统的一个国家变为一组国家，也从国家延伸到国际组织、跨国公司等主体。主体的多元性为上海合作组织经济合作的宽度与广度奠定了基础。跨国公司作为经济合作的主要执行者，经济利益是其考量的首要要素。在上海合作组织经济合作中，组织内国家要想搭上“一带一路”的便车，发展本国经济，跨国公司就要放在相对以往更为重要的位置，改革本国阻碍经济发展的体制与机制。积极融入“一带一路”经济圈，充分利用市场规则，发挥跨国公司作用，使其成为组织内经济合作的主要载体。

（二）上海合作组织未来经济合作发展方向

首先，推进投资贸易便利化。在“一带一路”背景下，投资贸易便利化成为上海合作组织迫切需要面对的问题。根据2016年世界经济论坛（WEF）《2016年全球贸易促进报告》对全球136个国家市场准入、边境管理效率与透明度、交通与数字化基础设施、运输基础设施与质量、商业环境等方面的评估，中国位列61位，平均关税11.1%；[1]俄罗斯位列111位，平均关税4.9%；[2]印度位列102位，平均关税13%；[3]其他上海合作组织成员国中，哈萨克斯坦位列88位，吉尔吉斯斯坦位列113位，塔吉克斯坦114位，巴基斯坦122位，乌兹别克斯坦没有被WEF收入在内。

总体来看，上海合作组织成员国中，只有中国的排位进入了前68名，可见上海合作组织成员国在投资贸易便利化程度上非常低。同时，由于组织内成员国间经济发展的不平衡，经济收益不均衡，一些国家在推进投资贸易便利化方面动力不足，有时还会牵制投资贸易便利化的进程。

目前来看，上海合作组织成员国中乌兹别克斯坦仍然没有加入世界贸易组织，投资贸易便利化水平较低导致上海合作组织内国家投资贸易成本相对较高，海关手续烦琐，周期较长，投资、服务以及知识产权等的法律保护欠缺。成员国为了保护和促进国内的生产和消费，或出于政治目的而采取一些限制货物贸易、服务贸易、投资和知识产权等方面的措施，比如关税制度、许可证制度、配额制度、外汇管理制度、商品检验检疫制度、原产地规则以及有关保护竞争、限制垄断和不公平贸易做法的法律与制度等。[4]

在新地缘经济观下，上海合作组织在投资贸易便利化方面有了很大进步。习近平主席在出席第十六次上海合作组织元首峰会时表示，为推动本组织贸易便利化能力建设，中方愿在2017年至2019年为成员国培训1000名贸易便利化专项人员，根据各国需求提供海关设备和技术支

---

〔1〕 See WEF, Global Alliance for Trade Facilitation, *The Global Enabling Trade Report 2016*, p. 98.

〔2〕 See WEF, Global Alliance for Trade Facilitation, *The Global Enabling Trade Report 2016*, p. 258.

〔3〕 See WEF, Global Alliance for Trade Facilitation, *The Global Enabling Trade Report 2016*, p. 154.

〔4〕 参见孙壮志等：《上海合作组织的经济合作：成就与前景》，载《国际观察》2011年第3期。

持，并为各成员国援建一个质检实验室。[1]完成了上海合作组织贸易便利化工作组的建章立制，下一步将以此为平台加强海关通关、检验检疫、物流运输、支付结算等全方位便利化措施，从软硬两方面提升上海合作组织国家营商便利水平。[2]虽然上海合作组织在投资贸易便利化方面已经做出了巨大努力，但是实际上投资贸易成本依然高昂，在"一带一路"大机遇下，提高区域竞争力需要继续进一步深化推进投资贸易便利化措施，达成共识，简化手续，降低成本，签署相应的法律条文，有效促进地区经济发展。

其次，推进上海合作组织区域经济一体化，建立上海合作组织自贸区。区域经济一体化是上海合作组织的重要目标，是上海合作组织经济合作的努力方向。2001 年上海合作组织成立时成员国就签署了《上海合作组织成员国政府间关于开展区域经济合作的基本目标和方向及启动贸易和投资便利化进程的备忘录》，提出要素自由流动的发展目标。2003 年上海合作组织成员国签署了《上海合作组织成员国多边经贸合作纲要》，但是落实起来难度很大，于是 2004 年再度出台《〈上海合作组织成员国多边经贸合作纲要〉落实措施计划》，将经济合作再细化，2005 年再度出台该纲要的实施机制及《2017 - 2021 年上合组织进一步推动项目合作的措施清单》等相关经济合作文件的系列签署。

从文件的落实情况看，上海合作组织最初以多边合作为基础建立区域一体化的计划受阻，随后转入更加务实的双边合作。随着"一带一路"的建设，各种跨国家与地域的大项目接踵而来，组织内国家需要通过多边合作才能共同完成项目，使组织框架下的多边合作再次成为人们关注的焦点。现阶段，上海合作组织在区域一体化方面虽然处于较低级别的程度，但是其签署的一系列的纲要、规划、协议，及现阶段在经济合作中的一些商品的关税优惠、海关合作、运输服务、市场准入等形式

---

〔1〕 参见习近平：《弘扬上海精神，巩固团结互信，全面深化上海合作组织合作》，载新华网，http：//news. xinhuanet. com/politics/2016 - 06/24/c_ 1119108815. htm。

〔2〕 参见商务部：《"一带一路"为上合组织区域经济合作注入强大动力》，载中国新闻网，http：//www. chinanews. com/cj/2016/12 - 09/8089226. shtml。

为区域一体化发展打下了良好的基础。要实现区域一体化，建设上海合作组织自贸区是一条必由之路。

2003年，中国提出建立上海合作组织自贸区。由于成员国间复杂的利益诉求和中亚复杂的政治经济形势，自贸区的设想一直没有成为现实。主要原因之一是该区域已经有了欧亚经济联盟和独联体自贸区，都由俄罗斯主导。如果再建立上海合作组织自贸区，俄罗斯担忧自身在中亚的影响力被中国取代，更为深层的忧虑是自贸区的开展可能会使俄罗斯的经济地位受到影响，使原先组织内依靠俄罗斯的海上港口和陆上通道的国家转向依靠组织内其他国家，削弱俄罗斯经济区位优势。

"一带一路"的提出，为上海合作组织自贸区的建立提供了良好的外部条件。随着"一带一路"的开展，优质的跨国家、跨区域的大项目次第开展。同时，优质项目资源也逐步减少，促使争取优质大项目的竞争更为激烈，且未来发展广度与宽度受限。更为重要的是，在此过程中，上海合作组织成员国意识到，并尝到了务实合作带来的巨大利益，在发展上形成了风雨同舟的共识。在这种情况下，在经济利益驱使下，各国在参与务实项目经济合作的同时，更加关注制度合作，以进一步削减合作障碍和壁垒，拓宽合作领域，提升合作档次。[1]制度合作在商品贸易、服务贸易方面的开展，将为上海合作组织自贸区的建立奠定基石。

上海合作组织国家纷纷搭"一带一路"便车，积极改善自身营商环境，在基础设施、政策法规配套、关税制度改革和投资贸易便利化改革方面已经取得了很大的进步，[2]但是距离自贸区要求仍然有很大的差距。

按照新地缘经济观，上海合作组织自贸区建设可以分三步走。第一步，充分发挥"一带一路"将基础设施作为重点项目的优势，改善组织内基础设施较差的问题，重点解决交通、通信、电力、能源等领域的短

---

〔1〕 参见张宁：《上合组织自贸区是"丝绸之路经济带"与"大欧亚伙伴关系"的新平台》，载《欧亚经济》2016年第5期。

〔2〕 参见于海洋：《上合组织自贸区更需要自由规则》，载《中国经济周刊》2011年第37期。

板，为自贸区的建立提供基础硬件保障。同时，通过这一阶段的务实合作，各国也能充分感受到“一带一路”风雨同舟的益处，深刻体会共商、共建、共享的精神，在观念上达成共识。第二步，以双边合作为突破口，寻找适宜国家，先行开展类自贸区合作。充分发挥“一带一路”经济走廊、中哈霍尔果斯国际边境合作中心、阿尔泰区域合作区，以及中国、吉尔吉斯斯坦、乌兹别克斯坦三国次区域经济合作区等次区域经济合作组织的作用。[1]有重点、分领域地开展合作，并在合作过程中摸索自贸区合作的内容、减税方案及应对措施。构建统一的、适合上海合作组织其他成员国的自贸区基本架构和法律文件。[2]第三步，在与欧亚经济联盟等相关组织和相关国家谈判基础上，逐渐增加自贸区落地的可行性因素，逐步推进区域经济一体化建设。

二、上海合作组织经济合作功能创新发展趋势与方向

（一）经济合作在上海合作组织功能中的地位

安全合作和经济合作是上海合作组织的两大驱动力，安全合作更是上海合作组织成立的原始动力。为解决边界问题，诞生了“上海五国”机制，并在此基础上形成了上海合作组织。在安全合作上，上海合作组织从中国、哈萨克斯坦、吉尔吉斯斯坦、俄罗斯、塔吉克斯坦五国签署《关于在边境地区加强军事领域信任的协定》和《关于在边境地区相互裁减军事力量的协定》开始，发展到彼此军事互信，再到共同举行军事演习，取得了巨大成就。但是随着世界形势的急剧变化，高级政治让位于低级政治，军事上的对抗与竞争不再成为衡量国家实力的主要评判标准，地缘经济开始成为世界各国角逐的主要战场。

“一带一路”的提出，对地缘经济理论传统的观点进行了修正，形成了新地缘经济观。在新地缘经济观下，安全不再是由于各方力量平衡而保持的一种状态。转向由于合作，各方利益与命运相连，一荣俱荣、

---

〔1〕 参见张恒龙：《组建上合组织自贸区，推进“一带一盟”对接》，载《欧亚经济》2016 年第 5 期。

〔2〕 参见张恒龙：《组建上合组织自贸区，推进“一带一盟”对接》，载《欧亚经济》，2016 年第 5 期。

一损俱损的安全观，合作安全的基础是经济合作。同时，上海合作组织进入第三个十年，蠢蠢欲动的“三股势力”、成员国扑朔迷离的内部不安定，非传统安全威胁等因素成为上海合作组织主要的不安定因素。上海合作组织签署了《打击恐怖主义、分裂主义和极端主义上海公约》《上海合作组织反恐怖主义公约》《上海合作组织反极端主义公约》等一系列法律文件，以法律的形式约束了成员国在打击“三股势力”方面的合作。

在机制建设上，通过多年来的联合演习上海合作组织联合行动能力得到加强，各国装备也得到不同程度的改善。上海合作组织在推进无核区计划以及禁毒等方面都取得了一定的成就。随着上海合作组织安全合作的深入开展，其继续上升的空间有限，并且在打击“三股势力”、防范地区政治稳定、非传统安全威胁等方面的效用也逐步递减。此时，经济领域的合作恰好能为安全提供更加深入的发展基础。

“一带一路”视域下新地缘经济观强调以经济合作促安全，以经济合作促文化交流，以经济合作促“五通”建设。经济合作成为组织框架内合作的首要领域，将有效促进区域发展。在新形势下，上海合作组织内安全合作发展到了一定的程度。在组织未来的发展中，安全合作将不再成为支撑组织长期发展的核心力量，而经济合作却能为组织未来的政治互信、安全稳定、人文交融提供能量。基于此，上海合作组织要重新考量未来进一步的发展方向，将经济功能的地位提高到组织发展的核心位置，为在未来再次赢得辉煌创造条件。

（二）经济合作新体系

虽然上海合作组织经济合作有一系列旨在促进组织框架内多边合作的文件、协议、实施措施等文本，但在实际中，经济合作的主流仍然停留在双边合作上。并且双边合作的领域相对较窄，主要集中在油气能源、矿产等原材料方面。“一带一路”的提出，不仅突破了地缘经济传统观点的束缚，也为经济合作带来了更为广域的视野。在地缘经济中，地缘是至关重要的需要考量的因素，很多规则、机制的制定都从地理位置等地缘因素出发，对地缘上没有交集的地域产生的影响相对较弱或不产生任何影响。“一带一路”下的新地缘经济观则突破了这一观点。由于新时代科技的进步、运输物流业的发展、网络信息的对称，地缘不再是影响地缘经济合作的一个具有决定性的因素。新地缘经济观突破了距离的限制，以合作共赢的理念，以共商、共建、共享为原则，更为优化地配置要素，唤醒欠发达地区不易产生流动的要素参与到国际经济中，促进地区经济共同发展。

在新地缘经济观下，上海合作组织的经济合作呈现从双边合作为主逐渐转向双多边合作交织的趋势。经过努力，上海合作组织在交通设施互联互通方面取得了一系列的成就。2014 年，上海合作组织成员国签署了《上海合作组织成员国政府间国际道路运输便利化协定》，规定了各成员国最晚 2020 年开通商定的六条交通线路。倡导各方协调和简化国际道路运输文件、程序和要求，并成立国际道路运输便利化联合委员会，协调处理合作中出现的问题。[1]需要强调的是该协定还规定非成员国也可申请加入，这为“一带一路”区域国家加入创造互联互通提供了法律保障。

《上海合作组织成员国政府海关合作与互助协定》及在此基础上制定的《上海合作组织成员国海关能源监管信息交换议定书》、《2016－2021 年上海合作组织成员国海关合作计划》和《上海合作组织成员国海关关于商品估价和审价信息交换的议定书》等为上海合作组织在提高相关商品的清关效率方面打下了基础。新地缘经济观构建的新的地缘经济合作体系，给作为“一带一路”互动的平台的上海合作组织带来了深刻的影响。上海合作组织经济合作将从双边具体项目合作为主要模式的形式转向新的国际经济格局下，以共商、共建、共享经济合作为核心，多边合作一体化经济发展模式的新体系。

（三）经济合作新领域

新地缘经济观下，上海合作组织经济合作的广度和宽度有了很大的拓展，除以传统油气资源为主要经济合作领域外，开拓了众多新的合作领域。

---

〔1〕 参见《上海合作组织成员国政府间国际道路运输便利化协定》，载中国公路网，http：//www.chinahighway.com/news/2014/872072.php。

第一，在“一带一路”带动下，基础设施领域建设成为上海合作组织发展最为迅速的领域。俄罗斯规划投资 3.22 万亿美元用于推进《2030 年前俄罗斯联邦交通运输发展战略规划》，在未来几年俄罗斯在基础设施上的投资巨大。投资 140 亿美元建设莫斯科州中央环线公路，新建莫斯科—喀山高速铁路，并拟投资 175 亿美元建设连接俄罗斯中部、乌拉尔、伏尔加河地区的高速铁路等项目。哈萨克斯坦投资 90 亿美元推进“光明之路”计划，该计划主要集中在基础设施建设上。其他国家也纷纷推出基础设施建设规划，投资资金巨大。

第二，农业成为上海合作组织经济合作的新热点。基于上海合作组织成员国签署的《上海合作组织成员国政府间农业合作协定》，农业合作成为新宠。2016 年，中国、哈萨克斯坦农产品贸易量达 63.8 万吨，同比增长 39.2%。中国进口哈萨克斯坦小麦 29.5 万吨，创历史新高。哈萨克斯坦面粉首次实现对华出口。此外，农业种植、良种培育、养殖加工、农产品深加工、农产品贸易等全产业链的合作格局已初步形成。[1]中国拟向哈萨克斯坦投资 19 亿美元建设番茄加工项目。中国、俄罗斯农产品贸易规模自 2002 年的 11.15 亿美元，上升至 2015 年的 34.06 亿美元，平均每年增加 20% 左右。[2]以及其他以农业高新技术为核心的合作成为上海合作组织经济合作的亮点。

第三，金融领域组织框架内和框架外平台促进组织经济发展。上海合作组织的经济合作，有赖于金融平台的支持。在金融领域，除了自身的银联体之外，各方积极探讨建立上海合作组织发展基金（专门账户）以及上海合作组织开发银行。组织内的金融平台为框架内基础设施建设、能源、电力等提供了融资支持。同时，“一带一路”下的亚投行、丝路基金等金融平台也助力上海合作组织经济发展，投资了众多组织框架下的大型项目。金融领域创新融资平台及模式为上海合作组织的发展提供了支持。

---

〔1〕 参见钟山：《中国累计对哈萨克斯坦投资近 430 亿美元》，载新华网，http://www.xinhuanet.com/2017-06/10/c_1121118812.htm。

〔2〕 参见郑红玲等：《“一带一路”背景下中俄农产品贸易增长因素分析》，载《价格月刊》2017 年第 7 期。

第三节　上海合作组织人文合作功能创新发展

一、新地缘经济观对上海合作组织人文合作的理论指导

第一，人文合作提高到了新的高度。习近平主席提出“一带一路”要以政策沟通、设施联通、贸易畅通、资金融通、民心相通为主要内容。“五通”中民心相通最为特殊，是构建“一带一路”最为坚实的社会根基，也是各国乐于参与其中的坚实民意基础。2016 年，习近平主席在乌兹别克斯坦最高会议立法院的演讲中表示，以“一带一路”沿线各国发展规划对接为基础，以贸易和投资自由化、便利化为纽带，以互联互通、产能合作、人文交流为支柱，努力开创“一带一路”新型合作模式。[1]将人文交流上升为“一带一路”三大支柱之一。上海合作组织作为与“一带一路”互动最为密切的区域国际组织，人文合作功能也深受“一带一路”影响。

人文合作除为上海合作组织经济合作、安全合作领域提供促进、融合的功能之外，也促进了组织内各国民心交流，进而增进了解，增加互信，为组织的平稳运行提供社会基础，也为区域的稳定、发展发挥了重要作用。目前，上海合作组织人文合作主要停留在举办文化节、文化周、文化日、国家年活动；开展教育培训合作，建立上海合作组织大学、孔子学院等；开展旅游合作，举办旅游年等相关人文交流活动。虽然在以上领域交流活动频繁，但是这些活动通常都是在政府主导下开展的。自发的、全面的人文合作还没有在组织内全部激发出来。新地缘经济观下，“一带一路”成为上海合作组织多种文明交流融合的桥梁，人文合作成为民心相通的重要载体。民心交融要绵绵用力，久久为功。[2]民心相通是文明长期碰撞、融合的过程，这需要上

---

〔1〕 参见《“平语”近人——习近平铺展“一带一路”宏伟蓝图》，载新华网，http：//www. xinhuanet. com/politics/2017 -05/12/c_1120959041. htm。

〔2〕 参见《共同开创中阿关系的美好未来》，习近平主席在阿拉伯国家联盟总部的演讲，载光明网，http：//news. gmw. cn/2016 -01/22/content_ 18607703. htm。

海合作组织将人文合作功能提高到一定的高度，全面推进不同文明的交流与碰撞。

第二，人文合作开启新视野。文化的涵化、聚化、内化和转化功能，使之对内可以增强国家的凝聚力、向心力，从而汇聚共识、积聚力量，对外可以塑造国家形象。[1]“一带一路”的提出促使上海合作组织人文合作的地位上升到前所未有的高度，也为人文合作带来了新的视野。

首先，上海合作组织人文合作取得了一定的成果，也存在一些问题。上海合作组织签署了一系列文化合作、教育合作、卫生合作、救灾合作、科技合作的协定，如《上海合作组织成员国政府间文化合作协定》《上海合作组织成员国政府间教育合作协定》《上海合作组织成员国政府间卫生合作协定》《上海合作组织成员国政府间救灾互助协定》《关于加强在上海合作组织框架下国立科研机构科技合作宣言》《上海合作组织成员国政府间科技合作协定》等，为上海合作组织人文合作提供了法律基础。同时，上海合作组织建立了教育、文化、科技、卫生等部门的部长会晤机制，推动了上海合作组织人文合作的蓬勃发展。

其次，人文合作也存在一些问题。一是上海合作组织人文合作的领域狭窄。目前，在文艺、教育、体育方面活动比较频繁，在卫生、科技、学术、灾害救助、旅游等领域活动虽有开展但是频率较低。二是上海合作组织人文合作缺乏顶层设计，主体过于单一。上海合作组织人文合作的主体几乎停留在政府之间，且以双边合作为主。上海合作组织目前主要的人文交流活动，如文化节、国家旅游年等大都是双边的活动，涉及各成员国都参与的人文交流活动多边项目较少，且都是由政府主导，民间组织、企业、群众间的人文交流活动少之又少。三是上海合作组织成员国经济增长乏力，导致各国人文合作意愿较低。上海合作组织国家多为经济后发转型国家，处于关键阶段。由于 2008 年金融危机及 2014 年以后俄罗斯受西方制裁经济向下的拖累，上海合作组织国家的经

---

〔1〕 参见隗斌贤：《“一带一路”背景下文化传播与交流合作战略及其对策》，载《浙江学刊》2016 年第 2 期。

济增长相对乏力，缺乏增长点。人文交流的繁荣需要经济的强力支撑，经济的乏力导致各国人文合作意愿较低。四是上海合作组织复杂地区形势和多教派现状加剧了地区“三股势力”冲突，限制了人文合作的推进。上海合作组织覆盖区域是世界上形势最为复杂的区域之一，内有盘踞在阿富汗、巴基斯坦等国家的极端势力冲击，外受以中东伊斯兰国为代表的恐怖主义、极端主义影响，尤其是伊斯兰国在溃散以后，上海合作组织区域成为其重要的渗透目的地，进一步加剧了上海合作组织区域的复杂性，也给上海合作组织人文合作带来挑战。

最后，上海合作组织人文合作未来发展方向。一是落实组织框架内的相关协定。上海合作组织签署了一系列关于人文合作的协定，由于种种原因落实不到位，存在通过会议落实会议、通过文件落实文件的现象。未来上海合作组织要将推动政策落实到位作为重要工作方向。二是继续深化文化节等以文化为载体的活动。上海合作组织文化活动已经有众多的品牌，发挥了独特的作用。人文交流活动方面，自 2006 年起，中俄连续互办国家级大型活动，包括 2006—2007 年互办国家年，2009—2010 年互办语言年，2012—2013 年互办旅游年，2014—2015 年互办青年友好交流年，2016—2017 年互办中俄媒体交流年。[1]内容丰富，形式多样的文化活动，推动了上海合作组织内的人文交流合作发展到新高度。三是建立机制，进一步推动人文活动的发展。上海合作组织框架内虽然签署了系列关于人文合作的协定，但是缺乏合作机制，导致人文合作缺乏长期性、持续性，需要在上海合作组织机制上下功夫，真正实现人文服务经济、安全的功能，实现民心相通。

二、上海合作组织人文合作功能创新发展趋势与方向

第一，上海合作组织人文合作要做好顶层设计，促进文化包容、文明互鉴。虽然上海合作组织在框架内签署了一系列的人文合作协定，但由各领域部门各自开展工作，彼此之间的沟通、交流相对有限。机制

---

〔1〕 参见《中俄文化交流让两国人民心贴心》，载新华网，http://news.xinhuanet.com/world/2017-07/09/c_129650609.htm。

虽然繁荣了组织内相关领域的人文合作，但是在全面考量、推进人文合作方面缺乏整体意识，需要进一步强化顶层设计。上海合作组织要在条件成熟时推进人文合作实体机构的设立，如设在塔什干的地区反恐怖机构，以实体化运作。在人文合作的地缘、层次、阶段等的考量上建立多维度、多主体、多领域、多层次、全方位的人文合作平台与机制，制订短、中、长期的组织框架下人文合作规划，从顶层打造组织框架下的人文交流平台和机制，促进地区文化包容，促进文明互鉴。

第二，人文合作要优选重点领域优先发展，人文合作与经济合作并举。上海合作组织人文合作在促进文明对话、文化交流，增强国家、民族、宗教之间互信,[1]发挥了巨大作用。同时，也为上海合作组织经济与安全合作提供了坚实的社会基础。“一带一路”下上海合作组织人文合作要全面推进，同时根据区域实际，优选重点领域，打造人文交流与合作的平台。通过人文合作促进经济合作的发展，以此为示范，以点到线，以线到面，全面推进人文合作。例如，上海合作组织区域的民间旅游将人文合作融入经济合作。2016 年，中国赴俄罗斯旅游人数达 129 万人次，同比增长 15%;[2]2016 年，俄中两国间互访游客人数达到 300 多万人次,[3]极大地促进了经济的发展。2014 年，中国、哈萨克斯坦、吉尔吉斯斯坦跨国成功联合申遗丝绸之路项目，极大地激发了上海合作组织国家人文合作的热情，有力地促进了组织内人文合作。组织框架内各方将具有悠久历史文化、人文景观的旅游资源积极打造成精品旅游线路，促进人文交流的同时，带来了巨大的经济收益，成为多边经济合作的一个亮点。

---

〔1〕 参见潘光主编:《稳步前进的上海合作组织》时事出版社 2014 年版，第 118 页。

〔2〕 参见俄旅游署:《2016 年中国赴俄游客数量增长 15%》，载海外环球网，http://oversea. huanqiu. com/article/2017 - 04/10477403. html。

〔3〕 参见《专访:“俄罗斯欢迎中国游客”——访俄罗斯联邦旅游署署长萨福诺夫》，载新华网 2017 年 12 月 5 日，http://news. 163. com/17/1126/10/D45NU71K00018AOQ. html。

第四节 上海合作组织环保合作功能创新发展

一、上海合作组织环保合作的现状

第一，上海合作组织环保合作进程缓慢。2001 年《上海合作组织成立宣言》明确将环保与政治、经贸、科技、文化等作为鼓励成员国开展有效合作的重要领域之一。2003 年，《上海合作组织成员国多边经贸合作纲要》将环保合作作为组织内多个优先合作领域之一。2004 年，《上海合作组织成员国元首塔什干宣言》明确建议将环境保护及合理、有效利用水资源问题提上上海合作组织内合作议程。[1]2005 年，上海合作组织举办首次环保部长会议，并召开了首次环保专家会议，联合制定《上海合作组织成员国环境保护合作构想（草案）》,[2]至 2008 年，共举办了 5 次环保专家会议，但进展缓慢。2009～2013 年环保专家会议一度暂停，2014 年才再次举办，继续磋商环保合作草案。2016 年环保专家会议上，各成员国虽然对草案仍有争议，但各方同意通过简化条款等方式减少分歧，进一步推动了组织内环保合作。同时，中国在 2012 年成员国（首脑）会议上提出成立中国－上海合作组织环境保护合作中心，促进组织环保合作的开展。2013 年《上海合作组织成员国政府首脑（总理）理事会第十二次会议联合公报》明确提出必须继续为加强环保合作而共同开展工作。[3]2016 年《上海合作组织成员国元首理事会会议新闻公报》明确指出要在环保及文化、卫生、科技、旅游、教育等领域加强双多边合作，共同研究和保护上海合作组织地区。[4]

---

〔1〕 参见《上海合作组织成员国元首塔什干宣言》，载中国政府网，http：//www.gov.cn/gongbao/content/2004/content_ 62837.htm。

〔2〕 参见中国－上海合作组织环境保护合作中心编：《上海合作组织成员国环境保护研究》，社会科学文献出版社 2014 年版，第 89 页。

〔3〕 参见《上海合作组织成员国政府首脑（总理）理事会第十二次会议联合公报》，载外交部官网 2017 年 12 月 20 日，http：//www.fmprc.gov.cn/web/gjhdq_676201/gjhdqzz_681964/lhg_683094/zywj_683106/t1104123.shtml。

〔4〕 参见《上海合作组织成员国元首理事会会议新闻公报》，载北方网，http：//news.enorth.com.cn/system/2016/06/25/031037181.shtml。

上海合作组织从成立时就关注环保问题，经过多年的发展，环保合作进展缓慢，几乎没有实质性的合作。上海合作组织以安全合作和经济合作为两大驱动，环保合作一直游离于组织主要功能之外。由于“一带一路”的提出，绿色丝绸之路将环保提到了一个新的高度，组织内国家也纷纷认识到环保合作的重要性和迫切性。环保合作也被纳入组织未来发展文件中，这些都将进一步推动上海合作组织框架内的环保合作。

第二，上海合作组织环保合作面临众多问题与挑战。一是到目前为止，上海合作组织就环保合作还没有指导性法律文件。上海合作组织环保合作的指导性文件《上海合作组织成员国环境保护合作构想（草案）》经过了十几年的讨论磋商，由于成员国对上海合作组织的要求和期望有差异，尤其是在水资源领域分歧较大，在环保合作上迟迟没有达成共识，直到2018年上海合作组织青岛峰会才通过该文件，严重影响了上海合作组织环保合作的开展。二是上海合作组织成员国几乎都为发展中国家，且都处在经济转型升级关键期。很多国家在关注经济发展的同时忽视了环境保护，对环境造成了巨大的损害。加之，上海合作组织区域内生态环境相对脆弱，一旦被破坏，很难通过治理恢复。三是上海合作组织框架内缺乏环保机制建设。至今没有专门负责环保的机构或者部门来开展组织内环保合作，不利于组织框架内环保合作的推进。四是印度、巴基斯坦加入上海合作组织，除了在安全合作、经济合作方面带来挑战，也给组织框架内的环保合作带来挑战。

第三，上海合作组织区域内各方积极开展环保合作。上海合作组织区域，尤其是中亚地区，生态环境脆弱，地震、干旱、风雪、洪涝等自然灾害频发，需要沿线国家和地区协同应对，防范环境恶化和气候风险。[1]为应对环境问题，中亚国家积极开展环保合作，成立了众多环保合作机构，其中中亚区域环境中心和拯救咸海国际基金会具有代表性。中亚区域环境中心是在欧盟和联合国开发计划署的支持下成立的，旨在促进环保对话、推进相关环保项目等；建立拯救咸海国际基金会主要是

---

〔1〕 参见孙壮志：《“一带一路”合作空间拓展的着力点探究》，载《新疆师范大学学报（哲学社会科学版）》2018年第1期。

为了应对中亚水资源纠纷和咸海问题，基金会将大气保护、水资源保护、土地资源的合理利用、山地生态保护、生物多样性保护等方面作为其主要职能。[1]

除了中亚自发的环保组织，域外组织和国家也越来越多地参与到上海合作组织区域的环保合作。例如，欧盟与中亚五国签订了水资源倡议森林法及其管理法案，启动了“欧盟－中亚环境对话”，投入巨资用于开展环保合作。[2]美国在中亚开展了如“塔吉克斯坦饮用水安全项目”、与乌兹别克斯坦的核安全及防治生化污染等项目。[3]

总的来说，上海合作组织区域环保合作已经落后于欧盟、美国等域外国家或组织在该区域的合作成果，这为上海合作组织未来的发展带来挑战。

二、上海合作组织环保合作功能创新发展趋势与方向

第一，新地缘经济观强调绿色发展、绿色投资，为上海合作组织环保合作增添动力。绿色、低碳、环保是现在世界经济发展的大趋势，也是上海合作组织区域国家的共识。

2016 年，习近平主席在乌兹别克斯坦最高会议立法院演讲时提出，我们要着力深化环保合作，践行绿色发展理念，加大生态环境保护力度，携手打造“绿色丝绸之路”。[4]在“一带一路”国际合作高峰论坛上，习近平主席提出，我们要践行绿色发展的新理念，倡导绿色、低碳、循环、可持续的生产生活方式，加强生态环保合作，建设生态文明。[5]

中国倡导绿色丝绸之路，在新地缘经济观指导下，与上海合作组织

---

〔1〕 参见中国－上海合作组织环境保护合作中心编：《上海合作组织成员国环境保护研究》，社会科学文献出版社 2014 年版，第 127～128 页。

〔2〕 参见中国－上海合作组织环境保护合作中心编：《上海合作组织成员国环境保护研究》，社会科学文献出版社 2014 年版，第 121～122 页。

〔3〕 参见中国－上海合作组织环境保护合作中心编：《上海合作组织成员国环境保护研究》，社会科学文献出版社 2014 年版，第 123 页。

〔4〕 参见《携手共创丝绸之路新辉煌》，习近平主席在乌兹别克斯坦最高会议立法院的演讲，载新华网，http：//www. xinhuanet. com/world/2016－06/23/c_1119094900. htm。

〔5〕 参见习近平：《携手推进“一带一路”建设》，载新华网，http：//www. xinhuanet. com/politics/2017－05/14/c_1120969677. htm。

区域国家合作的过程中，在投融资、产能合作、基础建设、油气合作等处处以“绿色”为主轴，在经济合作的过程中将环保合作贯彻其中，从源头贯彻人类命运共同体的建设目标。这也是与西方国家在经济全球化过程中只顾经济利益，不顾对方生态环境保护，向发展中国家输出技术落后、重污染项目的方式最突出的区别。“一带一路”创新形成的新地缘经济观也对上海合作组织环保合作功能产生了推动力，新地缘经济观强调绿色发展、绿色经济，强调人与自然的和谐，有力促进了上海合作组织环保合作的开展。

第二，环保合作与经济合作并举发展。环保合作一直游离于组织框架的主流合作之外，上海合作组织主要的合作仍然停留在安全合作、经济合作以及人文合作。从金砖四国等新兴经济体的发展历史中，我们可以看到，在经济发展的同时，常常伴有严重的土壤污染、空气污染、水污染等环境问题。虽然这些新兴经济体在发展过程中注意到环保问题，但是对经济增长的渴求超越了对环境保护的动力，导致新兴经济体普遍面临严重的环境污染问题。“一带一路”建设将为上海合作组织区域的经济发展带来巨大动力，但由于上海合作组织区域生态环境脆弱，需要上海合作组织提升环保合作的功能，将绿色发展、绿色投资、绿色生产的理念深入到经济合作的各个环节。将经济合作与环保合作并举，从源头保护好该区域脆弱的生态环境，有利于上海合作组织区域经济的长远可持续发展。

第三，充分发挥民间社会组织的作用，构建政府与政府、民间与民间、政府与民间交互综合的环保合作网络。上海合作组织环保合作基本上停留在成员国政府层面，而且组织框架内的环保合作相对其他领域的合作较少，主要是各国国内的一些环保项目。未来上海合作组织环保合作将是区域内一个非常重要的合作领域，如何让环保焕发精神，需要打破藩篱，充分调动社会组织、民间团体的作用，构建跨政府、民间的综合环保合作网络。

第七章 结 论

地缘经济理论传统观点强调竞争、控制、对立、遏制，相对弱化联合、合作，凸显国际经济关系冲突性特征。“一带一路”是一个促进多边经济合作的平台，秉持开放包容、和平合作、互利共赢、互学互鉴的理念，以共商、共建、共享为原则，打造政治互信、道路相通、经济合作、文化融合、实现互联互通的人类命运共同体。“一带一路”倡议触发的新地缘经济观，相较于传统地缘经济理论中竞争、对立、遏制等思维，更加强调平等、合作、包容等理念。“一带一路”倡议的提出，丰富了地缘经济理论观点，创新形成了新地缘经济观。

第一，通过对地缘经济理论产生背景、理论流派及理论观点进行分析，梳理出地缘经济理论传统核心观点。地缘经济理论主要有美国学派、意大利学派、俄罗斯学派。通过对地缘经济理论进行研究发现，地缘经济理论传统核心观点至少包括以下几点：首先，地缘经济超越地缘政治，地缘经济成为时代主流，经济政策与手段的运用成为争夺世界格局主导权最有效的手段和方式。其次，地缘经济的主要特征是国家间经济竞争与合作，传统地缘经济观点更加强调竞争、控制、遏制等霸权思想。再次，地缘经济成为国际关系的主要内容。最后，地缘经济行为主体主要是单个国家。

第二，“一带一路”的提出促进了地缘经济理论的发展，同时也修正与突破了地缘经济理论。“一带一路”以和平合作、开放包容、互学互鉴、互利共赢为理念，以共商、共建、共享为原则，以政治互信、经济融合、文化包容为基础，打造责任共同体、利益共同体和命运共同体。本书在充分研究“一带一路”的基础上，尝试揭示“一带一路”对地缘经济理论的修正与突破，主要体现在以下几个方面：首先，突破了地缘经济理论传统逻辑，由排他、控制、冲突、中心－边缘经济结构等霸权在经济领域的体现方式转变为合作、包容、开放、共享的新地缘经济观念。其次，地缘经济理论的行为主体由区域内的单个国家上升为一组国家。再次，国际组织和跨国公司等非国家行为体在地缘经济中的主体作用更加凸显。最后，“一带一路”带来的经济发展为解决地缘经济中文化、宗教等复杂问题提供了新的可供参考的解决思路。

第三，地缘经济理论与“一带一路”的碰撞，创新形成了新地缘经济观。本书在对“一带一路”与地缘经济理论分析的基础上，尝试揭示创新形成的新地缘经济观。“一带一路”触发下的新地缘经济观主要包括：一是新地缘经济空间。该空间不是以某一个国家或地区为中心向外延伸，而是在单个国家、国家组等地理空间流动轮转，与不同文明、不同宗教、不同种族等交流互鉴的一个综合多维地缘经济大空间。二是地缘经济要素流动新动向。跨国公司通过优化资源配置，将高级要素流动至拥有低流动性要素的“一带一路”区域，与所在国的低流动性要素结合，进而形成了地缘经济要素国际流动投资超越贸易的新动向。三是合作共赢新框架。在“一带一路”合作共赢理念的指引下，在具体地缘经济合作的实践下，一个开放、包容、共赢、平等的地缘经济合作新框架呼之欲出。四是国际关系理念新发展。“一带一路”倡议融入了中国传统的智慧，以“通”作为主要内容，以合作共赢作为新型对外政策的基点，以共商、共建、共享作为国际合作的原则，为新时期全球治理模式下的国际关系理念带来了新的发展方向。五是国际经济格局新变化。“一带一路”使原本处于边缘地带的欠发达国家有机会参与到全球产业链国际分工中来，给国际产业供应链、价值链等领域带来新的合作模式，也促进了国际经济格局的新变化。

由于“一带一路”核心区域与上海合作组织区域高度重叠，两者之间的互动越来越频繁。因此，“一带一路”触发形成的新地缘经济观不可避免地对上海合作组织产生影响，同时为上海合作组织的功能创新发展提供了理论指导。本书主要从安全合作功能、经济合作功能、人文合作功能、环保合作功能进行探讨。

新地缘经济观影响上海合作组织安全合作功能创新发展表现在以下方面：首先，新地缘经济观提出了一种完全有别于西方现行主流平衡安全理论的安全框架——合作安全理论。该安全理论源于中国倡导的安全观。我国领导人多次在国际场合阐述中国和平、合作、平等、互利等安全理论思想。随着“一带一路”倡议的提出，这些安全理论思想逐渐与“一带一路”实践融合，形成合作安全理论。合作安全的理论基础是经济合作促安全，通过经济的合作，将各方利益融合，形成你中有我、我中有你，彼此同船共渡，从而形成相对稳定的安全局面。其次，合作安全理论的行为主体更加多元，范围更加开放。合作安全理论的行为主体突破了以往安全理论对行为体的界定，行为主体不但从原本的单个国家扩展到一组国家，而且范围还延伸至跨国组织和跨国公司等。最后，在安全合作理论中，实力因素不再具有决定性，议事规则不再由强权国家制定。鉴于此，上海合作组织在安全合作功能创新发展上，应该将经济合作作为其基础。同时，经济合作也将成为组织框架内的有效武器。

新地缘经济观影响上海合作组织经济合作功能创新发展。首先，新地缘经济观对上海合作组织经济合作产生了影响，主要表现在以下方面：一是有利于上海合作组织改变经济合作的观念。二是投资超越贸易，成为上海合作组织经济合作中的主要形式。三是上海合作组织重视跨国公司在组织框架下参与经济合作的作用。其次，新地缘经济观为上海合作组织未来经济合作指出发展方向。一是推进投资贸易便利化。二是推进上海合作组织区域经济一体化。最后，对上海合作组织未来经济合作功能发展趋势的影响。一是上海合作组织需要更加关注经济合作，将经济合作作为组织首要功能加以建设。二是打造经济合作新体系。上海合作组织经济合作要从双边具体项目合作为主的主要模式转向以共商、共建、共享为原则的多双边合作一体化经济发展模式。三是上海合作组织经济合作开拓了在基础设施领域、农业领域、金融等领域的发展。

新地缘经济观影响上海合作组织人文合作功能创新发展。首先，新地缘经济观对上海合作组织人文合作产生影响，主要表现在：一是人文合作被提到了一个新高度。二是扩大了人文合作的视野。三是指出了上海合作组织未来人文合作的发展方向，如落实组织框架内的相关协定，深化文化节等传统的人文合作项目，建立与完善人文合作机制等。其次，新地缘经济观下上海合作组织人文合作功能创新发展趋势。一是要做好人文合作的顶层设计，促进文化包容交流、实现文明互鉴。二是人文合作要优选重点领域优先发展，将人文合作与经济合作并举。

新地缘经济观影响上海合作组织环保合作功能创新发展。由于上海合作组织环保合作进程缓慢，并且面临艰巨的挑战。例如，上海合作组织在环保方面至今没有相关指导性的法律文件，使区域内处在转型发展中的这些国家对于环保没有约束，同时也缺乏动力开展环保合作。但是环保合作又是新地缘经济观中一个非常重要的方面，是区别于西方经济发展老路的重要因素。因此，环保合作需要上升为上海合作组织第四大功能。未来上海合作组织环保合作的趋势与方向主要有以下几个方面：一是新地缘经济观强调绿色发展，给上海合作组织环保合作增加了动力。二是环保合作要与经济合作并举发展，有利于组织区域内生态环境保护，经济的长远持久发展。三是上海合作组织内环保发展需要充分发挥社会组织的作用，构建政府与政府、民间与民间、政府与民间交互综合的环保合作网络。

在本书撰写过程中，由于笔者学识与能力所限，存在一些问题与不足：

第一，由于本书是应用型研究，语言表述方面存在一定的学术性不足。本书通过分析“一带一路”对地缘经济理论的影响，创新形成新地缘经济观，并在新地缘经济观下指导上海合作组织功能创新发展。虽然有一定篇幅研究地缘经济理论，但由于本书大量引用了“一带一路”、上海合作组织的相关文件内容，文章语言表述方面学术性不够，日后应对语言文字继续下功夫，使其更符合学术语言规范。

第二，地缘经济理论研究中，应建立少量数学模型进行分析，如建立上海合作组织国家地缘经济关系模型；通过定量分析，更加清楚地表明上海合作组织国家间在经济合作方面的特点，从而有针对性地作出改进与完善。

本书的出版得到了中国 - 上海合作组织国际司法交流合作培训基地的大力支持。

参考文献

一、外文文献

[1] Ariel Cohen, *The Dragon Looks West: China and the Shanghai Cooperation Organization*, 9 The Heritage Foundation 3(2006).

[2] Alfred Gerstl, *The China Factor in Regional Security Cooperation the ASEAN Regional Forum and the Shanghai Cooperation Organization*, 2 South – East Asian Studies 118(2008).

[3] Hans Kundnani, *Germany as a Geo – economic Power*, 34 Washington Quarterly 3(2011).

[4] Luz Marina Garcia Herrera and Fernando Sabate Bel, *Global Geopolitics and Local Geoeconomics in Northwest Africa: the Industrial Port of Granadilla (Canary Islands, Spain)*, 14 Geopolitics 589(2009).

[5] Wei Qing Song, *Interests, Power and China's Difficult Game in the Shanghai Cooperation Organization (SCO)*, 23 Journal of Contemporary China 85(2014).

[6] James C. Hsiung, *The Age of Geoeconomics , China's Global Role, and Prospects of Cross – Strait Integration*, 14 Journal of Chinese Political Science 113(2009).

[7]David Scott, *India's Role in the South China Sea: Geopolitics and Geoeconomics in Play*, 12 India Review 2(2013).

[8]Antto Vihma and Umut Turksen, *The Geoeconomics of the South Stream Pipeline Project*, 69 Journal of International Affairs 1(2015).

[9]James Pennington, *How Peaceful is China's Rise? The Use of Soft and Hard Power in China's Energy Security Strategy in Central Asia*, 6 Polis Journal 117(2011).

[10] Anna Matveeva and Antonio Giustozzi, *The SCO: A Regional Organisation in the Making*, 39 Working Papers Crisis States Research Center 1(2008).

[11] Anna Matveeva and Antonio Giustozzi, *The SCO: A Regional Organisation in the Making, London School of Economics and Political Science (LSE)*, 54 Development studies institute (DESTIN), Crisis states research centre (CSRC)4(2008).

[12] N. S. Rozov, *Geopolitics, Geoeconomics, and Gecoculture: the Interrelation of Dynamic Spheres in the History Russia*, 51 Sociological Research 4(2012).

[13] Georgiy Voloshin, *Kazakhstan Proposes to Expand Its Transit Facilities on the Caspian to Facilitate NATO's Withdrawal from Afghanista*, 5 The Eurasia Daily Monitor 10(2013).

[14] Igor Rotar, *Uzbekistan and Kyrgyzstan Heighten Tensions in Violent Local Border Dispute*, 1 The Eurasia Daily Monitor 10(2013).

[15] Martha Brill Olcott, *China's Unmatched Influence in Central Asia, Carnegie Endowment for International Peace*, http://carnegieendowment.org/2013/09/18/china-s-unmatched-influence-in-central-asia/gnky.

[16] William Jones, *China's Silk Road Diplomacy: Lifeline for U. S. Economy*, 40 Executive Intelligence Review 18(2013).

[17]Stephen Aris, *The Response of Shanghai Cooperation Organisation to the Crisis in Kyrgyzstan*, 17 Civil Wars 9(2012).

[18] Reuel R. Hanks, *Crisis in Kyrgyzstan: Conundrums of Ethnic*

Conflict, National Identity and State Cohesion, 13 Journal of Balkan and Near Eastern Studies 2(2011).

[19] Prajakti Kalra and Siddharth S. Saxena, *Shanghai Cooperation Organistation and Prospects of Development in the Eurasla Region*, 6 Turkish Policy Quarterly 2(2007).

[20] LCol Partrice Sabourin, *Shanghai Cooperation Organization – Threat for the West?*, 23 The Communications Policy of the Government of Canada 4(2009).

[21] Thomas G. Weiss and Adriana Erthal Abdenur, *Introduction: Emerging Powers and the UN – what kind of development partnership?*, 35 Third World Quarterly 1749(2014).

[22] Ramesh Thakur, *How representative are BRICS?*, 35 Third World Quarterly 1791(2014).

[23] Shahram Akbarzadeh, *Iran and the Shanghai Cooperation Organization: Ideology and Realpolitik in Iranian Foreign Policy*, 69 Australian Journal of International Affairs 1(2015).

[24] Stphen Aris and Aglaya Snetkov, *Global Alternatives Regional Stability and Common Causes: the International Politics of the Shanghai Cooperation Organization and Its Relationship to West*, 54 Eurasian Geography and Economics 2(2013).

[25] Marlene Laruelle and Sebastien Peyrouse, *The United States in Central Asia: Reassessing a Challenging Partnership*, 35 Strategic Analysis 3 (2011).

[26] Selbi Hanova, *Perspectives on the SCO: Images and Discourses*, 7 China and Eurasua Forum Quarterly 3(2009).

[27] Mohammad A. Mousavi Esfandiar Khodaee, *Iran and the Cooperation Organization*, 4 Iranian Review of Foreign Affairs 1(2013).

[28] Thomas Ambrosio, *Catching the "Shanghai Spirit": How the Shanghai Cooperation Organization Promotos Authoritarian Norms in Central Asia*, 60 Europe – Asia Studies 8(2008).

[29] P. Stoban, *Shanghai Cooperation Organization : Challenges to China's Leadership*, 32 Strategic Analysis 4(2008).

[30] Niklas Swantrom, *The prospects for Multilaternal Conflict Prevention and Regional Coopertation in Central Asia*, 23 Central Asian Survey 1(2004).

[31] N. S. Rozov, *Geopoliticis, Geoeconomics, and Geoculture*, 53 Russian Social Science Review 6(2012).

[32] Pan Guang, *The Astana Summit: A New Stage in the Development of Shanghai Cooperation Organization*, 3 Asia Europe Journal 4(2005).

[33] Mark N. Katz, *Russia and the Shanghai Cooperation Organization: Moscow's Lonely Road from Bishkek to Dushanbe*, 11 Slavic Research Center 81(2012).

[34] Galiiaa Movkebeva, *Energy Cooperation among Kazakhstan, Russia, and China within the Shanghai Cooperation Organization*, 51 Russian Politics and Law 1(2013).

[35] Ezeli Azarkan, *The Relations between Central Asian State and United States, China and Russian within the Framework of the Shanghai Cooperation Organization*, 11 Turkish Journal of International Relations 3(2009).

[36] Jagannath P Panda, *Beijing's Perspective on Expansion of the Shanghai Cooperation Organization: India, South Asia, and the Spectrum of Opportunities in China's Open Approach*, 36 Asian Perspective 493(2012).

[37] Greg Austin, *European Union Policy Responses to the Shanghai Cooperation Organization*, 2 EIAS Publications 4(2002).

[38] Scott Blakemore, *Chinese Regionalism: China's Engagement with ASEAN and SCO*, 11 Culture Mandala: Bulletin of the Centre for East – West Cultural and Economic Studies 1(2014).

[39] Askhat Safiullin, *The Shanghai Cooperation Organization and Security in Post – Soviet Central Asia*, 6 The Shanghai Cooperation Organization 7(2002).

[40] Chin - Hao Huang, *China and Shanghai Cooperation Organization: Post - Summit Analysis and Implications for the United States*, 3 China and Eurasia Forum Quarterly 4(2006).

[41] Michael Salter and Yinan Yin, *Analysing Regionalism within International Law and Relations: the Shanghai Cooperation Organization as a Grossraum?*, 4 Chinese Journal of International Law 13(2014).

[42] Jing - Dong Yuan, *China's Role in Establishing and Building the Shanghai Cooperation Organization (SCO)*, 10 Journal of Contemporary China 67(2010).

[43] Weiqing Song, *Interests, Power and China's Difficult Game in the Shanghai Cooperation Organization (SCO)*, 23 Journal of Contemporary China 85(2014).

[44] Timur Dadabeav, *Shanghai Cooperation Organization (SCO) Regional Identity Formation from the Perspective of the Central Asia States*, 1 Journal of Contemporary China 102(2013).

[45] S. Y. Surendra Kumar, *India and the Shanghai Cooperation Organization: Issues and Concerns*, 10 International Journal of China Studies 4(2013).

[46] Nicklas Norling, Niklas Swanstrom, *The Shanghai Cooperation Organization, Trade, and the Roles of Iran, India and Pakistan*, 26 Central Asian Survey 3(2007).

[47] Antto Vihma and Umut Turksen, *The Geoeconomics of the South Economics Stream Pipeline Project*, 1 Journal of Internation Affairs 69 (2015).

[48] Alexander Lukin, *The Shanghai Cooperation Organization: What Next?*, 3 Russia in Global Affairs 5(2007).

[49] Alyson J. K. Bailes, Pal Dunay, Pan Guang and Mikhail Troitskiy, *The Shanghai Cooperation Organization*, 12 A Regional Security Institution 392(2007).

[50] Timur Dadabaev, *Shanghai Cooperation Organization (SCO)*

Regional Identity Formation from the Perspective of the Central Asia States, 23 Journal of Contemporary China 85(2014).

[51] Mikael Wigell and Antto Vihma, *Geopolitics Versus Geoconomics: the case of Russia Geostrategry and Its Effects on the EU*, 3 International Affairs 92(2016).

[52] M. Taghavi, B. Shayegani, F. Gaffari. Does, *Gravity Model Work for the Selection Trade Partners among SCO Members? The Case Study of Iran*, 10 Journal of American Science 8(2012).

[53] Bergsager, H, *China, Russia and Central Asia: the Energy Dilemma*, FNI Report(2012).

[54] William Jones, *China's Silk Road Diplomacy: Lifeline for U. S. Economy*, 10 Journal of American Science 8(2012).

[55] Rizwan Zeb, *Pakistan and the Shanghai Cooperation Organization*, 4 China and Eurasia Forum Quarterly 4(2006).

[56] Marchel de Hass and Frans – Paul van der Putten, *The Shanghai Cooperation Organisation Towards a full – grown Security Alliance?*, International Relations Clingendael(2007).

[57] Priya Chacko, *The New Geo – Economics Of a "rising" India: State Transformation and the Recasting of Foreign Policy* , Journal of Contemporary Aisa(2015).

[58] FAO, *Global Information and Early Warning System*, Prince Bulletin(2010).

[59] Stephen Aris, *The Response of the Shanghai Cooperation Organisation to the Crisis in Kyrgyzstan*, 14 Civil Wars 11(2012).

[60] Bo Ma, *China's Search For "Peaceful Internationalism" Vis – a – vis A liberal World Oreder: Interests, National Identity and Foreign Policy*, New York, ProQuest Dissertations(2014).

[61] Ana Martiningui and Richard Youngs, *Challenges for European Foreign Policy in* 2012: *what kind of Geo – Economic Europe?*, 21 The Polish Quartely of International Affairs 3(2012).

[62] Jamey Essex, *Idle Hands Are the Devil's Tools: the Geopolitics and Geoeconomics of Hunger*, 1 Annals of the Assoication of Amercian Geographers 102(2012).

[63] Iwashita Akihiro, *The Shanghai Cooperation Organization and its Implications for Eurasian Security: A New Dimension of "Partnership" after the Post-cold War Period*, 6 The Janpan Times 8(2002).

[64] Simbal Khan, *Stabilization of Afghanistan: US - NATO Regional Strategy and the Role of the SCO*, 3 China and Eurasia Forum Quarterly 7 (2009).

[65] Jamey Essex, *Development, security, and adi: Geopolitics and Geoeconomics at the U. S. Agency for International Development*, 1 The Canadian Geographer 59(2015).

[66] Zila M. Sanchez, Danilop. Locatelli, Ana R. Noto, Silvia S. Martins, *Binge Drinking among Brazilian Students: A Gradient of Association with Socioeconomic Status in Five Geo-Economic Regions*, 1 Drug and Alcohol Dependece 87(2013).

[67] Karen J. Hanson, *The Path to Regional Competitiveness Business-Civic Leadership and a Geoeconomnics in Metropolitan Philadelphia*, 3 International Journal of Public Sector Management 22(2009).

[68] Denis Burakov, *The Stategic Triangle in the 21st Century: Implications for Sino-Russian Relations*, 1 JCIR 1(2013).

[69] Dilshod Achilov, *The New Central Asia: the Regional Impact of International Actors*, 7 Social Science Electronic Publishing 193(2010).

[70] Ariel Cohen, *After the G-8 Summit: China and the Shanghai Cooperation Organization*, 3 China and Eurasia Forum Quarterly 4(2006).

[71] Jing Dong Yuan, *China's Role in Establishing and Building the Shanghai Cooperation Organization*, 19 Journal of Cotemporary China 67 (2010).

[72] Alexander Forst, *The Collective Security Treaty Organization, the Shanghai Cooperation Organization, and Russia's Strategic Goals in Central*

Aisa,3 China and Eurasia Forum Quarterly 7(2009).

[73] Yu Kar Ming, *Rethinking China's Relations with East Asian Powers: Old and New Problems*,2 China an International Journal 12(2014).

[74] Rizwan Zeb, *Pakistan and the Shanghai Cooperation Organization*,4 China and Eurasia Forum Quarterly 4(2006).

[75] Mutlaq AL - Qahtani, *The Shanghai Cooperation Organization and the Law of International Organizations*, Oxford University Press, 2006.

二、中文文献

[1] 洪菊花、骆华松:《地缘政治与地缘经济之争及中国地缘战略方向》，载《经济地理》2015 年第 12 期。

[2] 李正、陈才、熊理然:《欧美地缘经济理论发展脉络及其内涵特征探析》，载《世界地理研究》2014 年第 1 期。

[3] 萨本望:《新兴的“地缘经济学”》，载《世界知识》1995 年第 5 期。

[4] 韩银安:《浅析地缘经济学》，载《外交学院学报》2004 年第 1 期。

[5] 潘忠岐、黄仁伟:《中国的地缘经济战略》，载《清华大学学报（哲学社会科学版)》2008 年第 5 期。

[6] 黄仁伟:《地缘理论演变与中国和平发展道路》，载《现代国际关系》2010 年 S1 期。

[7] 李晓、李俊久:《“一带一路”与中国地缘政治经济战略的重构》，载《世界经济与政治》2015 年第 10 期。

[8] 丁志刚:《新兴地缘经济学独特的地缘战略视角——大国地缘经济战略争夺的新态势》，载《国际论坛》2001 年第 2 期。

[9] 陈迎春:《论海外利益与中国的地缘经济空间》，载《发展研究》2013 年第 3 期。

[10] 杜德斌、马亚华:《中国崛起的国际地缘战略研究》，载《世界地理研究》2012 年第 1 期。

[11] 黎鹏、杨宏昌：《地缘经济理论进展与中国—东盟地缘经济理论研究的方向选择》，载《广西大学学报（哲学社会科学版）》2016年第4期。

[12] 杨文龙、杜德斌、刘承良、马亚华等：《中国地缘经济联系的时空演化特征及其内部机制》，载《地理学报》2016年第6期。

[13] 陆大道、杜德斌：《关于加强地缘政治地缘经济研究的思考》，载《地理学报》2013年第6期。

[14] 宋国栋：《地缘经济学刍议》，载《平原大学学报》2006年第5期。

[15] 李敦瑞、李新：《地缘经济学研究综述》，载《国外社会科学》2009年第1期。

[16] 李红、韦永贵、徐全龙：《基于中国视角的地缘经济合作研究进展——以中国—东盟合作研究为例》，载《热带地理》2015年第5期。

[17] 汪亚青：《地缘经济格局下战略性新兴产业国际竞争力塑造——新常态下“一带一路”战略带来的机遇、挑战与应对策略》，载《西部论坛》2015年第5期。

[18] 黄河：《公共产品视角下的“一带一路”》，载《世界经济与政治》2015年第6期。

[19] 刘卫东：《“一带一路”战略的科学内涵与科学问题》，载《地理科学进展》2015年第5期。

[20] 贺平：《日美贸易摩擦中的美国“对日修正主义”研究》，载《世界经济研究》2008年第1期。

[21] 李丹、崔日明：《“一带一路”战略与全球经贸格局重构》，载《经济学家》2015年第8期。

[22] 杨思灵、高会平：《试论孟中印缅地区合作与中国的地缘政治环境塑造》，载《印度洋经济体研究》2014年第2期。

[23] 林跃勤：《“一带一路”构想：挑战与应对》，载《湖南财政经济学院学报》2015年第2期。

[24] 金玲：《“一带一路”：中国的马歇尔计划?》，载《国际问题研究》2015年第1期。

［25］申现杰、肖金成：《国际区域经济合作新形势与我国“一带一路”合作战略》，载《宏观经济研究》2014 年第 11 期。

［26］张文木：《“天堂很远，中国却很近”——中国与周边国家和地区的地缘政治互动规律和特点》，载《世界经济与政治》2013 年第 1 期。

［27］刘中民、黎兴亚：《地缘政治理论中的海权问题研究——从马汉的海权论到斯皮克曼的边缘地带理论》，载《太平洋学报》2006 年第 7 期。

［28］陈镜宇、邢成：《“一带一路”战略下我国宏观经济的稳定途径——基于资本流动的视角》，载《天津师范大学学报（社会科学版）》2016 年第 1 期。

［29］马东：《全球区域经济合作新形势下中国实施“一带一路”战略的对策》，载《改革与战略》2016 年第 12 期。

［30］卢峰、李昕、李双、姜志宵、张杰平、杨业伟：《为什么是中国？——“一带一路”的经济逻辑》，载《国际经济评论》2015 年第 3 期。

［31］储殷、高远：《中国“一带一路”战略定位的三个问题》，载《国际经济评论》2015 年第 2 期。

［32］施展：《世界历史视野下的“一带一路”战略》，载《俄罗斯研究》2015 年第 3 期。

［33］［澳］马克 · 比森、李福建：《中澳关系：地缘政治抑或地缘经济?》，载《国际问题研究》2012 年第 3 期。

［34］权衡、张鹏飞：《亚洲地区“一带一路”建设与企业投资环境分析》，载《上海财经大学学报》2017 年第 1 期。

［35］隗斌贤：《“一带一路”背景下文化传播与交流合作战略及其对策》，载《浙江学刊》2016 年第 2 期。

［36］李郇、殷江滨：《国外区域一体化对产业影响研究综述》，载《城市规划》2012 年第 5 期。

［37］王志民：《“一带一路”战略的地缘经济政治分析》，载《唯实》2015 年第 4 期。

［38］［美］科林 · 弗林特、张晓通：《“一带一路”与地缘政治理

论创新》，载《外交评论（外交学院学报）》2016 年第 3 期。

［39］钟飞腾：《超越地缘政治的迷思：中国的新亚洲战略》，载《外交评论（外交学院学报）》2014 年第 6 期。

［40］李坤键：《浅析地缘经济理论对中国地缘经济之意义》，载《金田》2015 年第 4 期。

［41］赵可金：《全球化时代的新地缘理论》，载《清华大学学报（哲学社会科学版）》2008 年第 5 期。

［42］［俄］Э·Г. 科切托夫：《世界跨文明和谐与地缘经济学范式》，载《上海财经大学学报》2007 年第 5 期。

［43］胡志丁、陆大道：《基于批判地缘政治学视角解读经典地缘政治理论》，载《地理学报》2015 年第 6 期。

［44］朱雁春、曹洪华、吴俊强、张寿香：《新经济地理学视阈下云南地缘经济形成机制探讨》，载《资源开发与市场》2014 年第 5 期。

［45］于海洋：《地缘经济分析框架的批判与重塑》，载《学术交流》2014 年第 8 期。

［46］郑必坚：《中国和平崛起新道路和亚洲的未来——在 2003 年博鳌亚洲论坛的讲演》，载《理论参考》2004 年第 5 期。

［47］李进峰、吴宏伟、李少捷主编：《上海合作组织发展报告 2016》，社会科学文献出版社 2016 年版。

［48］张幼文等：《要素流动——全球化经济学原理》，人民出版社 2013 年版。

［49］中国－上海合作组织环境保护合作中心编著：《上海合作组织成员国环境保护研究》，社会科学文献出版社 2014 年版。

［50］秦放鸣：《中国与中亚国家区域经济合作研究》，科学出版社 2010 年版。

［51］刘伟主编：《改变世界经济地理的一带一路》，上海交通大学出版社 2015 年版。

［52］［美］西蒙·莱克、［美］理查德·内德·勒博：《告别霸权！全球体系中的权力与影响力》，陈锴译，上海人民出版社 2017 年版。

［53］王灵桂主编：《国外智库看“一带一路”》，社会科学文献出

版社 2015 年版。

［54］［法］皮埃尔·菲利普·库姆斯、［法］蒂里·迈耶、［比］雅克·弗朗索瓦·蒂斯：《经济地理学：区域和国家一体化》，安虎森、颜银根、徐杨、吴艳红、何文译，中国人民大学出版社 2011 年版。

［55］熊文、王铮：《新地缘政治经济框架的建模与模拟》，经济科学出版社 2015 年版。

［56］陈才：《区域经济地理学》，科学出版社 2009 年版。

［57］陆南泉总编、李中海：《曲折的历程：中亚卷》，东方出版社 2015 年版。

［58］张德广主编，中国国际问题研究基金会、俄罗斯中亚研究中心编：《中亚区域合作机制研究（论文集）》，世界知识出版社 2009 年版。

［59］潘光主编：《稳步前进的上海合作组织》，时事出版社 2014 年版。

［60］赵晋平等编著：《重塑"一带一路"经济合作新格局》，浙江大学出版社 2016 年版。

［61］张文木：《印度与印度洋：基于中国地缘政治视角》，中国社会科学出版社 2015 年版。

［62］冯并：《"一带一路"：全球发展的中国逻辑》，中国民主法制出版社 2015 年版。

［63］段秀芳：《中国对上海合作组织成员国直接投资研究》，社会科学文献出版社 2013 年版。

［64］中国银监会国际部编：《"一带一路"金融合作概览》，中国金融出版社 2016 年版。

［65］郑雪平：《上海合作组织区域经济合作研究》，东北财经大学出版社 2007 年版。

［66］许华：《俄罗斯软实力研究》，中国社会科学出版社 2017 年版。

［67］任佳、李丽编著：《印度》，社会科学文献出版社 2016 年版。

［68］季志业、冯玉军主编：《俄罗斯发展前景与中俄关系走向》，时事出版社 2016 年版。

［69］张丽君主编：《丝绸之路经济带构建与发展研究》，中国经济出版社 2015 年版。

［70］李寿源、吕艳君、杨冕：《世界经济政治与国际关系》，北京广播学院出版社 2003 年版。

［71］陈须隆：《区域安全合作之道：欧安会/欧安组织的经验、模式及其亚太相关性研究》，世界知识出版社 2013 年版。

［72］李永全主编：《“一带一路”建设发展报告（2016）》，社会科学文献出版社 2016 年版。

［73］刘从德主编：《地缘政治学导论》，中国人民大学出版社 2010 年版。

［74］连雪君：《“一带一路”背景下上海合作组织经济合作制度研究——基于组织社会学新制度主义视角的考察》，上海大学出版社 2017 年版。

［75］李敏伦：《中国“新安全观”与上海合作组织研究》，人民出版社 2007 年版。

［76］张丽君等：《地缘经济时代》，中央民族大学出版社 2006 年版。

［77］韩银安：《地缘经济学与中国地缘经济战略》，世界知识出版社 2011 年版。

［78］《“一带一路”沿线国家安全风险评估》编委会编著：《“一带一路”沿线国家安全风险评估》，中国发展出版社 2015 年版。

［79］张妍：《信息时代的地缘政治》，世界知识出版社 2011 年版。

［80］［美］索尔·科恩：《地缘政治学：国际关系的地理学》，严春松译，上海社会科学院出版社 2011 年版。

［81］李义虎：《地缘政治学：二分论及其超越——兼论地缘整合中的中国选择》，北京大学出版社 2007 年版。

［82］王海燕：《新地缘经济：中国与中亚》，世界知识出版社 2012 年版。

[83] 刘稚主编:《大湄公河次区域经济走廊建设研究》,云南大学出版社 2009 年版。

[84] 王维然:《中亚区域经济一体化研究》,知识产权出版社 2014 年版。

[85] 杨进:《贫困与国家转型:基于中亚五国的实证研究》,社会科学文献出版社 2012 年版。

[86] 孙壮志主编:《中亚国家的跨境合作研究》,上海大学出版社 2014 年版。

[87] 罗雨泽:《"一带一路"基础设施投融资机制研究》,中国发展出版社 2015 年版。

[88] 阿不都热合曼·卡德尔:《上海合作组织经济合作法律机制研究》,社会科学文献出版社 2013 年版。

[89] 赵磊:《一带一路:中国的文明型崛起》,中信出版集团 2015 年版。

[90] 国家信息中心"一带一路"大数据中心:《"一带一路"大数据报告(2016)》,商务印书馆 2016 年版。

[91] 人民日报评论部编著:《习近平用典》,人民日报出版社 2015 年版。

[92] 徐雅雯:《上海合作组织贸易投资便利化问题研究》,山东大学出版社 2015 年版。

[93] 唐文睿:《中国区域经济战略的政治分析》,社会科学文献出版社 2011 年版。

[94] 曹和平主编:《新世纪亚洲经济合作:中国地位与影响》,北京大学出版社 2003 年版。

[95] 中国人民大学重阳金融研究院主编:《"一带一路"国际贸易支点城市研究》,中信出版社 2015 年版。

[96] 孙力、吴宏伟主编:《中亚国家发展报告(2015)》,社会科学文献出版社 2015 年版。

[97] 冯绍雷主编:《上海合作组织发展报告(2013)》,上海人民出版社 2013 年版。